조국의 시간

아픔과 진실 말하지 못한 생각

조국 지음

한길사

촛불시민들께 드리는 말씀

• 책을 펴내면서

가족의 피에 펜을 찍어 써내려가는 심정입니다

2019년 8월 9일 법무부장관으로 지명된 후 저와 제 가족은 무간지옥(無間地獄)에 떨어졌습니다. 검찰·언론·야당은 합작해 멸문지화(滅門之禍)를 위한 조리돌림과 멍석말이를 시작했습니다. 검찰이 정보를 흘리면 언론은 이를 기초로 대대적으로 보도하고 야당은 맹공을 퍼부었습니다. 이에 따라 자신들의 의도대로 여론이 조성되면 다시 검찰이 수사를 확대하는 악순환이 무한반복되었습니다.

검찰·언론·야당은 이심전심 또는 일심동체로 스크럼을 짰습니다. 이들에게 검찰은 '살아 있는 권력'과 싸우는 '정의의 화신'이었고, 윤석열 검찰총장은 사심 없는 무오류의 영웅이었으며 '법치'(法治)는 '검치'(檢治)였습니다.

저와 제 가족은 광장에서 목에 칼을 차고 무릎이 꿇린 채 처형을 기다리는 신세가 되었습니다. 재직 중인 대학교에서는 '직위해제' 처분을 받았습니다. '삭탈관직'(削奪官職)의 위기입니다. 검찰·언론·야당의 카르텔은 광장의 소추관(訴追官)이자 심판관이었습니다. 이들은 저와 제 가족의 항변을 경청하는 판사들에게도 비난의 화살을 날렸습니다.

이들에게는 보도하고 기소하고 공격한 대로 판결이 나와야 '정의'(正義)였습니다. 검찰·언론·야당 카르텔에 비판적인 시민들은 '조빠' 취급을 받았습니다. 이 카르텔의 강변과 주장이 세상에 가득 찼습니다. 살수(殺手)들은 신이 났습니다. 도끼를 내리쳤고, 칼을 휘둘렀습니다. 활을 쏘고 창을 던졌습니다. 재판을 받으러 법원에 갈 때마다 쌍욕과 조롱을 들어야 했습니다.

수사의 출발점이자 '조국 불가론'의 핵심 사유로 신문과 방송을 도배했던 사모펀드를 기억하십니까. '권력형 비리'도 아니고 정경심 교수의 공모도 없었음이 재판에서 밝혀졌습니다. 이 외에도 당시 보도나 주장 가운데 다수는 허위이거나 과장이었음이 밝혀졌습니다. 그러나 목적을 달성한 이들은 축배를 들었을 것입니다.

이러한 검찰·언론·야당 카르텔 행태의 문제점과 별도로, 이 사태 속에서 저는 제 자신의 과거 언행을 돌아보았습니다. 진보적 지식인으로서 했던 말과 주장이 삶에서는 온전히 실현되지 못했던 점을 반성했습니다. 혜택받은 환경에서 살았으니만큼 더욱 철저히 자신과 주변을 관리했어야 했다고 후회했습니다. 저를 신뢰하고 기대했던 분들에게 미안했습니다. 항소심에서 다툼이 진행되고 있지만, 1심에서 배우자에게 유죄판결이 내려졌기에 무척 마음이 무겁고 국민들께는 죄송했습니다. 저로 인해 국정에 큰 부담이 초래되어 문재인 대통령을 위시한 당·정·청의 국정 책임자분들께 송구했습니다. 2019년 하반기 기자간담회와 인사청문회 등에서 여러 번 밝혔지만, 다시 한번 사과 말씀을 올립니다.

이 책을 쓰게 된 계기는 친애하는 벗과 동지들의 권유였습니다. 추후 재판 결과가 어떻게 나오든 간에 2019년 8월 9일 이후 벌어진 사태의 정리가 필요했습니다. 시간이 흘러 기억이 흐려지기 전에 기록을 남겨야 했습니다. 저와 제 가족이 재판을 받고 있는 상황에서 책을 발간하는 것은 부담이지만, 검찰·언론·야당의 주장만이 압도적으로 전파되어 있기에 더 늦기 전에 최소한의 해명은 해야 했습니다.

논문과 책을 쓰는 것이 직업이지만, 이번 집필은 힘들었습니다. 당시 상황을 순간과 단계마다 돌아보는 것은 고통스러웠습니다. 그때의 감정이 되살아났기 때문입니다. 가족의 피에 펜을 찍어 써내려가는 심정이었습니다. 그러나 꾹 참고 써야 했습니다.

시민 한 분 한 분께 감사드립니다

이 책을 바치고 싶은 분들이 있습니다. 2019년 하반기 검찰개혁을 외치면서 서초동을 비롯한 전국에서 개최된 촛불집회에 참여하신 수백만 명의 시민들입니다. 고위공직자범죄수사처 신설, 검경수사권조정 등의 역사적 과제가 성취된 것은 여러분 덕분이었습니다. 그 자리에서 외친 '조국 수호'는 단지 조국 개인을 지키자는 구호가 아니었습니다. 검찰개혁을 무산시키려는 검찰·언론·야당 카르텔의 총공격에 맞서 싸우자는 집단지성이 압축적으로 표현된 것이었습니다. 당시 법무부장관 재직 중이었기에 직접 참여는 못했지만, 사진과 영상으로 본 거대한 '서초동 촛불십자가'는 장엄하고 아름다웠습니다. 눈시울이 뜨거워졌고 목이 메었습니다.

2019년 하반기 '사태' 발발 이후 끊임없이 위로와 응원의 편지를 보내주신 시민들, 2019년 9월 2일 국회에서 열린 기자간담회가 끝날 때까지 정문 앞에서 기다리면서 성원해주신 시민들, 2019년 12월 26일 저에 대한 구속영장 실질심사가 열린 서울동부지방법원 앞에서 새벽까지 추위에 떨면서도 응원의 함성을 들려주신 시민들, 스토킹에 가까운 언론의 과잉취재를 막기 위해 조를 짜서 몇 달이고 저희 집 근처에서 매일 경비를 서주셨던 시민들, 재판이 열릴 때마다 새벽부터 줄을 서서 방청권을 받아 방청해주신 시민들, 출정과 퇴정 때마다 욕설과 저주를 퍼붓는 자들에 맞서서 "힘내세요!" "조국은 무죄다!"라고 외쳐주신 시민들께 감사의 마음을 전합니다. 검찰·언론·야당 카르텔의 의도를 예리하게 포착해 알려주신 여러 진보 유튜버들께도 감사드립니다.

고비마다 조용한 공간에서 밥이나 술을 사주면서 힘을 불어넣어준 선배·친구·지인·후배들, 봉하쌀·김치·밑반찬·탕·국거리·칼국수·김·젓갈·달걀·연잎밥·떡·약밥·만두·삶은 고구마·요구르트·치즈·베이컨·마카롱·과일 등등 각종 음식물을 보내주신 시민들, 2년 연속 제 생일에 맞춰 음식과 카드를 보내주신 시민들, 건강 관리하라고 인삼진액, 한약환 등을 보내주신 시민들, 24시간 기자들이 집 부근에 진을 치고 있어 외출이 어려운 상황을 알고 집으로 커피와 빵을 사다주신 이웃들, 집 안 분위기 밝게 하라고 꾸준히 화환을 보내주신 '딴지게시판' '시사타파 TV'

'이송원 TV' 구독자님들, 집요하게 공격받는 딸을 위해 십시일반 돈을 모아 학업용품을 보내주신 '딴지게시판' 회원님들, 암울한 연말을 보내고 있으리라 생각하고 예쁜 크리스마스트리를 보내주신 시민들에게도 마음의 위로를 많이 받았습니다. 이 크리스마스트리는 며칠 동안 집에 두었다가 아동보육시설에 보냈습니다. 가족 건강이 걱정되어 여러 측면에서 점검하고 배려해주신 의사와 간호사 선생님들, 절절한 기도문을 적어 보내주신 신부님·수녀님·목사님·스님 등 종교인들께도 감사드립니다.

건물 승강기에서 만난 저에게 "공격 많이 받으시던데 힘내세요"라고 안쓰러워해주셨던 시민들, 저를 알아보고 택시비를 받지 않으려 했던 택시기사님, 조용히 대리운전을 마친 후 떠나시면서 "잘 버티십시오"라고 말씀해주신 대리기사님, 밥을 먹고 나오는데 주차장으로 따라오셔서 아무 말 없이 포장한 편육과 국물 또는 김밥·주먹밥 등을 차 안에 넣어주신 식당 주인분들, 포장 주문을 한 후 찾으러 갔는데 "몇 개 더 넣었습니다"라고 하신 식당 주인분들, 빵을 사러 갔는데 "이를 어째, 이를 어째" 하시면서 빵을 더 넣어주신 빵집 주인 할머니, 커피를 주문하고 계산을 하려는데 카드를 받지 않으면서 "지치시면 안 됩니다"라고 말씀하시거나 덤으로 수제 드립커피 봉지를 챙겨주신 카페 주인분들, 커피를 주문하고 계산을 치르니 쿠키 또는 마들렌 빵 하나를 같이 주면서 조용히 주먹을 불끈 쥐어 보여준 카페 종업원분들, 이분들의 작은 응원이 저에게는 큰 힘이 되었습니다.

카페나 식당에서 저를 알아보고 다가와서 낮은 목소리로 인사를 해주신 시민들, 모임 장소에 차를 몰고 갔는데 차 열쇠를 받으면서 "힘내십시오"라고 말씀해주신 주차요원분들, 주유를 마치고 시동을 거는데 캔커피를 차 안으로 넣어주면서 "지지합니다"라고 말씀해주신 주유원분들, 집으로 배달을 오셨다가 저와 마주치자 손을 꼭 잡아주신 택배기사님, 쓰레기 봉투를 버리러 나온 저를 보시고 "이런 상황에서 직접 버리러 다니지 마세요"라면서 봉투를 낚아채 대신 버려주신 아파트 청소담당 직원분, 밤에 동네를 산책할 때 알아보시고 다가와 "서초동 나갔습니다. 건강 챙기세요"라고 인사를 건네주신 주민 여러분들, 페이스북, 트위터, 온라인 게시판 등에서 힘을 보내준 수많은 시민들께 각별한 감사 인사를 올립니다.

힘을 모아 버티겠습니다

저의 한계와 흠을 아시면서도 이렇게 위로와 격려를 해주신 분들 덕택에 여기까지 올 수 있었습니다. 평생 잊지 않을 것입니다. 수모와 모욕을 당한 후 기소가 이루어지고 여전히 재판을 받고 있지만, 김주대 시인이 저를 위해 쓰고 그린 문인화(文人畵) 속 글처럼, "죽지 않고 살아 돌아왔습니다." '공소권 없음'을 바랐던 사람들의 은밀한 희망과 달리, 죽지는 않았습니다. 촛불시민 덕분입니다. 날벼락처럼 들이닥친 비운이지만, 지치지 않고 싸우겠습니다.

장작불에 불을 붙이는 데 쓰다가 꺼져버린 '불쏘시개'이지만, '불씨' 하나만 남아 있으면 족합니다. 이 불씨 하나를 꺼뜨리지 않고 소중히 간직하며 주어진 삶을 살겠습니다.

2019년 10월 14일 장관직에서 물러났으나, 2020년 4·15 총선과 2021년 4·7 재보궐선거 과정에서 보수야당과 언론은 저를 다시 소환해 공격했습니다. 더불어민주당 일각에서도 4·7 재보선 패배 원인의 하나로 '조국 탓'을 했습니다. 겸허한 마음으로 어떠한 비판과 질책도 달게 받을 것입니다. 저를 밟고 전진하시길 빕니다.

노무현 대통령 서거일에 이 서문을 쓰게 되어 감회가 남다릅니다. 책이 발간되는 시점에도 계속되고 있을 재판이 언제 어떻게 종결될지 알 수 없습니다. 2022년 대선 무렵까지 진행되어, 수구보수진영의 정치적 공격 소재로 활용될 것 같습니다. 저와 제 가족의 소명과 항변을 법원에서 얼마만큼 받아들일지도 알 수 없습니다. 불안과 걱정이 사라지지 않습니다. 그러나 제 영혼과 정신의 힘을 모아 견디고 버틸 것입니다. 피고인의 최후 보루는 법원이라는 믿음을 포기하지 않고 끝까지 주장하고 호소할 것입니다.

마지막으로 저와 함께 이 '무간지옥'을 견디고 있는 가족들에게 고마움을 전합니다. 찔리고 베이고 부러진 상처가 너무 깊어 아무는 데는 시간이 걸리겠지만, 내면은 더욱 단단해지리라 믿고 희망합니다. 이 고통의 시간이 어떻게 마무리되건, 그 뒤에도 인간으로서의 삶, 시민으로서의 삶은 계속될 것입니다.

2021년 5월 23일

조국 드림

제1장
시련의 가시밭길

"내가 자진 사퇴하거나 장관 지명이 철회되었다면
보수야당과 언론은 검찰개혁에 동참했을까?
검찰은 검찰개혁법안 통과를 인정하고 받아들였을까?
역사는 가정을 허용하지 않는다."

출마냐 입각이냐

2019년 봄날, 청와대 뜰에는 봄꽃이 피어 있었다. 대통령 민정수석비서관(이하 '민정수석'으로 약칭)으로서 개각과 관련해 보고하는 자리였다. 대통령께서 깊은 눈길로 나를 쳐다보시더니 미소를 지으면서 법무부장관 입각을 언급하셨다. 나는 깜짝 놀라 몇 가지 이유를 들어 고사했다.

집무실에 돌아와 생각해보니 2011년 12월 7일 마포 아트센터에서 열린 'The 위대한 검찰' 토크콘서트가 떠올랐다. 문재인 당시 노무현재단 이사장과 김인회 인하대 법학전문대학원 교수의 공저 『검찰을 생각한다』 출간 기념행사 자리에서 나는 이렇게 말했다.

"검찰에서 (검찰개혁을 추진하는) 법무부장관 뒤를 캘 가능성이 있거든요. 소문으로 흔들어서 이 사람을 낙마시킬 수도 있는 조직이라고 봅니다. (검찰개혁은) 정권 초반에 하지 않으면 절대 안 된다고 봅니다. 정권 초반에 진보적이고 개혁적인 분이 법무부로 들어가서 법무부 안에서 검찰을 개혁하고, 나가겠다는 분들은 빨리 보내드려야 합니다. (검찰이) 집단항명을 해서 사표를 제출하면 다 받으면 됩니다."

돌아보면 '자기 예언적'인 발언이었다. 이 자리에서 문재인 이사장은 고위공직자범죄수사처(이하 '공수처'로 약칭)의 필요성, 피의사실 공표의 근절, 법무부의 탈검찰화 등을 역설했다. 그는 검찰수사의 독립성을 지켜주어야 한다는 소신만큼이나 공수처 설치와 검경수사권조정 등 검찰개혁이 필요하고 검찰권 남용을 막아야 한다는 소신이 확고했다. 사회자였던 나는 법무부장관 적임자와 관련해 문재인 이사장에게 질문을 던졌다. 그는 관중에게 질문을 돌렸다.

"여러분, 우리 조국 교수님 어떻습니까?"

이 질문에 관중은 크게 웃었지만, 나는 당황했다. 사실 나는 그 자리에 참석한 김선수 변호사(전 '민주사회를 위한 변호사모임' 회장, 현 대법관)를 법무부장관 적임자라고 내심 생각하고 있었다. 비(非)검찰 출신으로 검찰개혁 의지가 굳센 분이었다. 김선수 변호사는 그 자리에서 검찰개혁의 필요성을 강조했다.

"검사들은 개개인으로는 훌륭한 분도 있는데 일단 조직의 이해관계가 걸리면 완전히 조직 논리로 똘똘 뭉쳐서 움직입니다. 검찰개혁 방안에 있어 (개혁의 방향이) 올바르면 평검사들이 먼저 난리를 치고 집단 항명할 것입니다. 검사들이 집단행동을 한다면 그 검찰개혁 방안은 올바른 것입니다."

2011년 이 대화를 생각하니, 대통령의 제안이 즉흥적인 것이 아닌 것 같아 더욱 긴장하게 되었다. 이후 대통령께서는 2019년 5월 9일 취임 2주년 KBS 대담에서 말씀하셨다.

"조 수석에게 정치를 권유할 생각은 없습니다. 본인이 판단할 문제입니다. 현재 민정수석의 가장 중요한 임무인 권력기관 개혁은 법제화 과정이 남아 있습니다. 그 작업까지 성공적으로 마쳐주길 바랍니다."

민정수석으로서 작업을 마무리하라는 뜻이 아님을 직감할 수 있었다. 시간이 흐른 후 다른 보고를 드리는 몇 번의 자리에서 나는 야당과 언론이 맹공을 퍼부을 공격 포인트를 보고드리며 고사했다. 민정수석에서 법무부장관으로 바로 가는 문제점, 민정수석 역할에 대한 평가, 배우자가 상속받은 재산으로 인한 부유함, 국가보안법 전과, 폴리페서(polifessor)* 공격 등이었다. 장관 후보 지명 이후 검찰·언론·보수야당(이하 '검·언·정'으로 약칭)이 제기한 의혹들에 대해서는 전혀 짐작하지 못했다. 나는 준비해온 다른 법무부장관 후보자 명단을 대통령께 드렸다. 대통령께서는 보고를 주의 깊게 들으시더니 말씀하셨다.

"지난 대선 때 권력기관 개혁을 주요 공약으로 내세웠는데 이 공약을 실천하려면 이 기획과 과정을 잘 아는 사람이 법무부로 가야 합니다. 국회에서 법안이 통과된 이후에도 법무부에서 마무리할 일이 많습니다. 다시 생각해보십시오."

* 정치(politics)와 교수(professor)의 합성어로 현실 정치에 적극적으로 참여하는 교수를 일컫는 말.

나는 고민이 커져 노영민 대통령 비서실장께 의논드렸다. 학교로 돌아가고 싶다고. 노 실장은 웃으면서 말씀하셨다.

"내가 보기에 조 수석은 바로 학교로 못 갑니다. 출마하든지 입각하든지 일을 더 해야 합니다. 나는 출마를 권합니다."

청와대 안팎의 마음이 통하는 사람들과도 상의했는데, 다들 같은 의견이었다. 대부분은 내 고향인 부산이나 내가 오래 거주하고 있는 서울 강남 등 '적지'(敵地) 출마를 권했다. 정치인으로 변신하라는 요구였다.

고민이 깊어졌다. 출마하면 학교를 떠나야 한다. 임명직 공무원과 달리 선출직 공무원이 되면 학교에 사표를 내야 한다. 나는 학자로서의 정체성을 버리지 않고 있었다. 학교 복귀 후 집필할 연구서도 있었다. 논문지도 학생들의 얼굴도 떠올랐다. 나는 다시 학교로 돌아갈 수 있는 입각을 선택했다.

2019년 하반기 온 가족에 대한 검찰수사가 진행되고 기소가 이루어진 후 당시 상의했던 사람들과 조촐한 식사자리를 마련했다. 이들은 나를 위로하면서도 질책했다. "왜 그때 출마를 선택하지 않았느냐?" 쓴웃음을 지을 수밖에 없었다.

민정수석 퇴임이 결정난 즈음, 대통령께 보고드리는 자리가 한 차례 더 있었다. 대통령께서 법무부장관직을 다시 언급하시기에 나는 후보 검증을 받겠다고 말씀드렸다. 법무부장관 후보자 검증

동의서를 제출한 후 재산을 포함해 나는 물론 가족과 관련한 모든 공적 기록은 청와대 검증팀으로 제출되었다. 집무실로 돌아와서 대통령께서 말씀하신 2011년 법무부장관의 역할을 되짚어보았다.

"검찰은 당연히 있어야 할 민주적 통제를 기존 정치권의 부당한 개입, 간섭과 의도적으로 혼동시키려고 했다. 법무부장관이 헌법과 인권에 기초해 지휘권을 행사하는 것은 당연한 권한이다. 민주적 정당성을 갖는 정치권력의 민주적 통제의 일환이다."*

후보자 검증동의서를 제출한 후 나는 고민하기 시작했다. 장관으로서 추진할 수 있는 검찰개혁이 무엇인가. 법무부장관은 "검찰 사무의 최고 감독자"(검찰청법 제8조)이므로, 법무부령으로 할 수 있는 사안이 많다. 검찰개혁 외에도 법무부의 소관 업무인 국가 송무, 범죄예방 정책, 행형과 교정, 출입국 및 외국인 정책, 변호사 시험 제도 등에서 개선점을 찾아 정리해놓았다.

SBS의 놀라운 '예언' 보도

2019년 8월 9일 나는 법무부장관으로 지명되었다. 후보 수락 인사에서 이순신 장군의 한시 구절을 빌렸다. "서해맹산(誓海盟山,

---

* 문재인·김인회,『검찰을 생각한다』(오월의봄, 2011), 262-263면.

바다에 맹세하고 산에 다짐한다)의 정신으로 법무검찰개혁을 완수하겠다"라는 포부를 밝혔다. 검찰의 저항, 야당과 언론의 공격을 예상했지만, 나와 내 가족 전체가 형극의 길로 내몰리고, 진영 간 대격돌이 벌어질 줄은 상상도 못 했다.

인사청문회 준비단이 꾸려졌고 사무실이 마련되었다. 준비단장은 김후곤 법무부 기획조정실장(현 대구지검장)이 맡았고, 장관 후보 정책보좌관으로 조두현 검사와 김미경 변호사(현 청와대 균형인사비서관)가 합류했고, 대변인은 박재억 검사(현 수원고검 차장검사)가 맡았다. 김미경 변호사는 민정수석실 선임행정관 출신으로 민정수석 시절 호흡을 맞추었기에 도움을 요청했다.

그런데 정책과 업무 준비에 힘을 쏟을 수가 없었다. 언론 공격에 맞서느라 눈코 뜰 새가 없었다. 오늘은 이 매체, 내일은 저 뉴스. '검찰발' 뉴스는 끝이 없었다. 검·언·정은 가로등 점멸기 사업 뒤에 내가 있다고 했다. 듣도 보도 못했던 일이다. 사모펀드가 나의 정치자금이라고 주장했다. 기막히고 황당했다. 동생 부부의 사생활을 파고 다녔다. 너무 미안하고 면목이 없었다. 돌아가신 아버지 무덤의 비석 사진을 찍어 올리는 정치인도 있었다. 불효도 이런 불효가 없었다. 저주의 굿판이 벌어지는 느낌이었다.

야당은 나에게 인사청문회 기회조차 주지 않았다. 무수한 의혹 제기에 직접 답할 수 없었기에 숨이 막히는 듯했다. 나는 어떤 방식으로든 국민 여러분께 상황을 설명해야 했다. 하는 수 없이 더불어민주당과 협의해 9월 2일 국회에서 기자간담회를 열었다. 간담회를 마치고 새벽 2시 30분쯤 국회를 빠져나오는데, 시민들이 정문 앞에서 기다리고 있었다. 조직이나 단체에서 온 분들이 아니었다. 감사 인사를 드리고 싶어 차에서 내려 악수를 하고 국회를 떠났다. 부족함이 많은 나를 응원해주시는 마음을 잊지 않아야겠다고 가슴에 새겼다.

우여곡절 끝에 2019년 9월 6일 인사청문회가 열렸다. 청문회 마지막에 나는 법무부장관 후보로서 마무리 발언을 했다.

"검증 기간에 저나 제 가족이 검증 대상이 됐고, 힘들었던 건 사실입니다. 그러나 저의 불찰이나 부족함 때문에 국민 여러분이 느꼈던 실망이나 분노와 비교하면 저나 가족이 느끼는 고통은 더 적을 거라고 생각합니다. 합법이냐 불법이냐 이런 문제가 아니라고 생각합니다. 혜택받은 계층에서 태어나고 자라나서 또 혜택받은 계층에 속해 있습니다. 불평등의 문제나 부의 세습 문제에 둔감했습니다. 후에 제가 장관으로 임명될지 안 될지는 모르겠습니다. 그건 전적으로 임명권자의 선택입니다. 그러나 이런 시련이나 고난을 되돌아보면서 앞으로의 삶을 새롭게 전개해보겠습니다."

9월 6일 자정 인사청문회가 끝나갈 무렵, 검찰은 정경심 교수를 동양대 표창장 위조 혐의로 기소했다. 다음 날 9월 7일 SBS 이현정 기자는 정 교수의 '연구실 PC'에서 표창장 위조를 위한 총장 직인 파일이 나왔다고 '단독' 보도했다. 문제의 '사모펀드'가 '조국펀드'라는 황당한 주장이 널리 유포된 상태에서 이 보도는 나에 대한 비판적 여론에 기름을 부었다. 이 보도는 SBS의 2009년 5월 13일 '노무현 대통령 논두렁 시계' 보도와 같은 효과를 가져왔다.

그런데 검찰이 표창장 관련 파일이 들어 있는 '강사휴게실 PC'를 '임의제출' 형식을 빌려 확보한 것은 9월 10일 저녁이었고, 포렌식을 한 것은 9월 11일이었다. SBS는 무려 나흘 전에 '예언 보도'를 한 것이다. '강사휴게실 PC'가 아니라 '연구실 PC'라고 보도한 오류가 있었을 뿐, 핵심을 보도한 것이다. SBS는 영화 「마이너리티 리포트」에 나오는 미래예측 시스템을 가지고 있었던가.*
9월 6일 검찰의 전격기소가 국회와 대통령의 권한을 침해하는 것이라는 비판이 일어나자, 이를 무마시키기 위해 바로 다음 날 SBS의 전격 보도가 이루어졌다는 의심을 지울 수가 없다. 정 교수의 자산을 관리해주던 김경록 한국투자증권 차장은 유튜브 '유시민의 알릴레오' 인터뷰에서 9월 10일 오후 KBS 기자들도 표창장 파일 건을 알고 있었다고 진술했고, 페이스북(2021. 4. 21)에도 같은 내용의 글을 올렸다.

의아하고 궁금하다. 이 보도의 최초 정보제공자는 누구였을까. 첫째, 표창장이 (재)발급되었음을 알고 있고 둘째, 표창장이 '위

---

* 2020년 4월 8일 검찰은 정경심 교수 9차 공판 중 증인신문에서 SBS 보도를 제시하며 "이 PC(=강사휴게실 PC)에서 발견된 사실이 없었다. 증인은 이 사실을 알 수 없었죠?"라고 물으면서, 자신의 책임을 슬쩍 피해갔다.

조'되었다고 알리고 싶은 사람만이 검찰 또는 언론에 제보할 수 있다. 검찰은 강사휴게실 PC를 확보하기 전이다. 누구일까. 동양대 관계자 외에는 없다. 강사휴게실 PC와 그 속에 든 전자정보 확보 시 적법절차가 준수되었는가, 표창장 발급에 있어 최성해 총장의 '명시적·추정적 승낙'이 있었는가, 최 총장은 표창장의 존재를 언제 인지했는가, 표창장 파일이 존재한 강사휴게실 PC는 파일 작성 시점에 어디에 있었는가 등은 정 교수 재판에서 치열한 논쟁이 벌어지고 있으므로, 상세한 언급은 삼가겠다.

둘로 나뉜 대한민국

인사청문회는 마쳤으나, 여론은 양분되었다. 극렬한 임명 반대와 열렬한 지지로 쪼개졌다. 여론조사에서는 반대가 더 많았다. 포털사이트의 실시간 검색창은 전쟁터로 바뀌었다. "조국 수호" "조국 힘내세요"와 "조국 구속" "조국 사퇴하세요"로 검색어 경쟁이 벌어졌다.

진보진영 내부도 갈라졌다. 홍세화·진중권 등 이름 있는 좌파 지식인들은 나를 격렬히 비난했다. 전통적인 진보 시민사회단체에서도 비판적 분위기가 형성되었다고 들었다. 부산외국어대 이광수 교수는 일부 진보가 나에 대해 "매우 심한 적개심"을 보였고, "'조국 수호'는 기득권 수호이기 때문에 반대한다"라고 말하면서, 그 이유를 몇 가지 들었다. "조국에게는 물려받은 재산이 많다" "사회주의자였다가 '변절'해 자유주의자가 되었다" "민정수석으로 제대로 일을 못한 무능력자다" 등이었다.[*] 김경률 회계사는 참여연대 집행위원장이라는 직함을 걸고 나를 권력형 범죄자로 몰아갔다. 9월 8일 경제정의실천연합은 "조 후보자의 법무부장관직 임명을 강행한다면 진보개혁 진영은 물론 사회 전체적으로 개혁의 동력을 상실할 우려가 있다"면서 '자진 사퇴'를 요구했다.

고민이 깊어졌다. 개인의 영달을 위해 장관하려는 게 아니라 검찰개혁이라는 역사적 사명감으로 이 자리에 섰는데 오히려 국론 분열의 당사자가 되어버렸다. 자괴감이 몰려왔다. 나를 법무부장관으로 임명하는 것이 당·정·청에도 큰 부담이 될 것이라는 생각에 가슴이 답답했다.

정의당은 9월 7일 입장문을 발표했다.

"여러 우려에도 불구하고 사법개혁의 대의 차원에서 대통령의 임명권을 존중하겠다. 조 후보자와 대통령은 최종 결정 이전에 후보자 부인이 기소까지 된 지금의 상황을 무겁게 받아들여 어떤 선택이 진정 사법개혁을 위한 길인지 깊이 숙고해주실 것을 요청드린다."

정의당의 고뇌가 읽혔다. 우회적인 임명 불가 의사 표명이었다. 이후 정의당은 당시 나에게 '데스노트'를 날리지 않았음을 반성한

---

[*] 이광수, 『악마와 싸워서 이기는 정치』(진인진, 2020), 56-60면.

다고 했다. 반면 당시 무소속 박지원 의원(현 국가정보원장)은 언론 인터뷰에서 말했다.

"조국이 무너지면 문재인 대통령을 향해 또 다른 돌격이 있을 수 있다. 출렁대는 언론과 국민 여론이 나쁜 것은 사실이지만 호남은 압도적으로 조국 후보를 살려야 한다는 얘기를 한다."

한편, 청와대·더불어민주당·정부 내에서도 임명 철회와 임명 강행으로 의견이 나뉘었다. 더불어민주당 의원총회에서 금태섭 의원은 '내로남불'을 인정해서는 안 된다며 임명을 반대했고, 이철희 의원(현 청와대 정무수석)은 "조국 장관 후보자에 대한 공격은 단지 조국 개인의 문제가 아니다"라며 임명 강행을 주장했다고 들었다. 당내 의견을 취합한 후 이해찬 대표와 이인영 원내대표 등 당 지도부는 임명 강행의 방침을 정했다. 반면, 청와대와 정부 쪽 몇몇 고위관계자들은 철회 의견을 냈다고 들었다.

이러한 소식이 나에게까지 들리자 자진 사퇴를 더욱 심각하게 고민했다. 나 하나만, 가족만 생각하면 그만두고 싶었다. 속을 터놓을 수 있는 여권 인사들과 여러 차례 상의했다. 이들은 나의 임명이 정무적 부담이 되는 것은 사실이지만 자진 사퇴는 절대 안 된다고 조언했다. 검·언·정이 노무현 대통령과 그 측근들을 잡아 족쳤던 상황과 같다고 했다. 검찰의 문재인 정부를 향한 '무력시위', '문재인 정부 군기(軍紀) 잡기'가 시작되었다면서 검찰의 공격에 무릎을 꿇으면 이후 누가 법무부장관으로 오더라도 검찰개혁은 무산될 것이라고 우려했다.

내가 법무부장관에 임명되기도 전에 정경심 교수에 대한 표창장 위조 기소 외 각종 의혹이 쏟아졌고, 검찰은 압수수색을 진행했다. 이런 상황에서 사태의 본질에 대한 판단이 나뉠 수밖에 없었다. 한쪽은 "검찰개혁의 현실화를 막기 위해 검찰이 수사를 통해 정치를 하고 있다. 검찰은 조국 수사를 시작으로 검찰조직을 지키고 집권세력 길들이기에 나섰다. 조국 수사는 시작에 불과하고 집권세력 전체로 확대될 것이다"라고 봤다면, 다른 한쪽은 "윤석열 총장이 이끄는 검찰이 그럴 리가 없다. 조국 수사는 개인 비리 사건에 한정될 것이다. 조국 장관 후보와 가족의 흠결로 인한 정무적 부담이 너무 크다"라고 판단했다.

광기의 살육

어느 쪽이 본질을 꿰고 있었을까? 나는 다음 세 사람의 글이 사건의 본질을 정확하게 파악하고 있었다고 본다. 먼저 이해찬 대표는 2020년 9월 『시사인』 인터뷰에서 검찰개혁을 둘러싼 대립이 핵심이었다고 말했다.

"조국 대란은 검찰개혁과 그에 대한 검찰의 저항 문제이기 때문에 피해갈 수 있는 상황이 아니었습니다. 자세히 보면 조국 장관 후보자 지명 전과 후에 검찰의 기조가 달라집니다. 지명 전에는 지명을 못 하게 하는 방식으로 검찰이 저항을 합니다. 지명 후에는 검찰이 힘을 총동원해서 '사건을 만드는' 쪽으로 갑니다. 그게 본질입니다. 나는 지명해야 한다고 봤어요. 이인영 당시 원내대표도 같은 생각이었습니다. 이 지명이 검찰개혁 의지의 바로미터라고 봤습니다."*

2019년 하반기 '대전'(大戰)이 진행되고 있는 상황에서 건국대 이종필 교수는 『한국일보』에 광기 어린 검찰권 남용을 규탄하는 칼럼을 썼다.

"조국이 낙마하고 그 자리에 다른 후보자가 들어서면 지금의 광란적인 공세가 사라질까? 자신의 기득권을 지키려 현 정부를 실패한 정부로 만들려는 사람들은 아마 더욱 기세를 올려 사법개혁 자체를 무산시키고 여세를 몰아 총선까지 내달릴 것이다. 온 가족의 신상과 사생활을 까발려서 조그만 의혹의 꼬투리라도 붙잡아 인신공격의 융단폭격을 마다 않는 지금의 무력시위는 잠재적인 대안 후보자들에 대한 공개적인 경고의 성격도 가지고 있다.

과연 누가 지금의 광기를 버티면서까지 사법개혁을 위해 장관 후보자로 나서려고 할 것인가? 그래서 지금의 논란은 단지

---

* 「[이해찬 독점 인터뷰 2] '조국 대란'의 본질을 말하다」, 『시사인』 제679호 (2020. 9. 15).

조국 후보자 한 명을 둘러싼 대립이 결코 아니다. 행여 조국보다 더 도덕적이고 더한 개혁 의지를 가진 인물이 다시 후보자로 지명된다면 그때는 사돈의 팔촌까지 뒤지고 묏자리까지 아예 파헤쳐서라도 주저앉히지 않는다고 누가 장담할 것인가. 더 도덕적이고 더 개혁적인 후보가 없는 것이 문제가 아니다. 그래서다. 이 광기의 살육을 나는 규탄한다. 그것이 적어도 지금은 민주공화국의 가치를 수호하는 길이라 믿는다."*

2019년 하반기 촛불집회에서 '촛불 국민 언니'라는 애칭을 얻으며 활약한 더불어민주당 최민희 전 의원은 윤석열 총장의 '검찰주의'를 지적했다.

"참여정부 때 대선 자금 수사 과정에서 안대희가 국민적 영웅으로 떠오른 적이 있어요. 검찰은 검찰조직 내에서 누군가를 내세워 국민적 여망이 집중된 수사를 수행함으로써 검찰개혁의 칼날을 무디게 만들고, 그 상황이 지나면 다시 과거의 검찰권력으로 돌아가 기득권을 공고히 해왔어요. 윤석열은 안대희와 다를 바 없다고 저는 판단합니다. 안대희나 윤석열이나 그들이 지키고자 하는 것은 법의 정의나 민주정부가 아니라 검찰권력이라고 보는 것이 합리적 판단이라고 생각해요."**

 * 이종필, 「조국을 위해」, 『한국일보』(2019. 8. 27).
 ** 최민희, 『쉼 없이 걸어 촛불을 만났다』(21세기북스, 2020), 256면.

대통령의 시간

2019년 9월 9일자 『한겨레』 보도에 따르면 9월 6일 오후 동남아 순방을 마치고 귀국한 문 대통령은 그날 밤 9시부터 자정까지 나의 장관 임명에 관해 참모진과 회의를 열었다. 9월 8일 오후 4시쯤 당시 윤건영 국정기획상황실장(현 더불어민주당 의원)에게 임명과 지명 철회라는 두 가지 초안으로 대국민 메시지를 작성하라고 지시했다. 문 대통령은 두 가지 초안을 놓고 자구 수정을 했으며, 8일 밤 결심을 하셨다고 한다.* 문재인 대통령은 청와대 바깥의 의견도 여러 통로로 청취한 것으로 안다. 정말 고민이 많으셨으리라. 나는 9월 8일, 인사청문회에서 수고한 여당 법사위원들에게 '어떤 결정이 내려지건 감사하다'라는 문자 메시지를 보냈다.

윤건영 의원은 2020년 1월 몇몇 언론 인터뷰에서 "조 전 장관을 임명하느냐 마느냐를 두고 대통령이 고민할 때 임명하시라고 조언했다는 게 사실인가?"라는 질문에 "맞다"라고 했다. 그는 "당시 상황에서 봤을 때 조 전 장관에 대한 여러 의혹은 있었지만, 그 의혹에 대한 법적인 판단은 나중 문제였다"라며 "(당시) 명확한 비리 혐의가 확인된 건 없었다"라고 말했다.** 『한겨레』 성연철 기자는 이렇게 평가했다.

---

* 성연철, 「문 대통령, 조국 임명·지명철회 '대국민 메시지' 2개 준비했었다」, 『한겨레』(2019. 9. 9).
** 「김현정의 뉴스쇼」 인터뷰(2020. 1. 16); 『시사인』 인터뷰(2020. 1. 21).

"조직의 사활을 건 듯한 검찰의 전방위적인 수사는 '조국이어야 한다'는 문 대통령의 생각을 오히려 더 강화한 듯 보인다. 특별수사부(이하 '특수부') 검사들이 대거 동원된 수사와 중요한 정치적 고비의 순간에 맞춰 진행된 압수수색, 청문회 종료 직전 장관 부인 기소, 이후 진행된 피의 사실 흘리기 의혹 등이 오히려 임명 강행 쪽으로 뜻을 굳히는 요인이 됐다는 것이다."*

한편, 『한겨레』는 문 대통령 귀국 직후인 9월 7일 윤석열 총장이 김조원 청와대 민정수석에게 연락해, "조국 의혹이 심각하다. 조국을 임명하면 내가 사퇴할 수밖에 없다"라고 말했다고 보도했다.** 검찰 측은 이를 부인했다. 최강욱 열린민주당 대표(당시 청와대 공직기강비서관)는 우상호 의원이 진행하는 팟캐스트에서 좀더 구체적으로 사실을 밝혔다. 즉, 장관 임명 발표를 앞둔 주말에 윤 총장이 김 수석에게 전화해 "이게 뭡니까? 내가 30군데나 압수수색을 했는데, 아직도 포기 못 하고 이런 식으로 나오면 내가 사표를 내겠습니다"라고 말했다는 것이다.*** 이해찬 대표도 "지명 직전에 윤석열 검찰총장이 대통령 독대를 요청했다는 이야기가 파다

* 성연철, 「문 대통령, '조국 리스크'에도 검찰개혁 의지…"본인 위법 없다"」, 『한겨레』(2019. 9. 9).
** 김원철·이완, 「윤석열, 조국 임명 전 청와대에 "의혹 심각…임명 땐 사표"」, 『한겨레』(2019. 9. 30).
*** 박태훈, 「최강욱 "윤석열 '조국 장관 땐 내가 사표' 靑수석 협박…尹에 속아 총장으로"」, 〈뉴스1〉(2020. 11. 17). 여기서 최 대표는 당시 장관 임명 시기와 관련해 9월이 아니라 8월이라고 잘못 발언했다.

했습니다. 사실입니까?"라는 『시사인』의 질문에 "사실입니다. 한 번도 아니고 두세 번을 요청했어요. 내가 다 얘기는 안 하지만, 있을 수 없는 사안입니다"라고 답변했다. 이상은 사후 몇몇 청와대 핵심관계자에게 내가 들은 바와 일치한다.

고통스러웠던 임명식

9월 8일, 나는 청와대로부터 임명 통지를 받았다. 임명식에는 통상 배우자를 동반하는데, 이번에는 그렇게 하지 않는다고 했다. 이유는 충분히 짐작하고 이해할 수 있었다. 9월 9일 청와대로 들어가 장관 임명장 수여 장소로 들어가는데 만감이 교차했다. 민정수석 시절 장관으로 임명되는 분들을 환하게 영접하던 바로 그 장소였기 때문이었다. 준비된 차담 테이블로 가니, 얼마 전까지 동고동락했던 실장과 수석들이 심각한 얼굴로 서 있었다. 나 역시 침통한 표정을 숨길 수 없었다. 서로 무슨 말을 할 수 있었으랴.

정의용 안보실장(현 외교통상부 장관)이 다가와 두 손으로 내 손을 꼭 잡으며 "고생이 많았죠. 힘내야 합니다"라고 말씀해주셨다. 정 실장은 민정수석 근무 시절 청와대 참모진 최고 어른으로서 부족한 나를 많이 격려해주셨다. 주영훈 대통령 경호실장과 악수할 때 주 실장 눈에 맺혔던 눈물을 잊을 수 없다. 주 실장은 참여정부 경호실 가족부장으로 관저 경호를 담당했고, 노무현 대통령 퇴임 후에는 봉하마을에서 경호팀장으로 활동했으며, 문재인 정부 출범 후에는 대통령 경호실장이 된 분이었다. 내가 당하는 꼴을 보면서 가슴이 아프셨던 것 같았다. 청와대 시절 호흡이 잘 맞았던 강기정 정무수석은 다가와 내 손을 꼭 잡으면서 "힘내시게요"라고 말해주었다. 김외숙 인사수석은 "어떻게 버티셨어요" 하고는 말을 잇지 못했다.

수여식이 시작되어 대통령께서 오셔서 악수할 때, 그리고 임명장을 수여할 때 나는 대통령과 차마 눈을 맞출 수 없었다. 무참한 심정이었다. 지금도 수여식 사진은 꺼내보지 않는다. 수여식 끝에 대통령께서 국민들께 직접 입장문을 발표하셨다. 유례없는 일이었다. 나와 관련된 부분만 소개한다.

"조국 법무부장관의 경우 의혹 제기가 많았고, 배우자가 기소되기도 했으며 임명 찬성과 반대의 격렬한 대립이 있었습니다. 자칫 국민 분열로 이어질 수도 있는 상황을 보면서 대통령으로서 깊은 고민을 하지 않을 수 없었습니다.

그러나 저는 원칙과 일관성을 지키는 것이 더욱 중요하다고 생각했습니다. 인사청문회까지 마쳐 절차적 요건을 모두 갖춘 상태에서, 본인이 책임져야 할 명백한 위법행위가 확인되지 않았는데도 의혹만으로 임명하지 않는다면 나쁜 선례가 될 것입니다. 대통령은 국민으로부터 선출된 국정운영 책임자로서 선출될 때 국민들께 약속한 공약을 최대한 성실하게 이행할 책무가 있습니다.

저는 지난 대선 때 권력기관 개혁을 가장 중요한 공약 중 하나로 내세웠고, 그 공약은 국민들로부터 지지받았습니다. 저는 대통령 취임 후 그 공약을 성실하게 실천했고, 적어도 대통령과 권력기관들이 스스로 할 수 있는 개혁에 있어서는 많은 성과가 있었음을 국민들께서 인정해주시리라 믿습니다. 이제 남은 과제는 권력기관의 정치적 중립을 보장하고, 국민의 기관으로 위상을 확고히 하는 것을 정권의 선의에만 맡기지 않고 법 제도적으로 완성하는 일입니다.

저는 저를 보좌해 저와 함께 권력기관 개혁을 위해 매진했고 성과를 보여준 조국 장관에게 그 마무리를 맡기고자 한다는 발탁 이유를 분명하게 밝힌 바 있습니다. 그 의지가 좌초되어서는 안 된다고 생각합니다. 이 점에서 국민들의 넓은 이해와 지지를 당부드립니다.

가족이 수사대상이 되고 일부 기소까지 된 상황에서 장관으로 임명될 경우 엄정한 수사에 장애가 되거나 장관으로서 직무수행에 어려움이 있지 않을까라는 염려가 많다는 것도 잘 알고 있습니다. 그러나 검찰은 이미 엄정한 수사 의지를 행동을 통해 의심할 여지 없이 분명하게 보여주었습니다. 검찰은 검찰이 해야 할 일을 하고, 장관은 장관이 해야 할 일을 해나간다면 그 역시 권력기관의 개혁과 민주주의의 발전을 분명하게 보여주는 일이 될 것입니다.

이번 과정을 통해 공평과 공정의 가치에 대한 국민의 요구와 평범한 국민들이 느끼는 상대적 상실감을 다시 한번 절감할 수 있었습니다. 무거운 마음입니다. 정부는 국민의 요구를 깊이 받들 것입니다."

"저는 저를 보좌해 저와 함께 권력기관 개혁을 위해 매진했고 성과를 보여준 조국 장관에게 그 마무리를 맡기고자 한다는 발탁 이유를 분명하게 밝힌 바 있습니다"라는 부분에서 가슴이 찌릿했다. 절로 눈이 감겼다. "이번 과정을 통해 공평과 공정의 가치에 대한 국민의 요구와 평범한 국민들이 느끼는 상대적 상실감을 다시 한번 절감할 수 있었습니다"라는 부분에서 가슴이 콱 막히는 듯했다. 낯이 뜨거웠다.

임명식을 마친 후 대통령께서 잠시 따로 보자고 하셔서 집무실로 갔다. 민정수석 시절 수시로 보고를 드리고 논의하기 위해 들렀던 방이었지만, 방문의 무게도 방 안의 공기도 무겁게만 느껴졌다. 대통령의 표정도 굳어 있었다. 나는 송구한 마음을 표했고, 대통령께서는 그간의 고초에 대한 위로의 말씀을 해주셨다. 나는 대통령께 다음과 같은 말씀을 드렸다.

"검찰의 수사와 야당의 정치적 공세가 더 거세질 것입니다. 아무래도 제가 오래 장관직에 있지 못할 것 같습니다. 미리 후임자를 생각해두시는 것이 좋겠습니다. 재임하는 동안 최대한 속도를 내서 개혁조치를 하겠습니다."

인사청문회가 열리기 전에 전방위적인 압수수색이 있었고 인사청문회 마지막 날 배우자가 전격 기소된 상황이었지만, 핵심 의혹이었던 사모펀드에 대해서는 나는 물론이고 정경심 교수도 전혀 문제가 없다고 알고 있었다. 권력형 비리 주장은 정말 황당했다. 이후 기소가 이루어진 인턴·체험활동 증명서 건에 대해서는 실제 활동을 했는데 무슨 형법적 문제가 되겠느냐는 안이하고 순진한 생각을 하고 있었다. 검찰은 '멸문'(滅門)을 꾀하는 '사냥'을 준비하고 있었는데 말이다.

그러나 검찰이 나와 내 가족에 대한 수사를 확대할 것이라는 예상은 했다. 검찰이 추가 기소를 한다면 야당과 언론의 공세는 더욱 격화되고 여론도 더 나빠질 것이었다. 36일짜리 장관이 될 줄은 몰랐지만, 이러한 판단을 대통령께 말씀드려야 했다. 임명 당일 후임자를 구하는 것이 좋겠다는 말씀을 드려야 하는 얄궂은 상황이었다.

법무부장관 임명장을 들고 집으로 돌아왔으나 가족 누구도 즐거운 표정이 아니었다. 가족들은 8월 9일 장관 지명 이후 꼬박 한 달간 이어진 검·언·정의 합작 공세에 지칠 대로 지쳐 있었다. 공세가 멈출 것이라고 생각하진 않았지만, 그 정도로 전개되리라고는 추호도 예상하지 못했다. 그러나 운명의 여신은 혹독한 시련의 가시밭길을 깔아놓고 있었다.

2019년 하반기에 벌어진 사태를 예상했다면 대통령께서는 절대 입각을 권하지 않았을 것이다. 나 역시 수락하지 않았을 것이다. 당시 누가 상상이나 했겠는가. 문 대통령이 발탁한 윤석열 검찰총장이 역시 문 대통령이 선택한 법무부장관과 그 가족을 표적 수사하리라는 것을. 나는 장관 지명을 끝까지 고사해 학교로 돌아가고 흠결이 전혀 없는 분이 법무부장관으로 지명되었으면 좋았 겠다는 무의미한 상상을 한다.

내가 자진 사퇴했다면 국면은 어떻게 전개되었을까? 나와 내 가 족에 대한 수사와 기소는 변함이 없었을 것이다. 검찰이 한번 뺀 칼을 도로 집어넣을 리는 없으므로. 장관 지명이 철회되었다면 어 땠을까? 윤석열 검찰총장이 문재인 정부를 정면으로 타격하는 수 사를 벌이지 않았을까? 윤 총장은 보수진영에서 대권을 꿈꾸지 않 고 문재인 정부의 검찰총장 역할만 수행했을까? 보수야당과 언론 은 순순히 검찰개혁에 동참했을까? 검찰은 검찰개혁법안 통과를 입법자의 몫으로 인정하고 받아들였을까?

역사는 가정을 허용하지 않는다.

제2장
나를 둘러싼 의혹들

"검찰은 압수수색 이후 내가 사모펀드에
관여하지 않았음을 알았을 것이다. 그러나 검찰은
수사를 접지 않고, 나와 내 가족 전체에 대한
전방위적 저인망 수사로 나아갔다.
'멸문지화'(滅門之禍)의 문을 연 것이다."

황당무계한 허위기사들

2019년 8월 9일 내가 법무부장관으로 지명된 후 악의적 허위사실을 유포하는 자들이 우후죽순 등장했다. '가로세로연구소'의 강용석·김용호·김세의 등은 단독 또는 합동 유튜브에서 "조국이 모 여배우가 여러 작품을 하고 CF도 찍을 수 있도록 밀어줬다, 사람들 만나는 자리에 조국이 그 여배우를 대동했다" "조국의 딸이 빨간색 포르쉐 타고 다닌다" "조국의 아들이 고교 시절 여학생을 성희롱했는데 엄마가 등장해 가해자와 피해자를 바꾸었다" 등 완벽한 허위사실을 알리며 희희낙락했다.

도대체 내가 밀어준 여배우는 누구인가. 딸은 아반테를 타는데, 포르쉐는 어디서 튀어나온 차인가. 나와 가족은 유학 시절을 제외하고 한 번도 외제차를 탄 적이 없다. 아들은 오히려 학교 폭력의 피해자였고 가해 학생들은 학교를 떠났다는 공식 기록이 있는데, 아들이 성희롱을 했다니 이 무슨 음해인가.

강용석은 '이봉규TV'에 출연해, "조국한테 여자 문제가 터지면 걷잡을 수가 없을 거다. 조국이 교수일 때 대학 1학년 제자와 연결하면 이해가 가능하다"라고 말했다. 참으로 악랄한 중상모략 발언이었다. '국대떡볶이' 김상현 대표는 페이스북에 "조국은 코링크PE(일명 '조국펀드'로 불리는 코링크에쿼프라이빗에쿼티의 줄임말)를 통해서 중국 공산당의 돈과 도움을 받았다"라는 황당무계한 글을 올렸다. 이와 유사한 망상적 주장이 온라인에 대거 유포되었다.

이들 말고도 수많은 극우 성향 유튜버와 블로거들이 수많은 허위사실을 게재했다. 김흥광 NK지식인연대 대표는 유튜브에서 '조국과 북한의 비밀관계'라는 영상을 게시한 뒤, "조국 전 장관이 북한의 지령 세 가지를 충실하게 이행할 것"이라고 주장했다. '일베' 사이트에는 내 가족에 대해 입에 담을 수 없는 성적(性的) 비방과 모욕 글, 추잡한 합성 사진이 수도 없이 올라왔다.

극보수 온라인 매체 『펜앤드마이크』는 정경심 교수가 착용한 안경테가 200만 원짜리 외제라는 허위사실과* 내가 민정수석 때 모델 바바라 팔빈 상반신 누드 사진 등을 업로드했다는 허위기사를 보도했다.** 채널A와 TV조선은 내가 민정수석 때인 2018년 6·13 지방선거 직전 울산에 내려가서 더불어민주당 송철호 울산시장 후보를 만나 송 후보 및 일행 등과 함께 울산의 사찰을 방문해 송 후보 지지를 부탁했다는 허위보도를 내보냈다.*** 『세계일보』는 '단독'으로 정경심 교수가 사모펀드 관련자들에게 해외 도피를 지시했다는 허위보도를 했다.****

---

* 김종현·김진기, 「[단독] '11개 범죄 혐의' 정경심, 200만 원대 안경 쓰고 법원 출두… '문재인 안경'으로 알려진 '린드버그」, 『펜앤드마이크』(2019. 10. 23). 정 교수가 법정 출석 때 착용한 안경테는 중저가 국산 안경 'Venerdi 1409'다.
** 박순종, 「조국 추정 ID 과거 게시물, 인터넷서 '시끌'…모델 바바라 팔빈 상반신 누드 사진 등 업로드」, 『펜앤드마이크』(2020. 1. 30).
*** 조영민, 「[단독] 조국·송철호, '선거지' 울산 사찰 함께 방문」, 채널A(2019. 11. 29); 정민진, 「[단독] 6월 지방선거 전 울산 찾아간 조국…"송철호 도와달라"」, TV조선(2019. 11. 29).
**** 배민영·정필재, 「[단독] 펀드 관련자들 해외 도피 조국 아내 지시 따른 것」, 『세계일보』(2019. 9. 5).

'1등 신문'을 자처하는 『조선일보』는 자유한국당 주광덕 의원의 주장을 받아 '단독'으로 「조국 처남이 몸담은 해운사, 계열사 명의로 북 석탄 운반선 소유」라는 기사를 내보냈다.* 주장하려는 것이 무엇인지 알 수 없는 황당한 기사였다. 또한 『조선일보』는 내 딸이 세브란스병원 피부과 교수를 찾아가 "조국 딸이다. 의사고시 후 여기서 인턴하고 싶다"라고 말했다는 허위사실을 보도했다.** 『중앙일보』는 보건복지부가 내 딸을 위해 국립중앙의료원 피부과 레지던트 자리를 증원했고, 이 자리를 노리고 내 딸이 그 병원에 인턴을 지원했다는 황당무계한 허위기사와 칼럼을 내보냈다.***

이들에 대해서는 모두 민·형사소송이 제기된 상태다. 이러한 패악적(悖惡的) 행태는 제쳐두고, 여기서 나는 2019년 하반기 이후 언론과 정치권이 나와 내 가족에 대해 중요하게 다룬 여덟 가지 의혹을 중심으로 그 실체가 무엇이었는지 답하려 한다. 이어 나를 공격하는 소재로 사용되었던 두 가지 일을 해명하려고 한다.

---

* 김형원, 「[단독] 조국 처남이 몸담은 해운사, 계열사 명의로 북 석탄 운반선 소유」, 『조선일보』(2019. 9. 18).
** 이후 『조선일보』는 사과문을 발표했다. 「[바로잡습니다] 조민 씨·연세대 의료원에 사과드립니다」(2020. 8. 29).
*** 안혜리, 「국립의료원 지원한 조민…복지부, 돌연 피부과 정원 늘렸다」, 『중앙일보』(2021. 1. 28); 안혜리, 「조민의 신의 한 수」, 『중앙일보』(2021. 1. 28).

의혹 1: 사모펀드

2019년 8월 14일 국회 인사청문회 요청안과 함께 나의 재산 변동사항 신고서가 국회에 제출되었다. 그러자 언론에서는 정경심 교수가 가입한 사모펀드 '블루코어 밸류업 1호'(이하 블루펀드)에 대한 의혹 보도가 쏟아져 나왔다. 사모펀드는 공모펀드와 달리 비공개로 소수 투자자에게 돈을 모아 운용하는 펀드다.

2017년 5월 내가 민정수석이 되자 정 교수는 보유하고 있던 개별 주식을 매각했다. 나의 5촌 조카가 정 교수에게 보유한 자금을 사모펀드에 투자하라고 제안하자, 오랫동안 자신의 투자자문을 해준 김경록 한국투자증권 차장과 의논한 후 5촌 조카가 권유한 블루펀드에 돈을 넣었다. 이는 공직자 재산신고 항목에 모두 기록되어 있었다. 가정 경제는 정 교수가 거의 다 결정하고 운영하던 터라, 나는 상세한 내용은 몰랐다.

언론과 야당은 세 가지 측면에서 나를 집중 공격했다. ①8월 14일 당일에는 펀드 약정액이 재산 신고액보다 많다는 보도를 쏟아냈다. 그러나 이 펀드 약정액은 모두 출자하지 않아도 되는 금액이다. 강제성이 없는 것이다.

②사모펀드를 가입한 이유는 증여세를 내지 않고 자녀에게 편법 상속하기 위함이라는 『조선일보』의 보도(2019. 8. 18)와 자유한국당 김종석 의원의 주장(2019. 8. 21)이 이어졌다. 하지만 사모펀드에 가입했다고 증여세를 피할 수 없음이 확인되었다.

③가장 악의적인 것은 블루펀드가 투자한 가로등 점멸기 제조

업체 '웰스씨앤티'의 관급공사 숫자가 급증했고 내가 민정수석으로서 이 과정에 영향력을 행사했다는 의혹 제기였다.『동아일보』(2019. 8. 17)가 보도하고 검사 출신 자유한국당 정점식 의원이 같은 주장(2019. 8. 20)을 하자, 검찰은 8월 27일 '웰스씨앤티' 본사와 대표 자택을 압수수색했다.『동아일보』보도 출처는 검찰일 것이라고 짐작하고 있다. 그러나 이 관급공사 개입 의혹은 결국 나는 물론 정경심 교수의 공소장에도 들어가지 못한 허무맹랑한 것이었다.* 2019년 9월 2일 국회 기자간담회에서도 나는 다음과 같이 밝혔다.

"코링크PE가 무엇인지를 몰랐기 때문에 관급공사에 개입한 적이 없습니다. 관급공사 직원들에 대한 조사 또는 압수수색이나 통신 영장을 통해 확인될 것입니다. 그리고 코링크PE가 관급공사를 해서 실적이 높아졌다는 기사를 봤습니다. 문제가 되는 회사의 10년간 관급사업 실적을 확인해보니, 제 민정수석 재임 시기와 아무 관계가 없었습니다. 언론 보도에서는 제가 민정수석이 되고 난 후에 실적이 급증했다고 하는데 실제 통계를 보면 그렇지 않습니다. 제가 영향을 미치지도 않았고 연락도 하지 않았습니다. 문재인 정부에서 2차 전지사업을 하고 있는데 민정수석이 그걸 알아서 여기에 영향을 줬을 것이라고 하는데, 저는 그

---

* 이상의 과정에 대해서는 조국백서추진위원회,『검찰개혁과 촛불시민』(오마이북, 2020), 257-269면 참조.

자체를 알지 못했습니다."

권력형 비리 낙인 찍기

9월 3일 자유한국당 김무성 의원은 국회 토론회에서 "문재인 대통령이 조 후보자를 사실상 자신의 후계자로 내정해서 밀어줬고, 조 후보자는 대선 준비를 위한 자금을 만들어야 하는 입장이다"라고 주장했다.[*] 자유한국당 홍준표 전 대표는 9월 24일 페이스북에 "조국펀드는 대선 당내 경선을 위한 정치자금"이라는 글을 올렸다. 어처구니가 없었다. 이후 대선 자금 주장은 사라졌지만, 권력형 비리 프레임은 급속히 확대 재생산되었다.

2019년 9월 26일에는 전 참여연대 집행위원장 김경률 회계사가 페이스북에서 사모펀드 관련 업체들로부터 빼돌려진 돈 수십억 원이 정경심 교수에게 전달됐다고 주장했다. 게다가 "문재인 정부 출범 이후 2년 반 동안 조 장관은 적폐청산 컨트롤타워인 민정수석 자리에서 시원하게 말아 드셨다"라고 썼다. 이후 그는 여러 언론 인터뷰에서 "정경심은 조범동의 공범이다" "권력형 범죄로 비화할 가능성이 있다고 봐서 저희가 며칠에 걸쳐서 몇 명이 밤샘 분석했다" "'조국펀드'에서 사라진 15억 행방이 묘연한데, 조국도 몰랐을 리 없다" 등의 터무니없는 주장을 했다.

이에 더해 2019년 10월 '투기자본감시센터'라는 진보성향 단

[*] 배재성, 「김무성 "조국펀드, 대선 준비 위해 자금 만들려는 것"」, 『중앙일보』 (2019.9.4).

체는 내가 문제의 사모펀드를 통해 뇌물――1차 고발에서는 66억 5,000만 원, 2차 고발에서는 115억 원――을 받았다고 주장하며 나를 고발했다.* 그러자 『조선일보』는 「참여연대 소장도 '권력형 범죄'로 판단한 조국펀드」(2019. 10. 3)라는 사설을, 『중앙일보』는 「조국펀드 둘러싼 권력형 범죄의혹 철저 수사하라」(2019. 10. 3)라는 사설을 내놓았다.

이렇게 사모펀드 의혹은 일파만파로 퍼져나갔고, 나는 어느새 민정수석 시절 불법적으로 돈을 모은 사람이 되어버렸다. 2019년 8월 27일 전면적 압수수색이 이루어진 다음 날인 8월 28일, 오랫동안 검찰출입을 한 CBS 권영철 기자는 '김현정의 뉴스쇼' 인터뷰에서 "특수 수사통으로 알려진 전현직 검찰 관계자에게 물어보니까 한결같이 검찰 수사의 핵심은 사모펀드가 될 것이다"라고 말했다. 그러면서 그는 검찰 고위관계자와 핵심관계자의 말을 소개했다. 통상 '고위관계자'라 함은 검사장급 이상을 말하며, '핵심관계자'라 함은 수사팀 검사를 말한다.

"펀드의 경우 냄새가 엄청 난다. 사모펀드가 저런 사모펀드가 어디 있나. 저건 솔직히 펀드도 아니고 펀드의 형식을 띤 엉뚱한 행동이다."

---

* 2015년 2월 동 센터의 장화식 전 대표는 미국계 사모펀드인 론스타코리아의 유회원 전 대표에게 8억 원의 뒷돈을 받아 구속되었고, 이후 유죄판결을 받은 바 있다.

검찰은 5촌 조카 조범동과 정경심 교수 재판에서 수시로 "사모펀드는 권력형 비리 사건"이라고 목소리를 높였다. 『시사인』 남문희 기자의 2020년 1월 9일 페이스북 글을 보자.

"조국 장관에 대한 검찰수사 초기에 검찰 동향을 알 만한 사람들이 강조해서 언급한 내용이 바로 사모펀드 관련 얘기였다. 자녀 표창장이나 입시비리는 도입부에 불과하고 사모펀드 건이 몸통이며 그게 터지면 조국뿐 아니라 현 정권의 중추를 이루는 사람들도 무사하지 못할 거라는 얘기였다. 그 말대로라면 섬뜩했다. 설마 그럴 리가 하는 것은 선의에 기초한 희망 사항일 뿐이고 그런 얘기를 하는 사람들은 검찰 주변의 뭔가 끄나풀이 있어서 하는 것일 테니 마냥 무시하기만은 어려워 보였다."

동료·친구·지인 일부도 나를 의심하고 비난한다는 말이 들려왔다. 서글펐다. 어떤 진보적 지식인과 진보언론 기자는 내가 민정수석을 마치고 고향 부산에 가서 친구들과 부산·경남 지역 소주인 '대선'과 '좋은데이'를 마시고 사진을 찍어 페이스북에 올린 것을 거론하며, "조국이 대선 출마하려고 사모펀드 들어간 거야"라고 말했다고 했다. 어이가 없었다.

공개적으로 '조국펀드'가 아니라고 말하며 나선 사람은 『딴지일보』 김어준 총수와 신장식 변호사, 『아주경제』 장용진 사회부장과 김태현 기자 그리고 『조국백서』 참여 필진 등 소수였다. 이들은 문제의 펀드 실제 운영자는 '㈜익성'이라고 수도 없이 강조했지만, 대다수 언론은 받지 않았다. 2019년 9월 30일 한양대 박찬운 교수는 페이스북에 올렸다.

"조국 장관의 혐의가 다 인정된다고 해도 그 내용은 권력형 범죄와는 무관한 것이다. 이런 식으로 수사를 하면 안 걸리는 공직자는 없다. 그것은 수사를 하는 검사들 자신이 잘 알 것이다. 그렇다면 결국 이 수사는 한 인물을 매장하기 위한 먼지떨이 수사가 아닌가?"

검·언 합작 도덕적 낙인 찍기

정경심 교수 수사가 진행되는 동안 정 교수가 2017년 7월 동생에게 보낸 문자 "강남 건물주의 꿈"이 대대적으로 보도되었다. 검찰은 재판 과정에서도 이 문자를 수시로 부각했고, 언론은 받아썼다. 피의자에게 도덕적 낙인을 찍기 위한 검찰과 언론의 합작품이었다. 고 노무현 대통령 '논두렁 시계' 보도의 재판(再版)이었다. 당시 변호인단은 해명문을 기자들에게 발송했지만, 반영은 미미했다.

이번 기회에 다시 밝힌다. 정 교수는 부모님 별세 후 오빠·동생과 함께 강북 소재 지상 2층 지하 1층의 낡은 건물과 대지를 공동 상속받았다. 이 점에서 정 교수는 이미 '건물주'다. 정 교수는 노후 자금으로 이 건물과 대지를 팔아 다른 자산을 합하고 대출이나 전세를 끼어 동생과 공동으로 강남에 건물을 장만하고 주거도 옮기면 좋겠다는 희망을 갖고 있었다. 이것은 도덕적으로도 법적으로도 비난받을 수 없는 일이다. 이 같은 문자가 사모펀드 관련 범죄 혐의를 입증하는 유죄의 증거가 될 수도 없었다. 그러나 검찰과 언론은 아랑곳하지 않았다. 오히려 '건물주'라는 부정적 낙인을 계속 찍어 정 교수를 물욕의 화신으로 몰고 가 재판부의 판단에 영향을 주려 했다.

2020년 6월 30일 5촌 조카 조범동의 제1심 재판부인 서울중앙지방법원 형사합의 24부(부장판사 소병석)는 이 사건은 '권력형 비리'가 아니고, 나나 내 가족이 이 펀드의 소유자나 운영자가 아님을 확인했다. 조범동의 횡령 혐의에 대해서는 일부 유죄를 인정했으나 정경심 교수와의 공범은 인정하지 않았다. 2021년 1월 29일 조범동의 항소심 재판부인 서울고등법원 형사 11부(부장판사 구자헌)도 이 점을 재확인했다. 조범동 항소심 판결문 중에는 이런 판시(判示)가 있다.

"사건 범행은 전체적으로 '익성' 신규 사업 추진을 위해 WFM을 인수하는 과정에서 이뤄졌고 범행으로 인한 이익의 상당 부분이 익성 이봉직 등에게 간 점 등은 유리한 양형 요소다."

김어준·신장식·장용진·김태현 등의 판단이 옳았다는 것이 확인됐다. 그런데 지금 익성 관계자는 불기소 상태다. 이는 검찰 특수부 수사 기법이다. 익성 관계자들이 검찰 조사에서 했던 진술을 법정에서 뒤집지 못하도록 묶어두는 것이다. 예컨대, '입법로비' 사건에서 검찰에 적극 협조하면서 정치인들에게 금품로비를 했다고 진술한 서울예술종합학교 김민성 이사장은 신계륜·신학용·김재윤 세 국회의원이 유죄판결을 받은 후에야 비로소 불구속기소되었다.

2020년 12월 23일 서울중앙지방법원 형사합의 25-1부(부장판사 임정엽·김선희·권성수)는 정 교수에게 '입시비리' 등 유죄를 인정하며 실형 4년의 중형을 선고하면서도, 사모펀드 관련 횡령에 대해서는 무죄를 선고했다.

이상의 판결이 나왔을 때 대부분 언론은 "조국 조카 유죄"라는 제목을 달았을 뿐, "권력형 비리 아니다" "정경심과 공모 없다" 등 두 가지 핵심쟁점은 제목으로 뽑지 않았다. 그래서인지 지금도 '조국펀드'라는 인식은 사라지지 않았다. 그토록 권력형 비리 프레임을 강조하고 전파하던 이들은 이제 무슨 말을 할까. "목표한 바를 이루었으니 알 바 아니다" 하면서 웃고 있지 않을까.

한편, 2020년 11월 5일 검찰은 정경심 교수에 대해 구형하면서, "조국 민정수석이 페이스북에 「죽창가」를 올리며(2019. 7. 13) 일본 정부를 비난할 때 정 교수는 반일테마주를 매수했다"라고 비난했다. 언론은 이를 제목으로 뽑아 보도했다. '반일테마주'를 샀다는 것 자체는 법적 문제가 되는 것이 아니지만, 이번 기회에 밝혀두고자 한다.

애초에 나는 정 교수의 주식거래 내용을 알고 있지 못했기에, 무슨 얘기인가 확인해보았다. 검찰이 최후 변론에서 거론한 주식거래 내역은 다음과 같다. 당연히 검찰도 알고 있는 사실이다.

1. 'Y 화학' 8월 16일 총 100주(총 약 150만 원) 매입 후 8월 29일까지 모두 매도, 2만 2,500원 수익.

2. 'A 산업' 8월 19일 & 8월 21일 총 2,000주(총 약 600만 원) 매입 후 8월 27일까지 모두 매도, 35만 2,500원 수익.

당시 정 교수는 증권전문가인 지인에게서 주식 거래 교습을 받으며 추천받은 주식을 거래했다. 첫째, 정 교수의 주식 매입은 내가 2019년 7월 26일 민정수석을 그만둔 후다. 둘째, 당시 정 교수는 그 주식이 반일테마주인지 여부를 알지 못했고, 추천자 역시 반일테마주라고 추천한 것도 아니었다. 셋째, 이 주식매매를 통해 얻은 수익은 총 37만 5,000원(증권사 수수료와 거래세를 제외한 모든 수익)이다.

검찰은 재판 과정에서 "강남 건물주의 꿈" 문자를 공개해 도덕적 비난을 가한 데 이어, 최후 변론에서 다시 한번 도덕적 낙인을 찍으려고 한 것이다. 남편은 「죽창가」를 올릴 때 아내는 반일테마주에 투자해 떼돈 벌었다는 인상을 전파하려 한 것이다. 참으로 얍삽하다. 언론은 재판 마지막 순간까지 검찰의 주장을 받아쓰기했다. 개탄스럽다. 근대 형법의 최대 성과는 '법과 도덕의 분리'다. 그러나 검찰과 언론은 끊임없이 도덕 프레임을 작동시켜 나를 망신시키려고 애썼다.

윤석열의 '조국 불가론'

여기서 주목해야 할 점이 있다. 8월 27일 검찰이 압수수색으로 사모펀드 관련 자료를 확보해 분석하기도 전에 윤석열 총장은 당·정·청에 이 사모펀드를 이유로 '조국 불가론'을 주장했다는 사실이다.

유시민 노무현재단 이사장은 유튜브 '유시민의 알릴레오'(2019. 10. 29)에서 장관 지명일인 8월 9일과 첫 압수수색이 있던 8월 27일 사이에 윤 총장이 청와대 바깥의 모 인사에게 이런 말을 했다고 밝혔다.

> "조국을 법무부장관에 임명하면 안 된다. 내가 봤는데 몇 가지는 아주 심각하다. 법대로 하면 사법처리감이다. 내가 사모펀드 쪽을 좀 아는데, 이거 완전 나쁜 놈이다. 대통령께 말씀드려서 임명 안 되게 해야 한다."

윤 총장은 이해찬 더불어민주당 당대표에게도 유사한 주장을 여러 차례 전달하며 대통령 독대를 요청한 것으로 알려졌다.* 박상기 전 법무부장관은 『뉴스타파』 인터뷰(2020. 7. 2)에서 2019년 8월 27일 압수수색 당일 오후 윤석열 총장을 만났는데, 이 자리에서 윤 총장은 "사모펀드는 사기꾼들이 하는 거다. 법무부장관은

---

* 「[이해찬 독점 인터뷰 2] '조국 대란'의 본질을 말하다」, 『시사인』 679호 (2020. 9. 15).

안 된다"라며 '조국 불가론'을 주장했다고 밝혔다.

나 역시 장관 후보 기간에 같은 이야기를 들었다. 언론에 공개되지는 않았지만, 윤 총장(측)은 압수수색 전후 청와대 핵심관계자에게 연락해 사모펀드를 이유로 '조국 불가론'을 설파했다. 이후 이 관계자는 이 사실을 나에게 알려주었다. 나의 대학 1년 후배인 조남관 검사장(현 법무연수원장) 등이 그즈음 나에게 연락해 우회적으로 사퇴를 권고했다. 윤석열 총장과의 교감 속에서 전화한 것인지, 아니면 개인의 의견을 전달한 것인지는 알 수 없다.

왜 윤석열 총장은 압수수색으로 증거를 '확보하기도 전'에 사모펀드가 나의 권력형 비리 증거라고 확신했을까? 2006년 대검중수부 재직 시 '론스타 사건' 수사 경험에 기초해 직관적으로 확신했던 것일까? 아니면 자타 공인 윤 총장의 최측근인 한동훈 대검 반부패부장이나 '검찰총장의 눈과 귀'라는 대검 수사정보정책관 자리에 있던 김유철 검사 등 복심 검사들의 분석보고가 있었고,* 이를 그대로 믿었던 것일까? 현재로는 확인할 수 없다. 다만, 『아주경제』 장용진 기자는 "현재 진행되는 수사는 오래전부터 첩보수집과 내사를 거쳐 시작된 고도의 프로젝트"**라는 데 이견이 없다고 평가했다.

---

* 「'조국 수사'의 시발점 김유철, '비례와 균형' 얘기할 자격 있는가」, 『더브리핑』(2020. 10. 27).
** 장용진, 「[단독] 윤석열의 사감(私憾), 조국 수사 불렀나?… "조국은 윤석열 반대"」, 『아주경제』(2019. 9. 26).

필명 '이소룡'으로 책을 낸 조성식 전『신동아』기자의 진단
이다.

"윤 총장은 검찰 안팎에서 지지만큼이나 원성도 샀다. 보수
성향이 강한 검사들 눈에는 진보정권에서 출세한 윤 총장이 곱
게 보일 리 없었다. 윤 총장으로서는 검사들의 반감을 달래고 조
직을 안정적으로 장악할 필요가 있었다. 가뜩이나 여권이 환호
하는 적폐수사로 정치적 중립성까지 의심받는 터였다. 윤 총장
은 자신의 표현대로 뼛속 깊이 보수주의자다. 검찰에 강한 불신
을 가진 진보주의자 조국 전 장관과는 한 상에서 마주 앉을 수
없다. 청와대 민정수석으로서 검찰개혁을 설계하고 주도한 조
국은 검사들에게 공공의 적이었다. 그런 점에서 조국 수사는 다목
적 카드였다. 친정권 검찰이라는 오해를 벗고, 정의로운 검찰 이미지도
과시하고, 검찰개혁 흐름도 견제하고, 검찰 내부 불만도 다독이고."*

윤 총장이 내가 법무부장관으로 지명되기도 전에 내사를 진행
하고 낙마 '작전'을 짰는지, 아니면 사모펀드 관련 보고를 듣고
'민정수석이 어떻게 사모펀드로 돈을 버나!'라며 공분(公憤)이 일
어 '순정'(純正)한 마음으로 수사를 지시했는지는 알 수 없다. 어
떤 경우든 당시 윤 총장은 "사모펀드는 조국 것이다"라며 대통령

* 이소룡,『나도 한때 공범이었다』(해요미디어, 2020), 28-30면.

에게 '조국 불가론'을 전달하려 했고, 나의 목에 겨눌 수사의 칼을 뽑았다는 점은 분명하다. 검찰은 나와 내 가족 관련 사건을 서울중앙지검 형사1부(부장 성상헌)로 배당했다가 특수2부(부장 고형곤)로 재배당했다. 언론 보도에 따르면 적어도 압수수색 일주일 전부터 강제수사를 준비했다.* 이어 고발인 조사도 하지 않고 8월 27일 압수수색에 돌입했다.

압수수색 이후 검찰은 내가 사모펀드에 관여하지 않았음을 알았을 것이다. 8월 27일 웰스씨앤티 본사와 대표 자택 압수수색 이후 언론에서 관급공사 개입 보도가 사라졌음이 그 방증이다. 그러나 검찰은 수사를 접지 않았다. 상관이 될 법무부장관 후보자를 잘못 건드리고 대통령의 인사권을 침해했다는 비판을 받는 것을 피하려고, 나와 내 가족 전체에 대한 전방위적 저인망 수사로 나아갔다. '멸문지화'(滅門之禍)의 문을 연 것이다.

의혹 2: 위장이혼 · 위장매매 · 위장전입

2019년 8월 9일 내가 법무부장관 후보로 지명된 이후부터 9월 6일 국회 인사청문회 전까지 약 한 달 동안 언론과 야당의 공세는 격렬했다. 사모펀드 의혹 외에 동생 부부의 위장이혼, 아파트 위장매매, 위장전입 등 '위장' 의혹 시리즈가 연이어 보도되었고, 주광덕 · 김진태 · 김현아 의원 등 야당 의원들은 이를 부풀려 정치공세

---

* 이민영 · 나상현, 「사모펀드 겨누는 윤석열…재배당 · 압수수색 1주일 전부터 준비」, 『서울신문』(2019. 8. 27).

를 펼쳤다. 특히 2019년 8월 16일 주 의원은 세 가지 위장 의혹을 거론하며 나를 '위장 3관왕'이라고 불렀다.

가장 크게 부각된 사모펀드 의혹은 정경심 교수의 공소장에 들어갔으나 1심에서 무죄가 나왔고, '위장 3관왕' 의혹은 나와 정 교수의 공소장 어디에도 들어가지 못한 문자 그대로 '의혹' 제기였다. '위장 3관왕' 의혹 시리즈에 대해서는 『조국백서』가 잘 정리했지만,* 여기서도 간략히 밝힌다.

까발려진 동생의 사생활

첫째, 동생 부부의 위장이혼 의혹이다. 부산에서 건설업을 하던 선친이 웅동학원 학교 공사를 위해 은행대출을 받는 과정에서 동생이 연대보증을 섰는데, 1997년 IMF 사태가 터져 이 대출금을 갚지 못했고 동생은 신용불량자가 되었다(다음 절에서 상세히 설명할 것이다). 이후 동생은 여러 사업을 벌였으나 여의치 않았고 생활비는 안정적인 직장에 다니는 제수씨가 부담했다. 그러나 경제적 문제가 축적되어 동생 부부는 결국 이혼했고 아이는 제수씨가 키운다. 아이가 상처받을 것을 우려해 동생은 정기적으로 제수씨 집을 왕래했고, 집안 행사에서도 만났다. 나는 제수씨에게 고맙고 미안한 마음을 갖고 있으며, 여전히 제수씨라고 부르면서 서로 연락하고 있다. 동생 역시 제수씨에게 항상 미안해하며, 이혼 시 위

---

* 조국백서추진위원회, 『검찰개혁과 촛불시민』(오마이북, 2020), 159-314면 참조.

자료를 줄 수 없었기에 자신이 확보하고 있지만 환가성(換價性)이 없는 웅동학원 채권을 제수씨에게 양도했다(나는 이번 사태가 터졌을 때 비로소 알게 되었다).

언론과 야당은 동생 부부의 내밀한 사적 영역을 위장이혼 의혹이라며 파헤쳤다. 검찰로부터 입수했을 것이 분명한 두 사람의 이혼 합의 내용까지 공개되었다. 가장 극악한 행태는 미래통합당 김진태 의원의 짓이다. 그는 제수씨 이름이 새겨져 있는 선친의 묘비 사진을 위장이혼의 증거라고 페이스북에 공개했다(선친은 동생이 이혼했는데도 제수씨를 변함없이 며느리로 생각하셨다). 그리고 비석에 새겨진 손자 손녀 이름까지 공개했다. 이 사진을 보고 피가 거꾸로 솟는 것 같았다.

언론과 야당의 무차별 공격으로 동생 가족은 씻을 수 없는 상처를 입었다. 지금도 아물지 않고 있다. 게다가 제수씨는 이 보도 이후 검찰조사까지 받게 되면서 잘 다니던 직장에서 휴직을 해야 했고, 아직도 복직하지 못했다.

둘째, 위장매매 의혹이다. 민정수석 재직 당시 1가구 2주택을 정리하기 위해 정경심 교수가 부산 해운대 아파트를 제수씨에게 팔았는데, 이를 위장매매라고 공격했다. 문제의 아파트는 내가 울산대 교수 재직 시절 출퇴근을 위해 보유한 것이었다. 내가 서울로 직장을 옮기게 된 후 그 아파트가 오랫동안 팔리지 않아 전세 또는 월세를 놓고 있었는데, 매각 시점에는 제수씨가 전세로 들어와 살고 있었다. 정 교수와 제수씨는 동생 이혼 전후에도 좋은 관계를 유지했고, 두 사람 사이의 전세와 매매 모두 실제 거래와 입금이 이루어졌다.

제수씨가 소유하고 어머니가 사시는 부산 해운대 빌라도 문제가 되었다. 선친 작고 후 어머니의 거처를 마련하기 위해 정경심 교수가 어머니께 돈을 보내드렸다. 어머니는 살날이 얼마 남지 않은 당신보다는 혼자 손자를 키우는 작은며느리에게 안정적인 거처를 남겨주고 싶다며 제수씨 명의로 빌라를 구입했다. 법적으로 말하자면 '증여'인데, '위장매매'라고 공격받았다. 위장매매가 아니라 증여라는 점이 확인되자, 언론은 제수씨의 증여세 납부 여부를 파고들어가 공격했다. 동생과 이혼한 제수씨의 증여세가 고위공직자 검증과 무슨 관계가 있는가!

언론과 야당은 부부가 이혼하면 남남이거나 원수가 되기 마련인데, 어떻게 전세·매매·증여 등이 이루어질 수 있었는지를 의심했다. 그러나 우리 집안 사람들은 제수씨에게 안쓰러운 마음을 가지고 있었고, 서로 소통하고 의논하는 것을 꺼리지 않았다. 기자들은 제수씨가 사는 해운대 아파트와 어머니가 사는 빌라의 문을 수시로 두드렸고, 방송사 카메라도 항시 대기하고 있었다. 우리 집안에 시집와서 고생만 하다가 이혼까지 했는데 이런 수모를 당했으니, 제수씨와 그 집안 분들께 너무도 미안하다.

셋째, 위장전입 의혹 공세도 있었다. 특히 『조선일보』는 「위장전입 6번」이라는 제목의 기사를 실었다. 그러나 나의 주소 이전은 명문학군 전입이나 부동산투기와는 완전히 무관하다. 유학과 귀국

시 주소를 이전했고, 울산대 교수가 되면서 부산으로 이전했고, 동국대 교수가 되면서 서울로 이전하게 되었다. 그리고 부산으로 이사했으나 딸이 학교에 적응하지 못해 전에 다니던 서울 학교로 옮겼다가 딸의 마음이 정리되어 다시 부산으로 이전한 일이 있었다. 이 같은 사실을 해명했으나, 언론과 야당은 막무가내로 비판했다. 2019년 9월 2일 국회 기자간담회 자리에서 『조선일보』 기자와의 황당한 문답을 소개한다.

"기자: 위장전입 관련해, 영국에 살았는데 왜 전입이 부산으로 되어 있습니까? 거짓말한 것 아닙니까?

나: 영국에 부인과 딸이 유학 중이었고, 주민등록법상 주소를 영국으로 바꿀 수는 없습니다. 거짓말하지 않았습니다.

기자: 왜요?"

그때 못한 반문을 지금 하겠다. "기자는 영국으로 유학 가면 한국 주민등록상 주소를 영국으로 바꿀 수 있습니까?"

의혹 3: 딸의 장학금

딸이 받은 장학금에 대한 공세가 이어졌다. 2019년 8월 19일 『한국일보』 보도를 시작으로, 부산대 의학전문대학원(이하 '의전원')에 다니던 딸이 지도교수인 노환중 원장의 개인 장학재단의 장학금(소천장학금)을 받은 것에 대한 비판 기사가 쏟아졌다. 이를 대가로 노 원장과 함께 강대환 부산대 의대 교수가 대통령 주치의로 선정되는 데 내가 관여했다는 허무맹랑한 보도도 있었다. 대통령 주치의는 대통령 비서실장의 소관 사안이라는 점을 청와대가 밝힘으로써 이 건은 해소되었으나, 장학금 건은 그렇지 못했다.

장학금 받은 게 뇌물이라고?

의전원에 진학한 딸은 적응을 못 해 2015년 1학기 유급을 했다. 이후 방황을 하고 학교를 그만두려 했는데, 노 원장께서 지도학생이 좌절하는 것을 막고 힘을 북돋아주기 위해 2016년 1학기부터 장학금을 주신 것으로 알고 있다. 이 장학금은 성적과 관계없이 주어진 것인데, 언론과 야당은 "낙제했는데 장학금을 받았다"라는 프레임으로 비판해댔다. 이후 2018년 2학기에 다시 유급한 후에는 규정에 따라 장학금이 중단되었다.

나는 지도교수 선정에 관여한 적이 없고, 장학금을 달라고 누구에게 부탁한 적도 없다. 부산대 의전원 장학금 규정이나 절차도 전혀 알지 못한다. 무엇보다 2016년 당시는 박근혜 정권 시절로, 나는 정부에 비판적인 교수였다. 이명박 정부 이후 국가정보원(이하 '국정원')은 나를 '종북좌파'로 분류하고 불법사찰을 벌이고 있었다. 노 원장께서 딸에게 장학금을 주면서 나에게 얻을 이익은 없었다.

『한국일보』 등은 한 걸음 더 나아가 이 장학금을 노 원장의 부산의료원장 선임과 연결하는 보도를 했다. 부산의료원장 선임은 민정수석 권한 밖의 사안이다. 나는 그 절차를 아예 알지 못했고, 어떠한 관여도 하지 않았다. 노 원장님도 민정수석 부임 이전은 물론 이후에도 나에게 어떠한 부탁을 한 적이 없으며, 따라서 내가 들어줄 일도 없다. 노 원장님은 2019년 8월 22일 공식 입장문을 발표해 각종 의혹이 사실이 아님을 밝혔다.

"소천장학금은 성적·봉사·가정형편 등 학교 장학기준에 따라 지급되는 공식 장학금이 아니라 학업을 격려하기 위해 개인적으로 마련한 장학금으로 2014년부터 기부하고 있다. 2015년 지도학생 3명 중 1명이 조 후보자 딸(당시 1학년)이었고 그해 1학기 유급된 후 2016년 다시 1학년으로 복학했지만 의학 공부에 전념할 자신감을 잃어 학업 포기를 생각하고 있었다. 해당 학생에게 장학금을 줬다고 해서 병원장 선정에 도움을 바랐다는 이야기는 사실이 아니다. 나는 병원장 후보군이 되지 못했고 부산의료원장도 부산시가 정한 공모 절차에 따라 공정하게 응모해서 선정됐다."

그러나 검찰은 2017년 5월 내가 민정수석이 된 후 딸이 받은 장학금 액수 총 600만 원을 뇌물이라고 규정하고, 나와 노 원장님을 기소했다. 얼토당토않은 기소였다. 나에게 '뇌물범'의 낙인을 찍겠다는 의도가 분명했다. 가슴속 깊이 모욕감을 느꼈다.

노 원장님께 정말 죄송했다. 학업에 적응하지 못한 지도학생에게 준 장학금 때문에 검찰조사를 받고 기소까지 되었으니, 얼마나 놀라고 두려우셨을까 싶다. 부산대 의전원의 장학금 수혜율은 2016년 81.4%, 2017년 78.6%, 2018년 95.4%라는 점은 거의 알려지지 않았다.* 유복한 집 아이가 장학금을 받았다는 사실만으로 비난을 받았다.

검찰이 장학금 600만 원을 뇌물이라고 기소한 것은 법률적 판단보다는 정치적 이유라고 생각한다. 내 사건이 진행되는 법정에 가면 죄목이 '뇌물수수 등'으로 적혀 있다. 이 기소에 따라 보수야당과 보수언론은 최종 판결 전까지 계속 나를 '뇌물범'으로 규정하고 비난할 수 있다. 또한 미국 국무부가 매년 발간하는 『국가별 인권 보고서』의 한국 편에는 주요 형사사건이 요약되어 있는데, 내 사건은 '뇌물 부패 사건'으로 적혀 있다. 이 보고서가 발간될 때마다 국내 언론은 이를 인용해 나를 비난한다.

제3장에서 보겠지만, 이 기소 한참 뒤인 2020년 12월, 검찰이 김봉현 전 스타모빌리티 회장에게 룸살롱 접대를 받은 검사들에 대해 뇌물죄를 무혐의로 정리했다('96만 2,000원 접대 불기소사건'). 장학금을 뇌물이라고 기소한 내 사건과 비교하지 않을 수 없었다.

한편 2019년 8월 21일 이후에는 여러 언론에서 딸이 2014년 서울대 환경대학원 재학 시절 받은 장학금을 문제삼았다. 서울대 총동창회가 운영하는 장학재단 '관악회' 장학금을 딸이 2회 받은 것이 특혜라며 의혹을 제기했다.

---

* 조국백서추진위원회, 『검찰개혁과 촛불시민』(오마이북, 2020), 215면.

나도 딸도 관악회가 어떤 기준과 절차를 거쳐 장학생을 선정했느냐는지는 전혀 알지 못했다. 관악회 또는 환경대학원 관계자 그 누구에게도 장학금을 달라고 부탁한 적이 없다. 장학생으로 선정되었음을 통지받고 장학금을 받은 것 외에는 아무것도 한 일이 없었다. 이 건으로 딸의 지도교수였던 윤순진 교수님이 고초를 겪으셨다는 얘기를 들었다. 너무 죄송했다. 물론 이 보도와 이어지는 비판을 접하면서, '소천장학금' 건과 마찬가지로 이 장학금을 거절했어야 했다고 후회했다. 딸이 장학금을 받을 당시에는 관악회가 자체 기준을 가지고 대학원 신입생 중에서 선정해 장학금을 준다고 생각했을 뿐이었다.

이후 검찰은 서울대 환경대학원과 서울대 총동창회를 압수수색하는 등 수사를 진행했으나, 이 장학금 건은 기소하지 못했다. 만약 내가 이 건으로 어떤 사람과 접촉한 것이 조금이라도 나왔더라면, 어떻게든 기소했을 것이다.

의혹 4: 웅동학원

선친에 이어 어머니가 이사장을 맡은 웅동학원 의혹도 거세게 제기되었다. 웅동학원의 채무 관련 소송에 비리가 있다는 주장이었다. 『조국백서』가 요약정리하고 있지만,* 조금 더 자세하게 밝힌다.

* 조국백서추진위원회, 『검찰개혁과 촛불시민』(오마이북, 2020), 303-314면 참조.

훼손된 아버지의 명예

웅동학원은 우리 집안의 고향인 경남 창원 웅동(熊東)에 있는 웅동중학교를 운영하는 재단이다. 전신은 일제강점기에 개교한 '계광(啓光)학교'인데, 당시 이 지역의 민족주의나 사회주의 인사들이 독립운동 차원에서 학교를 만들고 교사가 되어 가르쳤다. 설립 주체 중에는 창녕 조씨 집안 어른들이 여럿 계셨다.* 선친이 학교 이사장이 된 것은 이런 역사와 지역 주민들의 부탁 때문이었다. IMF 사태 이전까지 선친은 부산에서 건설업체를 운영하고 있었기에 웅동 출신 인사 가운데 재정 여건이 제일 나은 편이었다.

이사장이 되신 후 선친은 차량이나 활동비 등 금전적 지원을 일절 받지 않으셨다. 오히려 시설 개선, 세금 납부, 장학금 지급 등을 사비로 해결하셨다. 이사 중에서 재정적 기여를 한 사람은 없었다. 이런 상황은 선친 별세 후 어머니가 이사장이 되신 후에도 마찬가지였다. 그런데 보수언론과 야당은 마치 선친이 사학비리를 범한 것처럼 몰아갔다.

2019년 9월 6일 국회 인사청문회에서 더불어민주당 김종민 의원은 2010년 4월 5일 웅동학원 이사회 회의록 내용을 공개했다.

* 2019년 9월 6일 인사청문회에서 증인으로 나온 웅동학원 김형갑 이사는 무소속 박지원 의원이 "조 후보자의 할아버지, 고모할머니가 독립운동을 한 것은 사실 아니냐"라고 묻자 "할아버지는 아니다"라고 말했다. 그러자 언론은 "조국 할아버지는 독립운동 안 했다"라고 제목을 뽑아 보도했다. 내가 언제 나의 소부가 독립운동을 했다고 말했던가? 나의 조부는 집안의 장남으로 집안을 챙긴 중농(中農)이었다. 조부와 같은 세대의 집안 어르신들이 독립운동 차원에서 웅동학원의 전신인 계광학교를 만들었다.

"이사 오△△: 조○○ 이사님께서는 학교에 부과되는 재산세도 수년간 개인 돈으로 내온 것으로 알고 있고 방학 때마다 교직원 회식과 학교가 수상(受賞)할 때마다 격려금을 주시어 교사의 사기를 높이고 있습니다. 교육청의 허가를 받아 땅 매수자와 자산공사와 ㈜코바씨앤디 외 1명 간의 처리를 잘 해주실 것을 확신하며 수익용 기본재산의 매도에 찬성합니다."

"이사 박△△: 조○○ 전 이사장의 몸이 좋지 않은 것도 학교 일 때문이라고 생각하니 마음이 아픕니다. 수십 년간 사재를 털어 현재의 훌륭한 학교를 만들어놓았으니 마지막 남은 부동산 284-1번지와 그 주변 땅의 매도를 찬성하며 채권자들과의 타협을 잘 처리할 것을 바랍니다."

그런데 선친과 친구 사이였던 웅동학원 이사 김형갑 씨는 증인으로 출석해 "조국 부친에게 배신감을 느낀다" "금전 문제 관련해서 이사회가 열린 적이 없다" 등의 말로 선친을 공격했다. 이 소식을 접한 어머니는 격분했다. 김 씨는 선친이 학교 발전을 위해 어떠한 재정적인 기여를 했는지, 이사회에서 어떤 논의가 있었는지를 잘 알고 있었다. 그 자신은 학교를 위해 어떠한 재정적 기여도 하지 않았다.* 김종민 의원은 2010년도 이사회 회의록 속 김형갑

* 추후 김형갑 이사는 무슨 억하심정이 있었는지 동생의 재판에도 증인으로 나와 "고 조○○이 돈 한 푼 내지 않고 학교를 인수했다" "건설에 이용하려고 학교를 인수했다" 등의 발언으로 다시 선친의 명예를 훼손하는 증언을

이사의 발언을 소개했다.

"그동안 조○○ 이사장님이 우리 법인을 이끌어오면서 물심양면으로 지대한 공헌을 하셨습니다. 교육청으로부터 운동장 부지를 불하받은 일, 학교 이전 공사에 거액의 사재를 출연했고 지금도 매년 700-800만 원의 재산세를 납부하고 계십니다."

김형갑 이사는 선친의 기여를 인정한 자신의 발언을 부인하지 못하고, "이사회 기록을 어떻게 했는지 모르겠는데 그 사람(선친)이 들어올 때 어려웠고 힘든 건 분명히 말한다"라고 답했다. 이어 김종민 의원은 웅동중학교 영어 교사였던 김용호 선생님의 편지, '나는 조국 부친 조○○ 이사장을 잘 안다'를 소개해주었다.

"오직 한 분 조국 부친 조○○, 그 당시 고려종합건설 사장이었던 이분은 매달 한두 번씩 학교를 방문하셔서 학교 재정에 막대한 기여를 하셨다. 1970년대, 80년대 초 이분은 학교의 이사도 아니었고 단지 고향민의 한 사람으로 고향 학교에 도움을 주고 싶은 순수한 마음에서 부산을 오갔다. 부산에서 사업으로 성공한 조○○ 사장은 그 당시 재정적으로 열악한 고향의 중학교를 내

했다. 이에 어머니는 "이제는 더 이상 참지 못하겠다"면서 그를 사자(死者) 명예훼손으로 고소하겠다고 결심하고 고소장을 준비하셨는데, 2020년 9월 김 씨가 사망해서 무위로 돌아갔다.

심 안타깝게 여겼을 거다. 또한 조부의 형제분이 계광학교의 교사였다가 만세운동으로 옥고까지 치렀으니, 대단히 애국심이 강한 분이셨을 거고. 간곡한 주민들의 마음이 통했을까, 그분은 마지못해 이사장직을 수락하셨다. 상당히 재정적 희생이 따르는 결정이었다. 1986년의 일이었던 것 같다. 고 조○○ 님께서 전 사재를 털어가며 개인적 이익을 취하려고 한 것이 한줌 없었다는 것이 밝혀지리라 확신하고 웅동을 사랑한 그분의 진정과 진실이 이참에 드러나기를 이 지역을 지켜간 중심에 선 웅동중 졸업생과 함께 지켜볼 것이다."

더불어민주당 의원들의 이런 질문과 발언에 어머니는 위안을 얻었다. 이러한 자료를 찾아서 상처 입은 선친의 명예를 회복시켜준 더불어민주당 의원들께 감사를 표한다. 김종민 의원에게는 특별한 감사를 표하고 싶다.

김 의원은 인사청문회를 전후해 나에 대한 많은 의혹이 터져 나왔을 때 철저히 사실 관계를 확인한 후 앞장서서 해명해주었다. 김 의원도 나의 한계와 흠결을 모르지 않았을 것이다. 그러나 그는 이해찬 당대표가 파악한 "'조국 대란'의 본질"* 에 동의하고 있었기에 방어에 나선 것이다. 이로 인해 김 의원은 언론에서 '조국 수호대'라는 꼬리표를 받았고, 지역구에는 '조국 대변인 심판하자'라

* 「[이해찬 독점 인터뷰 2] '조국 대란'의 본질을 말하다」, 『시사인』 제679호 (2020. 9. 15). 이 책 28, 32쪽에도 핵심 내용이 실려 있다.

는 플래카드가 붙는 등 파상 공격을 받았다. 정치인으로서 얼마나 많은 부담이 있었을지 짐작이 된다. 그러나 김 의원은 재선에 성공했고, 2020년 8월 더불어민주당 전당대회에서는 최다득표로 수석 최고위원이 되었다.

2019년 사태 이후 대응하고 수습할 일이 너무 많아 아버지 성묘를 가지 못했다. 사태가 일단락되면 조용히 성묘를 할 것이다. 아버지 무덤 앞에 서면 참았던 눈물이 터져 나올지 모르겠다.

연대보증으로 생긴 가족의 빚

웅동학원의 채무는 낡은 학교를 옮기고 새로운 학교 건물을 짓는 과정에서 발생했다. 학교 부지 매각과 학교 이전은 모두 이사회 의결에 따랐고, 교육청도 허가했다. 웅동학원은 공사비용으로 학교 부지(당시 감정평가액 43억 원)를 담보로 삼아 동남은행에서 35억 원을 빌렸는데,* IMF가 터지자 매각이 어려워져 빚을 갚지 못하게 되었다.

국회 인사청문회에서 더불어민주당 표창원 의원은 김형갑 이사에게 "(웅동중학교가) 도로변에 있어서 위험하기도 하고 수업에 지장이 있을 정도로 시끄럽기도 해서 편안하고 교육이 잘 되는 곳으로 옮기자는 의견이 모인 것이죠?"라고 물었다. 그는 "그렇게 됐다"면서, 당시에는 학교를 옮겨 건립할 수 있는 충분한 재산이

---

* 인사청문회 준비단은 부지 비용을 제외한 신축이전 공사비용을 최소 48억 원 이상이라고 밝혔고, 나의 동생은 총공사비를 80억 원으로 기억하고 있다.

있었지만 "IMF와 연계되는 상황에서 거기가 제대로 가격도 못 받고 그걸 처분하는 과정에서 차액이 너무 생겨서" 부채가 생겼다고 답했다. 이에 표 의원은 "당시에는 사실 43억 원 평가액이었고 그래서 동남은행에 담보대출로 35억 원을 대출받아서 충분히 공사를 치를 것으로 예상했었죠. 그런데 선생님 말씀처럼 2년, 3년 늦춰지면서 IMF가 오고 결국은 20억 원에 경매를 할 수밖에 없었습니다"라고 부연 설명했다.

한국자산관리공사(캠코)는 1999년에 이 35억 원 채무를 1억 500만 원에 인수했고, 2001년 학교 부지 경매를 통해 21억 원을 회수했다. 캠코가 매입한 금액의 20배 가까이 확보한 것이다. 선친은 "IMF만 아니었다면, 학교 부지를 제값에 매각해 은행 채무를 다 갚을 수 있었을 텐데…"라고 통탄하셨다. 학원의 다른 자산에는 가압류가 걸렸다. 한편 선친의 회사였던 고려종합건설이 학교 추가 공사비용으로 어머니와 동생의 연대보증을 걸고 농협과 부산은행에서 9억 5,000만 원을 빌렸는데, IMF 사태 발발로 이 채무를 갚지 못하게 되었다.

내가 관여한 일은 전혀 없었다. 선친은 내가 재단 일에 얽히는 것을 금물로 여기셨기에, 상세한 내용은 IMF 발발 후에야 알게 되었다. IMF 사태 당시 나는 해외 유학 중이었다. 선친의 요청으로 일정 기간 웅동학원 이사로 내 이름이 올라간 적이 있지만, 이사회 회의에도 거의 참석하지 못했다. 만약 내가 학원 운영에 실제 관여했더라면, 검찰은 무슨 죄목으로건 나를 기소했을 것이다.

요컨대, 웅동학원 채무는 선친이건 어머니건 내 가족이 개인적 목적으로 돈을 빌려 발생한 것이 아니다. 학교 이전 과정에서 연대 보증을 서서 발생한 채무이며, 가족은 이익을 얻기는커녕 막대한 피해를 입었다. 학교는 새로운 부지와 새로운 건물이 생겼으나, 빚은 오로지 우리 가족에게 남았다. 채무를 인수한 캠코는 원금 9억 5,000만 원에 19%라는 고율의 이자를 붙였다. 연대보증으로 신용불량자가 된 동생은 사업을 하는 데 지장을 받았고, 부자 사이도 나빠졌다. IMF 사태 여파로 이런 일이 벌어지자, 선친은 연일 아침부터 밤까지 줄담배를 피우셨고, 결국 폐에 문제가 발생해 돌아가셨다. 선친은 중환자실에 입원해 계시면서도 학교 걱정을 하셨다. 어머니는 IMF 이후 이런 일이 벌어지자 "학교만 좋은 일 시키고 가족은 빚쟁이가 되었다"라고 한탄하시면서 선친을 원망하기도 했다.

공소장에 이름조차 거론되지 않은 주연배우

『조선일보』(2019. 8. 21)는 검찰이 동남은행에서 대출받은 35억 원이 '비자금'으로 조성되어 '조국펀드'로 유입됐을 가능성을 수사 중이라고 보도했다. 2019년 9월 27일자는 IMF 이후 고려종합건설의 하도급 공사비를 받지 못한 사람의 인터뷰를 통해, 이 사람이 받지 못한 하도급비로 내가 아파트를 구입했을 것이라는 의혹을 제기했다. 문갑식 전 『조선일보』 기자는 자신의 유튜브에서 "조국 일가 동남은행 35억 떼먹고 아파트 3채·커피숍·빵집 분산투자"사라진 돈이 조국펀드 자금"웅동학원 교사채용 비리? 조국 모친 박○○ 씨 계좌로도 들어갔다"등의 허위사실을 유포했다.* 경악했다. 무슨 근거로 이런 말을 내뱉는지 이해할 수 없었다. 검찰은 당연히 이러한 의혹을 파헤쳤을 것이다. 그러나 이런 일 자체가 없었기에 기소가 되지 않았다. 이에 박지훈『더브리핑』기자는 이런 글을 썼다.

"웅동학원 재판에서 피고인은 단 1명, 조 전 장관의 동생 조모 씨뿐이었다. 즉 검찰과 언론이 그토록 주연배우로 세우고 싶어 했던 '조국'은, 공소장에는 아예 이름조차 한 번 거론되지 않는다. 당연히 판결문에도 나오지 않는다. 공소장도 판결문도, '피의자의 형'이라는 명목으로도 억지로 끼워 넣지조차 못했다. 다시 말해 '조국'과 '웅동학원'을 연관시키며 떠들었던 그 모든 언론 보도들이 '모조리 가짜뉴스'였다는 의미이기도 하다. 아울러 이 웅동학원 건에는 정경심 교수도, 조국 전 장관의 모친도, 동생의 전 부인도 기소되지 않았고, 공소장에서 사건의 배경으로 잠깐 언급된 모친을 제외하면 다른 사람들은 전혀 거론조차되지 않았다."**

* 문갑식 기자에 대해서는 나와 어머니가 형사고소를 했고 2021년 6월 경찰은 기소의견으로 검찰에 송치했다.
** 박지훈,「'조국' 없었던 '조국' 재판」,『더브리핑』(2020. 9. 22).

선친 별세 이후 가족들이 연대보증 채무를 모두 상속받을 수는 없기에 법원에 '한정승인'(限定承認) 신청을 했다. 한정승인은 고인이 남긴 재산 범위 내에서 채무를 변제하는 것을 말한다. 이 신청은 받아들여졌다. 언론은 이것 역시 마치 나쁜 짓을 한 것인 양 몰고 갔다.

웅동학원의 채무는 학교 신축과 IMF가 겹치면서 생긴 것으로 선친이나 가족의 불법적 의도가 개입된 것이 아니었다. 선친이나 가족은 이익을 취하기는커녕 엄청난 부담을 지게 되었지만, 언론과 야당은 아랑곳하지 않고 비난을 퍼부었다. 선친께서 살아계셨다면 화가 나서 복장이 터진다고 하셨을 것이다. 돌아가셨기에 이런 꼴을 겪지 않아 다행이라고 생각하며 마음을 달랬다. 그러나 웅동학원 비리라는 이름으로 선친을 비난하고 모욕을 준 사람들은 죽을 때까지 잊지 않을 것이다.

아버지와 아들이 짠 허위소송?

2006년 동생은 웅동학원에서 받지 못한 공사대금과 이자를 달라는 소송을 걸어 승소했다. 이에 대해 언론과 야당은 집안이 짜고 허위소송을 진행했다는 의혹을 제기했다. 자유한국당 주광덕 의원은 "아버지와 아들이 짜고 치는 소송"이며 "최악의 모럴 해저드"라고 공격했다. 동생은 이 허위소송과 교사채용 대가로 금품을 받은 혐의로 구속·기소되었다. 당시 동생에 대한 비난이 엄청나서 변호인을 구하기도 어려웠다. 황급하게 고향 친구이자 대학 동기인 법무법인 정세의 노성환 변호사에게 부탁했다. 부담스러운 사건이었을 텐데, 잠시의 망설임도 없이 수락하고 변호를 맡아주었다. 정말 고마웠다.

동생은 허위소송 혐의에 대해서는 1심에서 무죄를 받았다. 2020년 9월 8일 서울중앙지방법원 형사합의 21부(부장판사 김미리)는 허위소송을 통한 허위채권이라는 검찰 주장을 배척했다.

"웅동중학교 신축이전 공사 중 진입로 및 교사부지 정지공사와 관련된 이 사건 제1공사대금 채권은 진실된 것일 가능성을 배제할 수 없고, 검사가 제출한 증거만으로는 공사대금 채권이 허위채권이라고 하는 점이 합리적 의심을 배제할 정도로 증명된다고 보기 어렵다."

재판부는 이어 동생이 이 채권의 일부를 제3자에게 넘기고 이 제3자가 웅동학원의 수익용 기본재산에 가압류를 한 것에 대해서도 무죄를 선고했다. 즉, "피고인 등이 A씨의 이 사건 가압류 신청이 법원에 접수된 사실을 알고 있었음을 인정할 만한 증거는 전혀 찾아볼 수 없"고, 가압류 신청이 법원에 접수된 사실을 알고 있었음이 전제되지 않는다면 배임행위의 고의가 인정될 수 없다는 것이다. 그리고 "이 사건의 가압류 집행으로 웅동학원에 무슨 손해 발생의 구체적·현실적 위험이 초래되었다고 단정할 수 없고, 이 가압류 등기 때문에 웅동학원에 그 피보전 채권액인 21억 4,000만

원 상당의 손해가 발생했다고는 도저히 볼 수 없다"라고 판시했다.

동생은 야당과 언론이 포화를 퍼부은 허위소송 건이 아니라, 교사채용 대가로 돈을 받은 것으로 1심에서 유죄판결을 받았다. 1심 판결 시 보석으로 석방되어 현재 2심 재판을 받고 있다. 경제적 사정이 어려워지다 보니, 채용 브로커의 유혹에 빠졌던 모양이다. 이 점에 대해 동생은 깊이 반성하고 있으며, 나에게 많이 미안하다고 했다. 나로서는 전직 고위공직자로서 이런 일을 사전에 방지하지 못했기에 이유 불문하고 국민 여러분께 매우 송구하다. 그렇지만 동생이 형 때문에 과도하게 혹독한 고초를 겪는다는 생각을 떨칠 수는 없다. 동생은 청소년 시절 공부 잘하는 형을 둔 탓에 비교 대상이 되어 구박을 받았다. 그런데 형이 장관 후보가 되는 바람에 자신의 과거사가 탈탈 털렸음은 물론, 감옥까지 가게 된 것이다.

웅동학원 의혹이 제기되었을 때 언론은 나의 범죄인 듯 보도했지만, 판결이 이렇게 나자 동생이 교사채용 대가를 받은 혐의로 유죄를 받은 것만 부각하면서 "조국 동생 유죄, 실형 1년"으로 헤드라인을 뽑아 보도했다.

2019년 10월, 동생에 대한 첫 번째 구속영장 신청은 웅동학원 허위소송(배임 혐의) 여부에는 다툼의 여지가 있다는 점 등을 이유로 기각되었다(명재권 영장전담 부장판사). 영장이 기각되자 자유한국당은 대법원 입구에서 집회를 열고 영장기각이 "사법농단" "권력에 의한 교묘한 법원 장악"이라고 비난했다. 이러한 압박이 영향을 미쳐서인지 동생은 두 번째 구속영장 신청이 받아들여져 구속되었다(신종열 영장전담 부장판사). 1심 판결의 관점에서 보면 영장 발부의 타당성에 의문을 품지 않을 수 없다.

"형, 나는 이제 부산 바닥에서 못 살 것 같아"

동생은 검찰조사 등으로 많은 스트레스를 받으면서 '경추인대 골화증'이 발병했다. 앞날이 어찌될지 몰라 수술을 받기 위해 영장실질심사 연기를 요청했으나, 검찰은 이를 거절하고 의사 출신 검사를 부산의 병원으로 보내 동생을 강제구인했다. 그러자 『조선일보』, TV조선, 채널A 등은 동생이 "꾀병을 부리고 있다" "혼자 걸어서 구급차에 탔다" "휴게소에서 자유롭게 돌아다니며 커피를 마셨다" 등의 보도를 내보냈다. 특히 채널A는 어디서 정보를 얻었는지 동생이 병원을 옮길 때마다 따라다니면서 취재해 동생을 괴롭혔다. 언론은 동생이 꾀병을 부리며 불성실한 조사를 받는다는 식으로 비판 기사를 내보냈지만, 실제 동생은 '경추조영술'을 받고 진통제를 맞으면서 검찰조사에 성실히 임했다.

참다못해 당시 동생의 입원을 돕던 동생의 후배 박준호 씨가 『오마이뉴스』에 인터뷰를 요청해 모두 사실이 아님을 밝혔다.* 박 씨는 이렇게 인터뷰를 마무리했다.

---

* 하성태, 「[단독 인터뷰] 조국 전 장관 동생 조권 씨 보호자 "채널A 보도, 사실과 달라"」, 『오마이뉴스』(2019. 10. 19).

"지난 두 달 넘게 '검찰발' 기사를 쏟아내는 언론들은 조국 전 장관과 그 가족들을 파렴치한으로 몰아가고 있다. 특히 조 씨의 경우, 구속적부심 전에 판사에게 조 씨를 구속하라고 기사를 통해 압박을 가하고 있다고 볼 수 있다. 채널A를 포함한 언론들이 그렇게 여론 재판까지 마무리한 것 아닌가 싶다."

당시 언론이 동생의 해명은 완전히 무시하고 구속을 독촉했던 이유는 무엇이었을까. 단지 동생의 구속이 목적은 아니었을 것이다. 박 씨는 2019년 10월 22일 TBS 라디오 '김어준의 뉴스공장'에 나와서 말했다.

"검찰조사관이 '당신은 조 씨의 하수인일 뿐이다. 조국을 망가뜨리기 위해서 주인공 아닌 것들은 우리가 설계한 방식대로 가야만 된다. 그런데 왜 주인공인 척하면서 이야기가 많으냐'라고 말해 분노를 느꼈다. 내가 28년간 해온 (광고기획) 일을 하지 못하게 되는 경우가 있더라도 이 사람들(검찰)이 일반 국민들을 어떻게 보는지를 정확하게 지적해보고 싶다."

인터뷰 내용처럼, 검찰과 언론의 표적은 동생이 아니라 나였다. 박 씨는 이 인터뷰 바로 다음 날 다시 검찰에 불려가 조사를 받았다. 집, 임시숙소, 차량 등에 대해 총 3회 압수수색을 당하고 수차례 검찰 조사를 받았다고 들었다. 동생을 돕다가 겪은 이분의 고초

를 생각하면 미안하고, 모두가 외면했던 동생을 돌봐준 점에 깊이
감사한다.

한편, 동생은 서울에 올라와 호텔 방에서 자고 있었는데, 검찰
이 그 방을 급습해 압수수색하기도 했다. 동생은 문자 그대로 혼
비백산했다고 한다. 털고 또 턴 것이다. 동생의 집, 사무실, 오피스
텔 등을 다 압수수색했는데, 또 무슨 압수수색이 필요했을까 싶다.
이 과정에서 동생은 정신적·육체적으로 피폐해졌다. 멀쩡했던 치
아가 여덟 개나 빠져 모두 임플란트를 했다. 평소 체력이 강건했던
동생이었지만, 검찰의 집중조사 앞에서는 맥없이 나가떨어졌다.
그리고 동생과 사업상 연락한 사람, 운동을 같이한 사람, 친구·지
인 등 20여 명도 검찰에 불려가 조사를 받았다. 그 결과 동생은 사
회적 네트워크가 거의 단절되어버렸다. 출소 후 동생은 눈물흘리
며 토로했다.

"형, 나는 이제 평생 살았던 부산 바닥에서 못 살 것 같아."

이후 동생에 대한 항소심이 열리자 검찰은 선고형량을 더 확보
하기 위해 느닷없이 근로기준법 위반 혐의를 추가하는 공소장 변
경을 신청했고, 허가되었다. 동생과 채용 브로커 관계는 근로기준
법이 규율하는 관계가 아닐 텐데, 해도 해도 너무한다는 생각이 들
었다. 동생은 현재 항소심 선고를 초조하게 기다리고 있다. 서울고
등법원 형사3부(부장판사 박연욱·김규동·이희준)가 추가로 유죄
를 인정하고 형량을 높인다면 동생은 다시 구속되어 복역해야 한
다. 그렇게 된다면 나는 눈물을 머금고 피붙이 동생을 끝까지 돌볼

것이다.

의혹 5: '버닝썬 사건' 연루

2019년 1월 강남 유명 나이트클럽 '버닝썬'에서 발생한 폭행·마약·경찰 유착 사건이 크게 보도되었다. 내가 법무부장관 후보로 지명되자 언론은 갑자기 나와 당시 언론이 '경찰총장'*이라고 불렀던 윤규근 총경이 민정수석실 단체 회식에서 찍은 사진을 대대적으로 보도했다. 이 사진은 장관 인사청문회에서도 활용되었고, 지금도 온라인에서 떠돌고 있다. 당시에도 밝혔지만, 이 사진은 민정수석실 직원들과 청와대 근처 식당에서 저녁 회식 중에 찍은 여러 사진 가운데 하나였다. 윤 총경이 배포하지는 않았을 테니, 그 출처가 어디인지는 가히 짐작이 간다. 이 사진을 제공한 사람 또는 조직은 내가 다른 직원들과 찍은 사진도 여러 장 있음을 잘 알고 있을 것이다.

당시 언론과 야당은 마치 내가 버닝썬 사건의 배후인 것처럼 몰아갔다. 심지어 윤 총경이 5,000만 원을 투자한 제조업체를 '조국 펀드'와 연결하는 『문화일보』의 악의적 보도도 있었다.** 이후 수사에서도 내가 버닝썬 사건과 아무 관련 없음이 확인되었다.

---

* 버닝썬의 대표인 가수 승리 씨가 윤규근 총경을 카톡에서 '경찰총장'이라고 부른 데서 유래한다.
** 송유근, 「'버닝썬' 보강수사 통해 당시 민정수석 조국 '우회겨냥' 하나」, 『문화일보』(2019. 9. 27).

나는 윤 총경이 버닝썬 사건과 어떠한 관련이 있는지 알지 못했고, 민정수석실에서 성실히 근무하던 모습을 기억하고 있었기에 걱정만 하고 있었다.

그런데 버닝썬 사건으로 구속재판을 받은 윤 총경은 1심에서 수사무마를 대가로 한 주식수수, 미공개 정보를 이용한 주식거래, 직권남용, 증거인멸 등 모든 혐의에 무죄판결을 받았다. 그러나 2심에서는 자본시장법 위반 등 혐의가 인정되어 벌금 2,000만 원을 선고받았다. 나는 윤 총경의 1심 최후 진술에 가슴이 아팠다.

"경찰에 투신한 지 올해로 벌써 28년째인데, 제 개인적·경제적 이익을 위해 정의를 저버린 적은 결코 없었다. 단언컨대 사랑하는 아내와 두 딸에게 남편으로서, 아빠로서 추호도 부끄럽거나 떳떳하지 않은 행위를 한 사실이 없다."

윤 총경은 경찰대 출신의 엘리트로 장래가 촉망되는 사람이었다. 그러나 이 사건으로 구속되어 재판을 받는 수모를 겪었다. 법을 집행하는 경찰관으로 구속되어 수의(囚衣)를 입어야 했으니 마음의 고통은 훨씬 더 컸으리라. 1심에서는 '통무죄'를 받았으나, 2심에서 벌금형 선고가 나왔기에, 대법원 판결이 날 때까지 다툼이 계속될 것이다.

2021년 4·7 재보궐선거를 앞두고 검찰은 버닝썬 사건을 덮기 위해 청와대가 김학의 전 차관 사건과 고 장자연 씨 사건을 부각했다는 의혹을 흘리면서, 윤 총경 이름을 거론했다. 정치적 음모를 꾸미는 집단으로 청와대를 낙인찍으려는 의도가 분명했다.

의혹 6: '상상인 저축은행' 대출

이 의혹은 내가 장관직을 사퇴한 후인 2019년 하반기에 제기되었다. 당시 언론은 "'조국 가족 펀드' 의혹 상상인 저축은행"이라는 제목으로 무수한 기사를 쏟아냈다. 내가 상상인 저축은행의 대주주 적격성 심사 등의 문제를 해결해줄 것을 기대하면서 코링크 PE가 투자한 회사인 WFM에 대출해준 의혹이 있다는 것이 요지였다. 검찰은 이 저축은행에 대해 2019년 11월 12일 압수수색을 하면서 강제수사에 착수했다. 압수수색 혐의는 '조국펀드' 관련이 아니라 대출한도 위반 등 저축은행법 위반 혐의였지만, 이를 보도한 곳은 거의 없었다. 수사 대상인 상상인 그룹 관계자가 자살하자, 나의 이름을 병기해 보도했다. '기승전-조국' 보도의 반복이었다. 어떻게든 나를 엮어 망신주려는 의도가 분명했다.

나는 상상인 저축은행이 뭐 하는 곳인지도 몰랐고, 관계자 어느 누구와도 알지 못하며, 그 회사 운영에 어떤 방식으로도 관여한 바가 없다. 언론은 이러한 보도를 하면서 나에게 한 번도 확인하지 않았다. 나는 보도의 출처가 검찰이었다고 확신한다. 지금도 '상상인'이라는 검색어를 치면 내 이름을 제목에 배치한 기사를 무수히 찾을 수 있다.

시간이 흘러 2020년 7월 9일 검찰은 유준원 상상인 그룹 대표와 검사 출신 박수종 변호사를 자본시장법 위반 등의 혐의로 구속 기소했다. 박 변호사는 제3장에서 볼 '김형준 부장검사 향응수수 사건'의 김 검사와 긴밀한 관계로, 김 검사의 비리를 덮는 해결사 로 나섰고 김 검사가 내연녀 곽 모씨에게 천만 원을 줄 때 그 돈을 빌려준 사람이었다.* 상상인 그룹이 골드브릿지증권을 인수하는 과정에서 나의 특혜를 바라고 WFM에 대출을 해줬다는 의혹 등 은 무관한 것으로 확인됐다. 그러나 언론은 이 점을 보도하지 않았 다. 기사 구석에 슬쩍 끼워넣었을 뿐이었다. 손상된 내 명예 따위 는 안중에도 없다. 야비했다.

그리고 대부분의 언론은 2019년 2월 20일 유준원 대표가 자신 을 수사하고 있는 서울남부지검에 혐의 여부 판단을 빨리 해달라 는 진정서를 냈고, 바로 다음 날 검찰이 사실상의 무죄증명서인 '진정내사사건 처분결과증명서'를 발급해주었으며, 이 덕분에 유 대표가 대주주 변경 승인을 받았다는 점은 취재도 보도도 하지 않 았다. 이 사건을 집중 취재·보도했던 『뉴스타파』의 심인보·김경 래 기자가 지적했듯이, "유준원이 제기한 민원에 검찰이 왜 그렇 게 신속하게 '무죄증명서'를 발급해주었는지, 배후에서 누가 어떤 영향력을 행사했는지는 여전히 미스터리다."** 상상인 저축은행과 나를 엮는 허위정보를 흘린 자가 누구일지, 그 속셈은 무엇이었을 지 짐작해본다. 그리고 이를 받아 나를 공격한 언론의 무책임함을

* 심인보·김경래, 『죄수와 검사』(뉴스타파, 2021), 66-72면.
** 같은 책, 128-129면.

개탄한다.

의혹 7: 논문 표절

논문 표절 공세는 교수 시절부터 있었다. 『미디어워치』라는 극우 인터넷 매체 소속 변희재·황의원 등이 주도했고, 『동아일보』 송평인 논설위원도 합류했다. 그러나 나의 여러 연구논문과 서울대 석사논문(1989)에 대해서 서울대 연구진실성위원회는 2013년 표절이 아니라고 판정했고, 논문 중복게재에 대해서도 2017년 같은 판정을 했다.

2013년 9월 UC 버클리대 로스쿨의 박사과정 책임자인 존 유(John Yoo) 교수는 공문을 서울대 법학전문대학원에 보내왔다. 일부를 소개한다.

"조국 교수의 1997년 법학박사(JSD) 학위논문에 대한 표절 주장은 전혀 근거가 없다. 이번 건은 깜도 안 되는 사안이다 (This is not a close case). 조 교수의 논문은 JSD 프로그램의 높은 기준을 충분히 충족한다. 우리는 조 교수의 논문을 심사한 JSD 위원회가 이 논문에 대하여 보낸 높은 찬사를 재고할 이유를 전혀 가지고 있지 않다. 조 교수의 논문에 이룬 중대한 학문적 기여를 고려할 때 이 논문이 표절이라는 어떠한 주장도 해소되어야 한다. [제소자가] 이 문장들을 거론하는 것은 제소자가 단지 표절과 학문적 업적을 이해하지 못하고 있음을 보여주는 것이 아니라, 문제가 된 논문을 제대로 읽거나 이해하는 것조차도 하지 못하고 있음을 보여준다. 결론적으로 우리는 조국 교수의 1997년 법학박사논문이 표절이라는 어떤 주장에도 근거가 없음을 가능한 한 가장 강력한 용어로(in the strongest possible term) 강조하고 싶다.”

그런데 내가 장관 후보로 지명되자 자유한국당 의원들이 나섰다. 2019년 10월 이은재·곽상도 두 의원은 서울대 석사논문(1989)에 대해 다시 표절 제소를 했고, 이에 더해 미국 UC 버클리대 로스쿨 박사논문(1997)도 표절 제소했다.『동아일보』송평인 논설위원도 다시 한번 칼럼을 통해 같은 주장을 했다. 야당은 서울대 국정감사에서 논문 표절 조사를 촉구했다.

야당과 언론은 학자로서의 도덕성에 타격을 주기 위해 합작 공세를 펼친 것이었다. 이후 서울대의 통상적 심사절차가 진행될 때마다 언론은 심각한 문제가 발견된 것처럼 ‘예비조사 개시’‘본조사 개시’ 등등으로 기사를 썼다. 나는 이 절차에 맞추어 학교 측에 소명서를 제출해야 했다. 2019년 12월 26일 ‘유재수 사건’* 관련 구속영장 실질심사를 앞둔 긴박한 상황에서도 표절 주장에 대한 해명문서를 작성해야 했다. 마침내 2020년 7월 서울대 연구진실성위원회는 다음과 같이 판정했다.

* 이에 대해서는 제7장에서 상세히 서술한다.

"이상을 종합하면, 이 사건 제보의 대상이 된 행위가 연구진실성 위반 행위에 해당하는지 여부 및 그 정도에 관한 판단은 아래와 같다.

- 석사논문: '타인의 문장을 정확한 인용표시 없이 사용하는 행위'(연구윤리지침 제12조 제2항 제2호)에 해당하고, 위반의 정도는 경미하다.

- 박사논문: '타인의 문장을 마치 자신의 것처럼 사용하는 행위'(연구윤리지침 제11조 제3호)에 해당하고, 위반의 정도는 경미하다.

- 학술논문: '이미 게재·출간된 자신의 논문을 정확한 출처표시 및 인용표시 없이 다른 언어로 중복해 게재·출간하는 행위'(연구윤리지침 제12조 제2항 제6호)에 해당하고, 위반의 정도는 경미하다."

요컨대 경미한 위반이 있을 뿐 표절은 아니라는 것이었다. 이 결정에 대해 미래통합당 곽상도 의원은 이의신청을 했으나, 2020년 11월 27일 서울대 연구진실성위원회는 기각결정을 내렸다.

"위원회가 내린 결론을 변경할 만한 사정이 발견되지 않아 이의신청을 기각한다."

이로써 나에 대한 표절 공세는 완전 종결되었다. 우리나라 학자 가운데 모든 논문에 대한 표절 검증을 받은 사람은 나 말고는 없는 것으로 안다. 이 기각 결정 후 나는 페이스북에 입장을 표명했다.

"수년간 반복된 표절 제소로 고통받았고 답변을 준비하느라 시간과 정력을 허비했다. 나에 대한 표절 제소는 학문적 엄격성을 점검하고 고양하기 위함이 아니라, 정치적 반대파에 대한 공격의 일환이었다. 이런 일이 더 이상 없기를 바란다."

의혹 8: 고교생 인턴·체험활동 확인서

내 딸이 고교 재학 시절 여러 기관에서 했던 인턴·체험활동 확인서를 문제로 삼는 강한 공세가 있었다. 나의 딸이 '부모 찬스'로 인턴·체험활동 확인서를 받아 그 덕분에 명문대에 입학할 수 있었다는 비난 여론이 형성되었다. 나의 직장인 서울대와 딸이 졸업한 고려대에서 '조국 교수 STOP' 집회가 개최되었다. 참담했다. 당시 고교생 인턴·체험활동의 경험은 학교나 부모의 개인적 네트워크를 통해 확보될 수밖에 없었지만, 이러한 기회 자체를 가질 수 없었던 학생들이 있었다. 이유 불문하고 나는 기자간담회와 인사청문회 등에서 진심어린 사과를 여러 번 했다.

애초 수사의 초점이었던 '사모펀드'에 더해 '입시비리' 혐의가 추가되었고, 시간이 갈수록 검·언·정은 후자를 부각했다. 입시의 공정성은 입시경쟁 사회를 살고 있는 국민들의 심정적 뇌관을 건드리는 문제였다. 입시비리 혐의에 대해서도 기소가 이루어졌고, 정경심 교수의 1심 재판부인 서울중앙지방법원 형사합의 25-1부 (부장판사 임정엽·김선희·권성수)는 이 혐의에 대해 변호인이 제출한 거의 모든 해명을 배척하고 정 교수에게 유죄판결을 내리면서 4년 중형을 선고했다. 아들의 인턴증명서 발급으로 기소된 최강욱 열린민주당 대표에 대해 2021년 1월 28일 서울중앙지법 형사9단독 정종건 판사는 최 대표에게 징역 8개월에 집행유예 2년을 선고했다.* 두 재판 결과에 나는 경악했다. 모두 항소가 이루어져 항소심이 진행 중이다.

#나도범인이다

류경렬 변호사가 최강욱 열린민주당 대표 1심 판결 이후 2021년 2월 3일 페이스북에 쓴 글을 보자.

"학생들이 입시를 위해 봉사활동, 인턴, 체험학습 등을 하고 그 확인서를 제출하는데, 그 확인서에 적힌 활동시간이나 활동 내용이 실제와 다소 차이가 있다는 것은 학생들, 교육자들, 학부모들 다수가 알고 있다. 그런 확인서가 대학입시에서 차지하는 비중도 높다고 보기 어렵다. 그런 확인서 내용이 실제와 다소 차이가 있다고 해서 확인서를 작성해준 사람을 검사가 기소하고 판사가 징역형을 선고할 정도로 범죄가 된다고 생각하는 사람

---

* 최강욱 대표는 나와 오랫동안 교유해온 후배이자 동지다. 내 아들은 청소년 시절부터 최 대표를 멘토 또는 삼촌처럼 생각하고 따르며 상담해왔다. 최 대표는 청와대에 들어가기 이전부터 누구보다도 검찰개혁을 위해 선봉에서 싸워온 맹장(猛將)이었다. 청와대 근무 시절 최 비서관은 정치할 생각이 없었고 청와대에 더 근무하려는 뜻이 분명했다. 최 비서관이 출마를 결심하고 현재 열린민주당 대표로 활약하게 만든 일등공신은 역설적으로 검찰이다.

이 얼마나 되겠는가.

만약 최강욱 의원뿐만이 아니라 비슷한 확인서를 작성해준 수많은 다수의 사람들을 똑같이 기소하고 처벌한다면 조금은 수긍할 수 있을지도 모르겠으나 그것도 아니고 오직 조국 교수 아들에게 확인서를 작성해준 최강욱 의원만을 기소·처벌하는 것이므로 이것은 특정인을 콕 찍어 죽이겠다는 의도 외에는 기소 및 판결의 이유를 납득할 수 없다."

조성식 전『신동아』기자도 2021년 2월 11일 페이스북에 글을 올렸다.

"표창장이나 인턴증명서(체험활동)가 입시 당락을 갈랐다는 해석은 주관적 판결이다. 그것이 객관적 판결이라는 대접을 받으려면 당시 모든 응시자의 관련 서류를 전수조사해 인턴 근무 시간을 따지고 서류심사와 면접에 이르는 제반 평가 및 선발 과정을 조사해야 한다. 여력이 되면 봉사활동 시간을 늘리지 않았는지도 확인해보고. 그런데 이게 교육당국이 아닌 수사기관이나 사법부가 할 일인지 모르겠다. 다른 건 몰라도 생활기록부에 적는 체험활동과 봉사활동에 대해 실제 시간을 문제 삼아 허위라고 주장하면 다들 웃는다. 판사가 입시생 자녀가 없어 이런 현실을 몰랐는지는 모르겠다. 자기 딸의 입시 준비 과정을 잘 아는 교수 친구는 '만약 검찰이 입시생들이 제출한 자소서를 수사하면 학부모와 교사가 줄줄이 공범으로 걸려들 것'이라며 쓴웃음을 지었다. 검찰 논리대로라면 이 또한 업무방해죄에 해당하겠다. 누가 누구 업무를 방해한다는 건지 아리송하지만."

2021년 4월 유튜브 채널 '빨간아재'의 박효석 씨가 '#나도범인이다' 캠페인을 벌이며 중·고·대학생 인턴·체험활동 경험담을 올려달라고 요청했다. 수십 개의 경험담을 보면, 두 사람의 말이 현실에 부합함을 알 수 있다. 특히 모 검찰청 수사관은 고백한다.

"당시 저희 아이들은 초등학생과 중학생이었는데 방학 중에 아이들을 청으로 불러 복사 업무를 시켰고 보통은 하루에 6시간 정도 했지만, 8시간 한 것으로 확인서를 받기도 했습니다. 또 어떤 친구는 아예 시간이 안 된다고 해서 하지도 않은 확인서를 작성해준 일도 있었던 것으로 알고 있습니다. 저뿐만 아니라 당시 듣기로는 많은 청에서 실제로는 봉사활동 자체를 거의 하지 않고도 그러한 확인서를 많이 작성해준 일이 있었다고 해당 업무를 담당했던 직원들에게 직접 듣기도 했습니다. 또한 대검에서도 봉사활동 확인서를 작성해준다는 말을 듣고 부탁한 일이 있었는데, 봉사활동은 언제부터 하면 되느냐고 물었더니 직접 올 필요는 전혀 없고 필요한 시간만 알려주면 확인서를 써주겠다고 했던 일이 있었습니다."

정경심 교수와 최강욱 대표 1심 판결에 대해서는 각각 항소심이 열려 치열한 다툼이 진행되고 있고, 일부 인턴·체험활동 확인서와 관련해서는 나도 공범으로 기소되어 별도로 1심 재판을 받고 있으므로 상세한 언급은 자제하고자 한다.

법학자로서 전직 법무부장관으로서 기소된 혐의에 대해 최종판결이 나면 나는 승복할 것이다. 정경심 교수의 형사재판 결과는 딸의 대학원 입학취소 문제로 연결된다. 2019년 하반기 이후 언론은 딸에 대해 악의적 공격 보도를 일삼았다. 고교 및 대학 시절 학과 공부에 최선을 다했고 교과 외의 활동도 열심히 찾아 수행했던 딸이었다. 학교와 행정 법원에서 법률과 규칙에 따라 어떤 결론을 내리든 따를 수밖에 없다. 잔인한 운명을 묵묵히 감당하고 있는 딸에게 미안하고 고맙다. 딸아, 너는 잘못한 것이 없다!

생활기록부 불법유출과 현미경 수사

다만, 이 시점에서 고교생 인턴·체험활동 확인서의 허위 여부에 대한 위 두 재판부의 판단기준에 동의할 수 없다는 점은 밝히고자 한다.

첫째, 약 10년 전 고교생 인턴·체험활동은 엄격한 관리와 점검 체제 없이 운영되었다. 당시에도 지금도 고교생을 대상으로 하는 '인턴'이란 용어는 '체험활동'이라는 단어와 혼용되었고, 이는 정기적 출근이 요구되거나 보수 지급이 전제되는 자리를 뜻하는 것이 아니었다. 예컨대, 『이명박 정부 국정백서』에 예시된 '학생 인턴십'

의 내용은 '체험활동'이다.* 2013년 서울시교육청 행사 자료집에서도 '체험학습'의 한 유형으로 '인턴십'을 포함시키고 있다.**

나는 2019년 9월 2일 국회 기자간담회에서 "이명박 정부 시절 정부가 고등학생들에게 인턴십을 하라고 했고 '학부형 참여 인턴십'을 권장한 기사도 여러 개 있었다"라고 밝혔다. 『오마이뉴스』는 '팩트체크'에서 나의 이 발언이 진실이라고 판정했다.*** 당시 인턴·체험활동을 하겠다는 고교생들은 급증했지만, 학교와 사회는 이를 위한 프로그램을 준비하고 있지 못했다. 프로그램의 실제 운영은 기관별로 천차만별이었고, 프로그램 관리는 기관 프로그램 책임자 또는 책임 교수 재량에 맡겨져 있었다. 그런데 오랜 세월이 지난 후 검찰은 여기에 형사처벌을 위한 현미경과 칼날을 들이댔다. 내가 아는 바로는 고교생 인턴·체험활동 확인서를 형사처벌의 대상으로 삼은 것은 내 가족 사례가 처음이다.

둘째, 2019년 12월 공주대는 연구윤리위원회를 개최해 딸의 인턴십 활동에 문제가 없다고 밝혔다. 공주대는 딸이 저자로 등재된 연구물은 주요 논문이 아니라 학술활동 발표 초록에 불과해 제3저자로 충분히 등재될 수 있다는 결론을 내렸다. 담당 교수 역시 딸이 공주대 연구실에서 체험활동을 했고 일본 학회에서 포스터 발표를 했

---

*『이명박 정부 국정백서 9. 교육개혁과 신고졸시대 개막』, 360면.
** 서울특별시교육청, 『제1회 교육정책네트워크 교육현장토론회 자료집』 (2013. 5. 20), 46면.
*** 이길주·김시연, 「[팩트체크] 조국 딸 '논문 인턴십', MB정부도 권장했다」, 『오마이뉴스』(2019. 9. 5).

기에 확인서를 발급했다고 증언했다.

이 경우에도 검찰이 개입하는 것이 온당한 것인지 의문이 든다. 실제로 2019년 말 정경심 교수 사건을 처음 담당했다가 교체된 재판장 송인권 부장판사는 "우리 헌법은 학문의 자유를 기본권으로 보장하고 있고, 대학의 자율권을 보장하고 있다. 공주대가 윤리위원회를 열었다고 하는데, 인턴 확인서에 대한 대학의 자체 판단을 존중해야 하지 않느냐는 생각을 가지고 있다"라는 입장을 공판에서 밝힌 바 있다. 학문적 용어를 쓰면, 전형적인 '과잉 범죄화' 현상이다.

셋째, 딸의 고교 생활기록부는 불법유출되었다. 그 생활기록부는 자유한국당 주광덕 의원에게 전달되어 공개되었고, 주 의원은 "생활기록부 내용을 분석한 결과 특혜성 인턴을 한 것으로 의심되는 정황을 파악했다"라고 주장했다. 이 유출은 명백한 개인정보보호법 위반이다. 2019년 9월 6일 인사청문회에서 더불어민주당 이철희 의원(현 청와대 정무수석)은 딸의 고교 시절 생활기록부가 주광덕 의원 측에 유출됐을 가능성을 언급하며 "급기야 오늘은 포렌식한 자료가 여기 청문회장에 돌아다닌다"라며 개탄했다. 검찰은 불법유출된 생활기록부에 적힌 인턴·체험활동 하나하나를 수사 대상으로 삼았다. 그런데 경찰은 이 유출자를 찾지 못하고 '참고인 중지' 의견으로 검찰에 송치했다. 허탈했다. 한국 수사기관의 능력이 이 정도밖에 되지 않는 것인지 아니면 의지가 없는 것인지 몹시 의심스러웠다.

해명 1: 나는 왜 「죽창가」를 올렸는가

2019년 7월 26일 민정수석 퇴임 이전, 나는 우리 대법원의 2012년 및 2018년 강제징용 노동자 판결을 옹호하고 일본 정부를 비판한 것 때문에 공격을 받았다. 특히 7월 13일 당시 인기 있던 SBS 드라마 『녹두꽃』 마지막 회를 보다가 「죽창가」가 배경음악으로 나와서 이를 간략히 페이스북에 올렸는데, 장관 지명 후에 공격 소재가 되었다. 이에 항변하지 않을 수 없다.

일본 정부 입장은 ① 일본과 조선은 합법적으로 한 나라가 되었다. ② 강제징용 피해자의 손해배상청구권은 1965년 한일청구권협정으로 소멸되었다. ③ 한국 대법원 판결은 이를 무시했고, 이를 방치한 문재인 정부는 잘못이다. ④ 이렇듯 한국이 국가 간의 약속을 어겨 일본 기업에 피해를 주므로 '수출규제'를 한다는 것으로 요약된다.

대법원 판결이 나온 후 민정수석실에서는 이 판결이 미치는 영향과 대책 보고서를 작성해 청와대와 관련 부서에 회람했다. 대법원 판결을 옹호하면서 일본 정부 입장에 맞서야 한다는 취지였다.

그런데 일부 한국 정치인과 언론은 이러한 일본 정부 입장에 반박하기는커녕 노골적 또는 암묵적으로 동조하면서 한국 대법원과 문재인 정부를 매도하는 데 앞장섰다. 대법원 판결이 공연히 한일 관계에 분란을 일으켰다고 불만을 표하는 사람도 많았다. 희한하다. 일본의 양심적 법률가들은 한국 대법원의 판결을 지지했는데 말이다.* 대표적으로 전영기『중앙일보』논설위원의 주장을 보자.

"요즘 상황은 한국의 대법관들이 첫 단추를 이상하게 끼우는 바람에 비롯된 측면이 있다. 2012년 판결문의 취지 '1919년 한국이 건립되었으니 1919-45년까지 일본의 한반도 지배는 그 자체로 불법이다'는 국제법적으로는 전제 불성립의 오류로서 국제사회에 보편타당하게 받아들여지지 않을 것이다. 민족적 감성을 앞세운 주관주의적인 오류는 다른 곳에서도 나타났다. 한국은 국제법상 일본에 승전국이 아니기에 처음부터 배상권을 행사할 수 없는 관계였다. 사정이 이렇게 명백한데도 2018년의 대법관들은 법적인 배상 청구권을 기어이 행사해야 한다고 주장. 사고는 대법원이 치고 고통은 국민이 속절없이 당하는 형국이다."**

어이가 없었다. 일본 극우파의 논리를 한국에 전파하는 책『반일종족주의』의 공동저자로「강제징용은 허구」라는 글을 쓴 이우연 낙성대경제연구소 연구위원은 일본의 최대 월간지『문예춘추』특별판 '저주받은 한일관계'에「징용공(徵用工) 판결은 역사 날조다」라는 글을 실었다. 분노가 일어났다. 통상적으로 '우파'는 '국익'을 최우선으로 하는 법인데, 한국에서는 정반대다. 이러한 사람

---

* 김정선,「日변호사 등 100여 명, "개인청구권 소멸되지 않았다" 공동성명」,『연합뉴스』(2018. 11. 5).
** 전영기,「대법관들이 잘못 끼운 첫 단추」,『중앙일보』(2019. 7. 15).

들을 '토왜'(土倭)가 아니면 뭐라고 불러야 하는가.

대한민국의 정통성과 (사법)주권이 타국, 특히 과거 우리의 주권 침탈국이었던 일본에 의해 공격받고 있는 상황에서, 일본 정부의 입장에 동조하거나 이를 옹호하는 것을 용납할 수가 없었다. 일본 정부가 수출규제 협박을 하고 있는 상황에서 청와대나 관련 부처가 일본 정부의 입장을 반박하기는 어려웠다. 이에 민정수석 개인 자격으로라도 싸움을 벌이고, 이후 문제가 발생하면 책임을 져야겠다고 판단했다. 일본 정부의 경제보복이 예상되었지만, 점검해본 결과 이겨낼 수 있다고 판단했다.

당시 거의 유일하게 나의 의도적 공격 취지를 알아채고 옹호한 사람은 민주평화당 박지원 의원이었다. 박 의원은 MBC 라디오 '김종배의 시선집중'에서 말했다.

"(일본에 대한) 공격을 (여당에서) 아무도 안 하니 '열혈 청년' 조 수석이 나선 것이다. 조 수석이 일부 비판을 받는다 해도 조국을 위해서, 대통령을 위해서 한마디한 것이다. 조 수석마저 안 하면 지금 (대일 여론전을) 누가 하느냐."

깊이 감사했다. 당시 내가 페이스북에 올린 일련의 글 가운데 핵심은 다음과 같다. 먼저 7월 20일에 올린 글이다.

"법학에서 '배상'(賠償)과 '보상'(補償)의 차이는 매우 중요하다. 전자는 '불법행위'로 발생한 손해를 갚는 것이고, 후자는 '적법행위'로 발생한 손실을 갚는 것이다. 근래 일부 정치인과 언론은 이 점에 대해 무지하거나 또는 알면서도 문재인 정부를 흔들기 위해 황당한 주장을 펼치고 있다.

대한민국 대통령의 법률보좌가 업무 중 하나인 민정수석으로서(그 이전에 법을 공부하고 가르쳐온 법학자로서), 이하 세 가지 점을 분명히 하고자 한다.

1. 1965년 한일협정으로 한국은 일본으로부터 3억 달러를 받았지만, 당시에도 지금도 일본은 위안부, 강제징용 등 불법행위 사실 자체를 부인한다. 그러므로 이는 일본의 전쟁범죄에 대한 '배상'을 받은 것이 아니다.

2. 2005년 참여정부 시절 민관공동위원회는 ① 1965년 한일협정으로 받은 자금에는 강제징용 피해자들에 대한 정치적 '보상'이 포함되어 있을 뿐, 이들에 대한 '배상'은 포함되어 있지 않고, ② 한국 정부가 일본 정부를 대상으로 다시 '보상'을 요구하는 것은 안 되지만, 한국인 개인이 일본 정부의 불법행위에 대해 손해 '배상'을 청구하는 것은 가능함을 확인했다.

3. 2012년 대법원(제1부, 김능환 대법관 주심)이 "외교 협정으로 개인청구권이 소멸할 수 없다"라는 취지로 파기 환송해 신일본제철(현 일본제철)에 대한 '배상'의 길이 열린다. 이 판결은 양승태 대법원장과 박근혜 청와대 사이의 '사법거래' 대상이 되었으나, 2018년 확정된다.

1965년 이후 일관된 한국 정부의 입장과 2012년 및 2018년 대법원 판결을 부정·비난·왜곡·매도하는 것은 정확히 일본 정부의 입장이다. 나는 이런 주장을 하는 한국 사람을 마땅히 '친일파'라고 불러야 한다고 생각한다. 일본 정부가 '경제전쟁'을 도발하면서 맨 처음 내세웠던 것이 한국 대법원 판결의 부당성이었다. "1965년 일본으로부터 거액을 받아 한국 경제가 이만큼 발전한 것 아니냐"라는 식의 표피적 질문을 하기 전에, 이상의 근본적 문제에 대해 한 번이라도 생각해보길 바란다. 일본의 한국 지배의 '불법성'을 인정하느냐가 모든 사안의 뿌리다."

다음은 7월 22일에 올린 글이다.

"일본 국력, 분명 한국 국력보다 위다. 그러나 지레 겁먹고 쫄지 말자. 외교력 포함 현재 한국의 국력은 1965년 한일청구권협정 체결 시기와는 비교할 수 없을 정도로 성장했다. '병탄'(倂吞)을 당한 1910년과는 말할 것도 없다. 법적·외교적 쟁투를 피할 수 없는 국면에는 싸워야 하고, 또 이겨야 한다. 국민적 지지가 필요하다."

1965년 한일청구권협정은 당시 양국 정부의 '타협'의 산물이었다. '청구권'이라는 단어를 선택한 것이 단적인 예다. 협정 체결자인 시나 에쓰사부로 당시 일본 외상은 일본 정부가 제공한 5억 달

러는 '배상'이 아니라, '독립축하금'이라고 참의원에서 발언한 바 있다. 일본 정부는 그 이전도 그 이후도 식민지배의 불법성을 인정한 적이 단 한 번도 없다. 덜 알려졌지만, 일본 정부는 미쓰비시가 중국 강제징용 노동자들에 대해 '배상' 성격의 '화해금'을 지급하는 것을 허용했다. 왜 한국 강제징용 노동자에게는 배상을 거부하냐고? 조선 지배의 불법성을 인정하지 않고 '강제징용'도 없었다고 강변하므로 배상할 수 없다는 것이다.

이러한 점에서 일본의 식민지배와 강제동원이 불법임을 선언한 2012년과 2018년 한국 대법원 판결의 의의는 너무도 중요하다. 이를 부정하는 것은 대한민국의 정체성과 헌법정신을 부정하는 것이다. 1965년 협정은 존중되어야 한다. 한일 간 '무역전쟁'의 신속한 종결을 위해 외교와 협상은 당연히 필요하다. 그러나 2012년과 2018년 대법원 판결의 의미를 몰각(沒却)·부정하면 헌법 위반자가 된다.

당시 일본 정부가 '무역전쟁'을 개시했을 때, 야당과 언론은 한국의 패배를 예견하고 대법원 판결과 문재인 정부를 비난했다. "4개월밖에 못 버틴다" 운운한 『조선일보』 기사가 생각난다. 야당과 언론은 내가 '반일선동'을 한다고 엄청난 공격을 퍼부었다. 일본 언론은 나를 '대일 초강경파'라고 불렀다.

2년이 지난 지금 한국 경제가 망했는가? 전혀 아닌 것이 확인되었다. 일본의 수출규제 핵심인 불화수소 가운데 액체불화수소는 100% 국산화에 성공했다. 오히려 일본 기업이 타격을 받았다는 일본 내부 평가가 나오고 있다. 물론 '소부장'(소재·부품·장비) 국산화의 길은 멀다. 무역을 포함해 일본과의 관계도 더 개방적으로 가야 한다. 그러나 한국의 (사법)주권을 흔드는 일본의 행태에 대해서는 절대 타협이 없어야 한다. 감히 말하자면, 되돌아보아도 당시 나의 '대일 강경노선'이 명분과 실리 모두에서 오류였다고 생각하지 않는다.

해명 2: '붕어·개구리·가재' 트윗의 진의

장관 후보 지명 이후 과거 교수 시절 발언이 소환되어 공격 소재로 활용되었다. 특히 2012년 3월 2일 트위터 글이 도마에 올랐기에 해명하고자 한다.

"1. 우리는 '개천에서 용 났다'류의 일화를 좋아한다. 그러나 부익부 빈익빈이 심화되고 '10 대 90 사회'가 되면서 개천에서 용이 날 수 있는 확률은 극히 줄었다. 모두가 용이 될 수 없으며, 그럴 필요도 없다.
2. 더 중요한 것은 용이 되어 구름 위로 날아오르지 않아도, 개천에서 붕어·개구리·가재로 살아도 행복한 세상을 만드는 것이다. 하늘의 구름을 쳐다보며 출혈 경쟁하지 말고, 예쁘고 따뜻한 개천을 만드는 데 힘을 쏟자!"

2019년 8월 27일 자유한국당 박성중 의원은 개구리와 가재 가면을 쓴 대학생들과 함께 국회정론관에서 기자회견을 열고 나를 비판했다.

이 트윗이 비판을 자초할 소지가 있었음을 인정한다. 그리고 이 트윗을 올려놓고 왜 자식들은 좋은 학교 보내려 했느냐는 비판도 감수한다.

그러나 이 트윗의 요체는 입시경쟁을 줄이는 쪽으로 교육제도를 바꾸고, 민생과 복지를 강화하고 임금 격차를 줄이는 쪽으로 사회제도를 바꾸자는 것이었다. 예를 들어보자. 한국과 달리 OECD 복지국가에서 '배관공'이나 '용접공'의 수입은 상당히 높다. 미국 뉴욕시장을 지낸 마이클 블룸버그는 2014년 11월 미국증권산업금융시장협회(SIFMA) 회의에서 "요즘 당신의 자녀가 대학에 가기를 원한다면, 혹은 배관공이 되기를 바란다면 당신은 이를 신중하게 생각해봐야 할 것이다. 자녀의 학업 성적이 아주 뛰어나지 않지만 사람 다루는 재주가 특별하다면 그 자녀에게 배관공이 최고의 직업일 수 있다"라고 조언했다. 캐나다와 호주의 경우 '용접공'의 대우가 상당히 높은 것으로 안다.

2012년 트윗의 취지는 명문대를 졸업하지 않고 '배관공'이나 '용접공'이 되어도 행복한 삶을 살 수 있도록 교육제도와 사회제도를 바꾸어야 한다는 것이었다. 학업에 소질이 있는 학생은 대학을 가야 하겠지만, 그렇지 않은 학생을 위해서는 대학이 아닌 다양한 사회진출 경로가 마련되어야 한다는 취지였다.

집값이 계속 오르게 되면 임금삭감의 결과를 낳기 때문에 덴마

크처럼 30-40년 임대로 살 수 있는 '장기임대형 공공주택'을 공급하거나, 스웨덴과 싱가포르처럼 토지는 공공이 소유하고 주택만 개인에게 분양받아 소유하는 '토지임대부형 분양주택' 등을 대거 공급하는 주택정책을 실시하자는 생각이었다. 자력으로 돈을 벌어 '타워 팰리스'에 입주하는 것이 꿈일 수 있고 가능할 수도 있으나, 국가가 먼저 해야 할 일은 '장기임대형 공공주택'과 '토지임대부형 분양주택'의 확대 건설이라고 생각했다. 이런 주택에 살게 되면 소득 축적이 훨씬 쉬워질 것이다.

이러한 내용은 대중강의를 할 때도 여러 번 말했다. 계층상승을 위한 개인의 '노오오오력'만 강조하지 말고 제도를 바꾸어야 함을 역설했다. 마지막으로 이 트윗은 '흙수저'의 계층이동을 막자는 주장이 절대 아니었다. 나는 여러 강연에서 흙수저 출신으로 성공한 사람들에 대한 존경을 표명해왔고, 계층이동이 원활해야만 사회가 발전한다는 점을 강조해왔다.

2021년 5월 5일 제조업 청년 노동자로 활발한 집필활동을 하고 있는 천현우 씨가 페이스북에서 나에게 보낸 글을 보았다.

"저는 예전부터 경쟁을 싫어했습니다. 학생 때 학업이고 스포츠고 뭐 잘하는 게 하나도 없었습니다. 어찌저찌 전문대학을 갔지만, 사회에서 전문대를 보는 시선을 느끼며 스스로 박탈감을 경험하곤 했지요. 모로 보나 평균 이하의 삶입니다. '용이 못 된' 삶을 대하는 대한민국의 태도는 어마어마하게 잔인합니다. 청년 자살률, 노인 빈곤율, 산재 사망률. 굳이 감성 들먹일 필요 없이 이런 건조한 통계만으로도 그 잔혹성이 입증되어 있죠. 그렇다고 용이 된 사람들조차 모두 행복하지도 않습니다. 당장 서울대를 입학한 제 친구는 자신보다 학교를 먼저 들먹이는 주변에 염증을 느꼈습니다. 6년 죽도록 경쟁했더니 4년을 또 경쟁해야 하냐면서 한탄도 했구요.

제가 따뜻한 개천이라는 단어를 좋아하는 이유는 이런 세상을 줄곧 보아왔기 때문입니다. 따뜻한 개천 안에선 누구도 평균 이하를 손가락질하지 않을 겁니다. 용에게 모든 부담과 기대를 짊어지게 하지도 않을 겁니다. 모두가 개인으로서 자신의 존엄을 보호받고, 서로 급 나누는 일 없이 연대하고, 성별이나 직업을 벗어나 함께 어우러져 살아갈 수 있을 겁니다.

제 또래들에게서 교수님의 평판은 좋지 않습니다. 이유나 동기를 교수님도 충분히 아실 겁니다. 이에 따른 비판 또한 감수하겠다고 하셨구요. 저는 언론이 고의로 조각내놓은 면면만을 보고 교수님을 판단하지 않겠습니다. 평등한 세상을 원하셨던 과거 행적과 내세울 것 없는 청년의 목소리를 경청하시는 현재만을 믿습니다. 그렇기에 교수님께 몰아닥치고 있는 광풍이 끝나길 기원합니다. 그동안 저는 저 나름 따뜻한 개천을 만들기 위해 노력하겠습니다."

미안하고 고마웠다.

제3장

통제받지 않은 괴물

"살아 있는 권력에 대한 검찰수사는
정치적 중립성을 지킨 적이 없다.
검찰총장을 비롯한 내부 비리는
제외되거나 최소화되었다.
윤석열 검찰도 예외가 아니었다."

검찰개혁은 왜 해야 하는가

나는 2017년 5월 11일 민정수석으로 취임해 2019년 7월 26일 퇴임했다. 2017년 박근혜·최순실(최서원) 국정농단을 규탄하는 촛불시위와 헌법재판소의 탄핵 결정 등이 이어질 때는 상상도 못했던 일이었다. 나는 박근혜 대통령 탄핵 이후 치러진 2017년 대선 과정에서 문재인 후보 선거캠프에 들어가지 않았다.

대선 선거운동이 끝나갈 무렵 문재인 후보 측 핵심 인사에게 연락이 왔다. 대선 승리 후 청와대로 들어가 민정수석으로 일하면 좋겠다는 제안이었다. 내가 그 역할을 잘할 수 있을까 고민이 깊었다. 스승·선배·친구 등 극소수의 사람들과 의논 끝에, 대선 핵심 공약인 권력기관 개혁을 설계하고 실현하기 위해 청와대로 들어가기로 결심했다. 공수처 신설·검경수사권조정 등 검찰개혁을 검사 출신 민정수석에게 맡기면 무산되리라는 것이 공통된 의견이었기 때문이다. 2년 2개월여, 민정수석 재직 시 중점 과제는 국정원·검찰·경찰 등 권력기관 개혁안 기획과 조정이었다. 미친 듯이, 그리고 즐겁게 일했다. 격무였지만 보람 있었다.

나는 오래전부터 검찰개혁 문제는 정치적 민주화의 제도적 마무리라고 주장해왔다. 검찰개혁이 왜 중요한가? 정치적 민주주의의 요체 두 가지와 관련이 있기 때문이다. ①주권자가 정치권력을 선택하고 통제할 수 있어야 한다. ②선출되지 않은 권력의 정파적 발호(跋扈)를 억지해야 한다. '1987년 헌법체제' 수립 이후 ①은 충분히 실현되었다. 한국의 주권자는 아무 제약 없이 자기가 원하는 대

표자를 뽑고 있다. 심지어 뽑힌 대표자를—대통령이건 국회의원이
건—마음껏 비판하고 조롱하고 있다. 문재인 대통령에 대해 '빨갱
이' '독재자' '중증 치매환자' 등 극단적 표현을 쓰며 공격도 한다.

그런데 ②는 어떠한가? 1987년 헌법체제는 ②에 대해 철저한
제도적 준비를 하지 못했다. 특히 검찰은 권위주의 체제 수호의 첨
병이었다. 과거 수많은 공안사건에서 검찰의 수사와 기소를 떠올
려보자. 검찰은 국정원·기무사·경찰 등과 협업해 수많은 민주화
운동 인사들을 '좌경·용공·불순분자'로 몰았다.

'한국판 드레퓌스 사건'으로 불리는 '강기훈 유서대필 조작 사
건'을 보자. 없는 죄를 만들어 처벌했다. 1991년 5월 전국민족민
주운동연합 총무부장 김기설 씨가 '노태우 퇴진'을 외치고 분신하
자, 검찰은 이 조직의 사회부장 강기훈 씨를 유서대필 혐의로 수사
하고 기소했다. 강 씨는 대법원에서 유죄판결이 났다. 민주화 운동
권은 분신을 조장하고 죽음을 이용했다는 도덕적 비난에 시달렸
다. 강 씨의 피눈물 나는 호소와 노력 끝에 유서의 필적이 강 씨의
것이 아니라는 것이 밝혀졌고,* 2012년 12월 대법원이 재심을 결
정하고 강 씨에 대해 무죄를 선고했다. 누명이 벗겨지는 데 20여
년, 강기훈 씨는 암에 걸렸고 지금도 투병 중이다.

---

* 2005년 경찰청 과거사진상규명위원회는 유서의 필적이 강기훈 씨가 아닌
김기설 씨의 것으로 보인다는 결과를 발표했다. 2007년 진실·화해를 위한
과거사정리위원회가 국립과학수사연구원에 김기설 씨의 유서 재감정을 의
뢰했는데, 국립과학수사연구원도 이 유서는 김기설 씨가 작성한 것으로 보
인다며 1991년의 감정 결과를 뒤집었다.

이랬던 검찰이 지금은 달라졌을까. 나는 항상 고 노무현 대통령의 한탄을 잊지 않으려 했다.

"검찰개혁을 제대로 추진하지 못한 가운데 검찰은 임기 내내 청와대 참모들과 대통령의 친인척들, 후원자와 측근들을 집요하게 공격했다. 검찰의 정치적 독립을 추진한 대가로 생각하고 묵묵히 받아들였다. 그런데 정치적 독립과 정치적 중립은 다른 문제였다. 검찰 자체가 정치적으로 편향되어 있으면 정치적 독립을 보장해주어도 정치적 중립을 지키지 않는다. 정권이 바뀌자 정치적 중립은 물론이요 정치적 독립마저 스스로 팽개쳐버렸다. 검경수사권조정과 공수처 설치를 밀어붙이지 못한 것이 정말 후회스럽다. 이러한 제도 개혁을 하지 않고 검찰의 정치적 중립을 보장하려 한 것은 미련한 짓이었다. 퇴임한 후 나와 동지들이 검찰에서 당한 모욕과 박해는 그런 미련한 짓을 한 대가라고 생각한다."*

절대반지를 낀 어둠의 군주

한국 검찰의 문제점을 하나씩 짚어보자.

첫째, 한국 검찰은 무소불위의 막강한 권한을 갖고 있다. OECD 국가 검찰 가운데 가장 강하고 광범하다.

1. 독자 수사권과 수사 인력이 있다. 검찰이 수사권 없는 기소기

---

* 노무현, 『운명이다』(돌베개, 2010), 274-275면.

관으로 설정되어 있는 영국의 경우는 말할 것도 없고, 수사권이 있는 독일과 프랑스의 경우도 검찰 자체의 수사 인력을 가지고 있지는 않다. 그래서 독일 검사는 '팔 없는 머리'라고 불린다. 미국의 경우 주별로 차이가 있는데, 지방 검찰청이 직접수사하는 경우가 있지만 통상의 수사는 경찰이 담당한다. 일본도 수사는 주로 경찰이 담당한다. 일본 검찰은 '특수수사' 분야에서 직접수사를 하지만, 소수의 지청에서만 이루어진다. 어느 나라건 검사실마다 수사관이 배치되어 있는 나라는 없다. 우리나라에서 비로소 공수처가 만들어졌지만 공수처 검사는 최대 25명으로 제한되어 있다. 현재 공수처 검사는 13명 선발된 상태다. 검찰청 소속 검사는 약 2,200명, 검찰수사관은 6,200명이다.

2. 경찰에 대한 수사지휘권과 수사종결권이 있다. 2020년 1월 13일 수사권조정 법안의 국회 통과 이전까지는 경찰에 대한 수사지휘권과 수사종결권을 가지고 있어 경찰수사를 좌지우지할 수 있었다. 수사권조정 성사 이후 비로소 '수사지휘'라는 단어가 법률에서 삭제되고 경찰은 '1차적 수사종결권'을 갖게 되었다. 그렇지만 여전히 검찰은 경찰에 대해 보완수사, 재수사, 시정조치 등을 요구할 수 있다.

3. 기소권이 있다. 공수처 발족 전까지 검찰은 기소권을 완벽히 독점했다. 범죄가 확인되어도 검사가 불기소결정을 내리면 처벌은 불가능해진다. 피해자의 피해 사실과 억울함을 검사가 인정하지 않는 이상 재판에 갈 수 없었다.

공수처 발족 후에도 판사·검사·경무관 이상 경찰 이외의 고위 공직자에 대한 기소권은 검찰에게 있다.

나는 소설 『반지의 제왕』의 표현을 빌려, 검찰은 수사권과 기소권이라는 두 개의 '절대반지'를 낀 '어둠의 군주'(The Dark Lord)라고 명명한 적이 있다..

"민주화 이후 검찰은 군사정권 시절의 '하나회'에 견줄 만한 힘을 가진 존재가 되었다. 선출된 권력이 아님에도, 강고한 내부 결속력을 갖추고 막강한 권력을 사용하며 사회 전 분야에 영향을 미치고 있다. 민주사회에서 통제받지 않는 '괴물'을 방치해 둘 수는 없다. 이 '괴물'의 권한을 분산시켜 힘을 줄이고, 주권자의 대표기관인 국회의 통제하에 있는 새로운 기구를 만들어서 통제받지 않는 '괴물'을 견제해야 한다."[*]

4. 영장청구권이 있다. 현재 검사의 영장청구권은 헌법에 규정되어 있어 개헌 없이는 바꾸기 힘들다. OECD 국가 가운데 그리스와 멕시코를 제외하고 헌법에 영장청구 주체를 규정한 나라는 없다. 대부분 영장청구권을 어디에 부여할 것인지를 헌법이 아니라 법률문제로 두고 있다. 우리나라에서는 박정희의 영구집권을 보장하는 1972년 '유신헌법'이 만들어졌을 때, 검사의 영장청구

---

[*] 조국, 『조국, 대한민국에 고한다』(21세기북스, 2011), 281-282면.

권 조항이 헌법에 들어갔다. 당시 개헌 작업에 참여한 김기춘 검사가 큰 역할을 한 것으로 알려져 있다.*

검사의 영장청구권 독점이 필요한지는 진지한 논의가 필요하다.** 제4장에서도 보겠지만, 경찰은 윤석열 총장의 측근으로 '소윤'(小尹)이라 불리는 윤대진 검사장(현 법무연수원 기획부장)의 친형 윤우진 전 용산세무서장을 수사했다. 경찰은 윤 서장이 육류업자와 함께 골프를 했던 골프장에 대해 압수수색 영장을 여섯 차례나 신청했으나 검찰은 모두 기각했다. 제 식구 감싸기라고 볼 수밖에 없는 영장청구권의 오용이었다.

황운하 울산경찰청장(현 더불어민주당 의원)은 2018년 울산 지역 건설업자의 고발을 받아 김기현 국민의힘 원내대표의 형과 동생에 대한 수사를 전개해, 2014년 지방선거를 앞두고 김 대표 동생이 1억 7,000만 원, 형이 4,400만 원의 출처불명 현금을 계좌로 받았음을 확인했다. 경찰이 자금추적을 위해 영장을 청구했으나, 검찰은 영장신청을 기각했다. 제8장에서 보겠지만, 오히려 검찰은 황 의원을 2018년 울산시장 선거 개입을 위해 하명수사를 했다고 기소했다.

5. 검찰조서의 증거능력은 경찰조서보다 우월하다. 검사 앞에서

---

* 김기춘 검사는 1977년 중앙정보부 수사국장이 되어 많은 대공조작 사건 수사를 지휘했고, 2004년 노무현 대통령에 대한 탄핵을 주도했으며, 2013년 박근혜 대통령의 비서실장이 되었다.
** 2018년 3월 20일 내가 청와대 춘추관에서 발표한 대통령 발의개헌안에는 검사의 영장청구권이 삭제되어 있다.

한 말은 법정에서 수정·번복해도 큰 효력이 없다. '검사작성 피의 자신문조서'의 증거능력은 '법관 면전(面前)조서'에 준하는 효력을 가지기 때문이다. 검찰개혁법안이 2022년 1월부터 발효하기 전까지는 말이다. 검사실이 '준(準)법정'이었고 검사가 '준(準)판사'였다.

그런데 검찰 조사실에서는 어떤 일이 일어나는가. 조사자(검사)는 조서에 기재할 사항을 미리 구상해두고 피조사자를 상대로 문답을 한다. "답변이 조사자의 구상과 부합하면 그대로 기재하고 부합하지 않으면 반복해서 질문해 원하는 답변을 끌어내거나 아예 기재하지 않는다." 이 과정에서 "수사기관은 원하는 대답을 들으려고 답변을 유도하거나 강요하기도 한다."* 검찰의 회유와 종용에 따라 한명숙 총리에게 뇌물을 주었다고 검찰에서 진술한 후 법정에서 번복했던 한만호 씨는 자신이 "검찰의 안내대로 따르는 강아지"였다고 토로했다. 그는 검찰의 조사방식에 대해 말했다.

"단추 하나 가지고 양복도 만들고 바바리도 만들고 코트도 만들었다.**

변호인 참여가 허용되지 않던 시절에는 유도·회유·압박이 다반사였다. 변호인 참여가 허용된 이후에도 변호인을 대동할 자력

---

* 임수빈, 『검사는 문관이다』(스리체어스, 2017), 91면.
** 심인보·김경래, 『죄수와 검사』(뉴스타파, 2021), 208, 282면.

(資力)이 없는 피의자의 경우 질문의 취지를 제대로 파악하지 못하고 답변하거나 유도질문에 넘어가 답변하거나, 반복 조사에 지쳐서 자포자기하고 지장을 찍고 나오는 경우가 많다.*

6. 이렇게 막강한 권한을 가진 검찰은 다른 권력기관 위에 군림하고 있다. 권위주의 체제에서는 군부나 중앙정보부, 국가안전기획부 등 정보기관의 '하위 파트너'에 불과했으나, 정치적 민주화 이후 다른 기관을 다 제치고 최강 권력기관이 되었다. 행정부 소속 다른 기관은 '졸'(卒) 취급하고 있다. 2017년 6월, 최강욱 변호사(현재 열린민주당 대표)는 이 같은 취지로 말했다.

"아이러니하게도 검찰이 이처럼 막강한 권한을 갖게 된 것은 군사독재를 벗어난 민주화 덕분이다. 법과 절차를 의식하지 않았던 날것의 물리력이 후퇴하고 민주화의 진행으로 법적 절차를 중시하게 되자 법적 권한을 앞세운 검찰의 힘이 안기부와 보안사를 능가하기 시작했던 것이다."**

---

* 이 점이 문재인 대통령 대선 공약으로 '형사공공변호인제도'가 들어간 이유다. 이에 따라 2019년 6월 법무부는 피의자 국선변호 범위를 미성년자와 청각장애인, 심신장애의 의심이 있는 피의자와 사형·무기 또는 3년 이상의 징역·금고형에 해당하는 사건의 피의자로 확대하는 내용의 형사소송법 개정안을 입법예고했다.
** 최강욱, 『권력과 검찰』(창비, 2017), 218–219면.

게다가 검찰은 '사법농단' 수사를 통해 사법부의 속살도 파헤쳤다. 사법농단의 피해를 입은 판사가 있고, 형사처벌 대상도 있다. 그런데 검찰은 100여 명의 판사를 참고인으로 불러 망신을 주었다. 어떤 판사는 조사를 받고 나와 모욕감에 몸서리를 치며 가로수를 잡고 통곡했다고 한다. 정신과 상담을 받은 판사도 있는 것으로 안다. 사법농단 수사를 빌미로 지금까지 자신들이 법대(法臺) 아래에 앉아 올려다본 판사들의 기를 꺾으려 했던 것이다.* 검찰개혁 촛불집회에 적극 참여했던 가수 이승환 씨가 2020년 12월 24일 페이스북에 올린 글은 핵심을 찌른다.

"세상이 모두 너희 발밑이지? #검찰개혁"

또한 검찰은 검찰총장과 검사에 대한 인사권을 가지고 있는 대통령도 우습게 보고 있다. 인사철에만 눈치볼 뿐이다. 2021년 5월 10일 문재인 대통령은 취임 4주년 기자회견에서 토로했다.

"원전 수사 등 여러 가지 수사를 보더라도 검찰은 청와대 권력을 겁내지 않는 것 같다."

* 사법농단 수사와 관련해 일부 언론에서 문재인 정부가 윤석열 총장에게 시켰다는 식의 주장을 했다. 문재인 정부 청와대는 이 수사에 어떠한 관여도 하지 않았음을 분명히 밝힌다.

'제왕적 대통령'이 문제라고? 진짜 문제는 '제왕적 검찰'이다. 검찰은 청와대 눈치를 전혀 보지 않았다. 검찰은 문재인 정부의 대선 공약인 월성 1호 폐쇄를 추진했다는 이유로 청와대에 수사의 칼날을 들이대지 않았던가. 이에 대해서는 제8장에서 상세히 보기로 한다.

추미애 전 법무부장관은 2021년 5월 23일 고 노무현 대통령 12주기에 페이스북 글을 통해 정치검찰이 스스로 권력을 장악하려고 하고 있음을 강하게 경고 했다.

"권위주의 정부는 검찰독립을 없애 예속시켰고 말 잘 듣는 검찰을 만들었습니다. 그때는 검찰은 독재라는 주장도 하지 않았고 불평 없이 권력의 죄를 알아서 덮어주는 면찰이 되었습니다. 그러나 정치적 독립을 보장해준 민주정부에서는 정치적 중립을 스스로 무너뜨리고 독재라고 비난하며 검찰정치를 하는 정치검찰이 되었습니다. 검찰은 유력한 차기 정치세력에 기생하는 정치검찰에서 진화해, 스스로 권력을 장악하려는 정치검찰이 되었습니다."

한국 검찰은 준정치조직

둘째, 한국 검찰은 정치적으로 편향되어 있다. 권위주의 체제에서 '육법당'(陸法黨)이란 단어가 회자되었다. 육사 출신 군인들과 서울대 법대 출신 법률가들이 권위주의 체제를 수호하는 핵심이라는 뜻이었다. "법조라고 하지만 사법부는 조역이었고, 공안검사 중심의 검찰이 일선에서 정권을 보위한 주축"이었다.* 『머니투데이』 김준형 기자의 지적처럼, 권위주의 정권에서는 '공안부'가, 민주화 이후에는 '특수부'가 정치검사 역할을 담당했다.

2017년 6월, 『한겨레』 김의겸 기자(현재 열린민주당 의원)는 서울지검 차장검사가 들려준 말을 소개했다.

"저에게 이런 얘길 하더라고요. '김 기자도 옛날에는 모택동의 『모순론』 읽어봤지? 모택동은 권력은 총구에서 나온다고 했지만 지금은 권력은 칼끝에서 나와'라고요. '예전에는 군·중앙정보부·경찰 등의 물리적 폭력, 즉 총구에서 권력이 창출되었지만 이제는 법리적인 검사의 칼끝에서 나오는 거다. 정권을 만들고 보위하는 일에까지 검사가 전면에 나서게 됐다'라고 표현하더라고요."**

한국 검찰은 '준(準)정치조직'으로 움직여왔다. '검찰당(黨)'인 것이다. 이 '당'은 수구적 정치 이데올로기를 지침으로 삼고 중요한 결정을 내렸다. 대표적인 예가 있다. 김영삼 대통령이 12·12와 5·17 쿠데타 세력 처벌에 대한 특별지시를 내리기 전 검찰은 "성공한 쿠데타는 처벌할 수 없다"라는 기상천외한 논리로 불기소처

---

* 김준형, 「이세끼와 맥주병, 하나회와 검찰…그 시대는 저물까」, 『머니투데이』(2020. 11. 30).
** 최강욱, 『권력과 검찰』(창비, 2017), 37-38면.

분했다. 1995년 7월 18일이었다. 당시 이 결정에 대해 항의한 검사는 한 명도 없었다. 당시 평검사였던 윤석열도 침묵했다. 보수야당과 언론이 이 논리를 널리 전파했음은 물론이다.

두 명의 전직 대통령에 대한 대조적 검찰수사를 보자. 검찰은 수사에 자율권을 부여한 노무현 대통령에 대해서 퇴임 후 조리돌림식 수사를 했다. 피의사실을 수시로 언론에 유출해 결국 노 대통령을 극단의 선택으로 몰고 갔다.* SBS의 '논두렁 시계' 보도는 대표적 악례(惡例)다. 2009년 5월 13일 SBS는 "노무현 전 대통령이 박연차 전 태광실업 회장으로부터 회갑 선물로 받은 1억 원짜리 시계를 권양숙 여사가 논두렁에 내다버렸다"라고 '단독' 보도를 했다. 이후 전 국민적 비난과 조롱이 엄청나게 쏟아지면서 노 대통령은 비극적 선택으로 내몰렸다.

2017년 10월 23일, 국정원 개혁위원회의 발표가 있었다. 이 보도는 당시 원세훈 국정원장의 측근인 국정원 간부가 이인규 당시 대검찰청 중앙수사부장을 만나 노 전 대통령 망신주기 차원에서 활용하라고 지시하면서 이루어졌던 것이다. 국정원·검찰·언론의 합작품이었다.

반면 검찰은 2007년 이명박 한나라당 대선후보에게 면죄부

---

* 2019년 1월 4일 서지현 검사는 페이스북에 자신이 검사가 된 2004년 2월 노 전 대통령명의 임명장을 받고서 "창피해서 어떻게 검사하느냐"라고 말한 검사들이 있었다고 적었다. 당시 검사들이 노 전 대통령을 어떻게 생각했는지 보여주는 생생한 일화다.

를 주었다. 대선을 2주일 앞둔 시점에서 무혐의 발표를 함으로써 BBK 전 대표 김경준 씨의 주가조작 공모 의혹과 ㈜다스 및 BBK의 실소유주 의혹을 덮었다.

MB의 범죄 혐의는 2008년 특검팀에 의해서도 무혐의 처리되었다. MB 당선 직후인 2008년 1월 특검팀이 꾸려졌다. 판사 출신 정호영 특별검사 지휘로 조재빈·윤석열·유상범·신봉수 등 10명의 '에이스 검사'들이 파견되어 일했다. 그러나 특검팀은 MB 대통령 취임 직전인 2008년 2월 21일, "MB는 다스의 실소유주가 아니다"라고 발표하며 무혐의 처리했다. 특검팀은 다스 경리직원의 120억 원 횡령 사실을 확인했지만, 회사에 대한 수사는 하지 않았다. 당시 정호영 특검은 이명박 당선인과 한정식집에서 꼬리곰탕을 먹으며 대면조사를 마쳤다(이로 인해 그는 '꼬리곰탕 특검'이라는 별명을 얻었다).

파견 검사들은 아무런 반발도 하지 않았다. 이상인 특검보는 특검 해산 후 MB 소유 영포빌딩에 법률사무소를 차렸고, 2009년 한나라당 추천으로 KBS 이사에 임명되었다. 파견 검사들은 MB 정부 시절 모두 승승장구했다. 특검 활동의 물리적·시간적 한계와 대통령 당선자 눈치를 보던 구성원들의 의지 결여가 겹쳐 특검팀은 MB 수사에 실패했다. 파견받은 현직 검사에게 수사를 의존해야 하는 특검의 한계였다. 상설 조직과 자체 수사 인력을 갖춘 공수처가 있었다면 결과는 달랐을 것이다. MB는 대선 전, 적어도 취임 전 기소되었을 것이다.

12년이 지난 2020년 10월 29일 대법원은 이명박 씨가 ㈜다스의 실소유주임을 인정하고 징역 17년, 벌금 130억 원, 추징금 57억 8,000여만 원을 선고한 원심을 확정했다. 그러나 검찰은 어떠한 사과도 하지 않았다.

이에 대한 『한겨레』 김종구 편집인의 비판은 정확하다.

"참여정부를 거쳐 문재인 정부에서 다시금 확인되는 바는 첫째, 검찰은 태생적으로 진보정권과는 유전적 코드가 맞지 않는 집단이라는 점이다. 살아온 삶의 이력이나 추구하는 가치 등 검사들의 전반적인 '정체성' 자체가 진보정권과는 불편한 관계일 수밖에 없다. 둘째, 검찰은 권력의 충견으로 기꺼이 용맹을 떨칠 수는 있어도, 자신들의 이빨을 약화하려는 시도는 절대 용인하지 않는다. '마음이 놓이는' 보수정권과 '마음이 놓이지 않는' 진보정권을 대하는 검찰의 태도에 본질적 차이가 존재할 수밖에 없다."*

『한겨레』 이재성 기자는 윤석열 검찰 역시 정치적 중립과 무관하다고 비판했다.

"유사 이래 최상급의 독립성을 누리고 있는 윤석열 검찰은 역설적으로 검찰의 정치적 중립이 얼마나 허구적인 개념인지 스

---

* 김종구, 「'멸문지화'의 법과 원칙」, 『한겨레』(2019. 11. 27).

스로 폭로하고 있다. 중립이란 어느 쪽에도 치우치지 않는 것이다. 검찰은 중립을 보장하는 정부를 향해 칼끝을 겨누는 일이 중립성을 지키는 것인 양 으스대지만, 이건 중립이 아니다. 중립을 보장하는 정부에서만 가능한 '시한부' 중립이다. 결과적으로 중립을 보장할 생각이 없는 자유한국당 세력에게만 편파적으로 유리한 '반쪽' 중립이다."*

선택적 순종, 선택적 반발

셋째, 한국 검찰은 법무부의 지시를 선택적으로 수용한다. 법률상 검찰은 법무부 소속 외청(外廳)이고, 검사는 수사권과 기소권을 갖는 공무원이다. 사전상으로도 검찰은 중앙행정기관으로서 법무부 소속으로 검사의 검찰 업무를 맡아본다고 되어 있다. 그러나 권위주의 정권 동안 검찰이 거꾸로 법무부를 지배했다. 검찰은 자신을 법무부의 '외청'이 아니라 법무부를 검찰의 '외부'(外部)라고 생각해왔다.

검찰 업무를 담당하는 검찰국장 외에도 법무부의 주요 보직은 전·현직 검사가 장악했다. 검찰 고위간부 출신 인사가 법무부장관이 되었을 때 검찰은 법무부와 원활히 소통했지만, 그렇지 않은 경우는 항상 충돌을 일으켰다. 검찰은 비검사 출신 장관의 공식적 수사지휘에 대해서는 저항했다. 일본제국주의 시대 일본 검사

---

* 이재성, 「개와 늑대와 검찰의 시간」, 인권연대, 『발자국통신』(2019. 12. 26).

들이 그랬다. 사법대신(법무부장관)을 통한 내각의 통제를 막고 검찰의 단결을 강화할 목적으로 "사법대신님은 검사가 아니다"라며 사법대신의 지휘권을 배척했다.* 이러한 일본 검사의 태도가 한국 검사에게도 이식된 것이다.

노무현 정부 때 천정배 법무부장관은 한국전쟁이 '통일전쟁'이라는 학문적 견해를 밝혀 국가보안법 위반으로 고발된 강정구 동국대 교수에 대해 불구속 수사하라고 지휘했지만 검찰은 반발했다. 당시 김종빈 검찰총장은 수사지휘를 수용하면서도 항의성 사표를 던졌다. '통일전쟁'론은 학문적 공방이 필요한 주제인데, 옳고 그름을 따지지 않고 구속하려는 검찰에 법무부장관이 제동을 걸자 총장이 사표를 낸 것이다.

문재인 정부의 추미애 법무부장관과 박범계 법무부장관이 검찰에 대해 수사지휘를 했을 때도 검찰은 사사건건 반발했다. 윤석열 총장은 사표를 던지는 대신 긴장과 소음을 일으키며 저항했다. 김종빈 총장과 다른 선택을 한 것이다. 윤 총장은 "수사지휘권 박탈은 형성적(形成的) 처분으로서 쟁송절차에 의해 취소되지 않는 한 지휘권 상실이라는 상태가 발생한다"라는 매우 어려운 법률용어를 구사했다. 법무부장관의 지휘가 내려오면 그 자체로 바로 효력이 발생하지만, 자신은 동의할 수 없다는 뜻이다.

반면, 검찰은 검사 출신 법무부장관의 비공식적 수사지휘는 순

---

* 김종성, 「"난 부하가 아니다"라는 윤석열 총장이 알아야 할 것」, 『오마이뉴스』(2020. 11. 5).

순히 수용했다. 이명박 정부 시절 김경한 법무부장관이 '조·중·동 광고주 불매운동' 수사지휘를 했을 때는 어떠한 반발도 없었다. 김 장관은 검사들 사이에서 '김경한 총장'으로도 불릴 정도로 검찰을 지배했으나, 검찰은 고분고분 따랐다. 2019년 하반기 이후 검찰의 행태에 대해 '선택적 수사' '선택적 기소'라는 비판이 있었는데, '선택적 순종' '선택적 반발'도 반드시 기억해야 한다.

또한 한국의 검사는 '준(準)사법기관'이자 '준(準)판사'를 자처해왔다. 상당수 검사들은 이렇게 생각한다.

"판사나 나나 똑같이 사법시험 합격해 같이 연수원에서 공부했는데, 내가 왜 머리를 숙여야 해?"

검찰은 검찰청 건물을 법원 바로 옆에 높이도 똑같이 해서 지었다. '대검찰청'(Supreme Prosecutor's Office)에는 '대'(Supreme)라는 단어를 넣었다. '대법원'(Supreme Court)이라는 명칭을 따라잡기 위해서다. 서구권 나라 가운데 검찰조직명에 '대'(Supreme)를 넣는 나라는 없는 것으로 안다. 검사는 자신을 법무부 소속 행정기관이 아니라 '준(準)판사'로 생각하니, 법무부장관의 지휘를 수용하지 않는다. 검사 출신이 아닌 상급자는 인정할 수 없다는 것이다.

신성가족을 보호하라

넷째, 한국 검찰은 내부 비리에 관대하다. 검찰은 다른 행정부 구성원의 행정적 미흡은 직권남용죄로 수사하고 기소했지만 자신들의 비리는 제외하거나 최소화한다. 제8장에서 보겠지만, 검찰은 문재인 정부의 세 장관(김은경·조국·백운규)을 직권남용죄로 영장청구하고 기소했다.

그러나 검찰 내부 비리는 징계도 없이 사직 처리하는 경우가 허다했다. 명백한 범죄가 확인되어도 증거부족이라며 뭉개버렸다. 지난 10년간 검사 징계 사건을 조사한 2020년 7월 31일 JTBC 보도를 보면 검사가 피의자가 되어야 할 뇌물수수나 성추행처럼 중대한 사건이 50건 넘는데, 수사나 기소를 하지 않은 비율이 70%에 육박했다. 조직은 무오류여야 하고 '신성(神聖)가족'은 보호되어야 하므로!

대표적인 예를 보자.

1. 검찰은 2015년 5월 동료 여검사를 성폭행한 진동균 검사에 대해서 수사는커녕 감찰도 하지 않고 사직 처리했다. 2013년 6월 성폭력범죄가 '비(非)친고죄'*가 되었으니 피해자의 고소가 없더라도 검찰은 수사해야 했음에도 말이다. 왜 그랬을까? 진 검사는 '귀족 검사'의 대표적 인물이다. 아버지는 진형구 검사장(1998년 '조폐공사 파업유도 사건'의 당사자)이고, 매형은 한동훈 전 대검 반부패부장이다. 진 검사는 사직 후 CJ그룹 법무팀 임원으로 합류했다.

2018년 1월 서지현 검사의 용기 있는 문제제기 뒤에야 비로소 '검찰 성추행 사건의 진상규명과 피해회복을 위한 진상조사단'이 만들어져 조사가 진행되었다. 이후 진 검사는 기소되어 2019년

---

* 범죄 피해자의 고소 없이도 범인을 처벌할 수 있는 죄.

1월 강제추행 유죄판결을 받았고, 대법원에서도 확정되었다. 그러나 서 검사는 이 문제제기 이후 검찰 조직 안에서 '왕따' 취급을 받았다. 검찰 구성원들은 서 검사의 근무 태도와 업무 능력에 관한 근거 없는 소문을 언론에 흘렸다.

2. 2016년 고교동창에게 금품과 향응을 받아 큰 물의를 일으킨 김형준 부장검사(박희태 전 국회의장의 사위) 사건도 유명하다. 그는 고교동창 스폰서에게 '에이스 좀 미리 챙겨줘라'라는 문자를 보냈고, 고교동창 스폰서는 술집 여주인에게 김 부장검사 접대용으로 속칭 '2차'를 나갈 접대여성 사진을 보내라고 요청했다. 접대여성 계좌로 110만 원을 송금한 것이 확인되었다. 김 부장검사와 접대여성이 같이 호텔방에 들어간 것도 확인되었다. 술집 여주인도 접대여성이 '2차'를 나갔다고 증언했다. 그러나 검찰은 호텔방에 들어간 두 사람이 성관계를 부정했고 확인할 방법이 없다며 성매매에 대해 무혐의로 불기소처분했다.

이와 별도로 김 부장검사는 검사 출신 박수종 변호사에게 4,000만 원을 받은 것으로도 검찰수사를 받았다. 박 변호사는 서울남부지검 증권범죄합동수사단에서 자본시장법 위반 혐의 피의자로 수사를 받던 도중 김 부장검사에게 세 차례에 걸쳐 총 4,000만 원을 건넨 것이 확인되었다. 그러나 검찰은 수사 무마를 대가로 금전 편의를 얻었다는 정황이 발견되지 않는다는 이유로 뇌물을 인정하지 않고 종결했다.

3. 2020년 12월, '96만 2,000원 접대 불기소 사건'이다. 검찰은 김

봉현 전 스타모빌리티 회장에게 서울 청담동 룸살롱 접대를 받은 검사 3인의 뇌물죄를 무혐의로 정리했다. 참으로 희한한 계산법으로 검사 일인당 접대비를 1회 100만 원 미만으로 만든 후 한 명의 검사와 술자리를 주선한 특수부 검사 출신 이 모 변호사만 김영란법 위반으로 기소했다. 다른 검사 두 명은 어떻게 불기소되었을까.

밤 11시 이후 추가된 밴드비용과 접대여성 비용 55만 원어치 향응은 먼저 자리를 뜬 검사 2인에게는 뺐다. 그 후 총 접대비를 5인으로 나눠 검사 1인당 접대비를 96만 2,000원으로 만든 것이다. 이런 황당한 계산법으로 밤 11시 이후에도 룸살롱에 있었던 한 명의 검사만 김영란법 위반으로 기소되었다.* 이후 네티즌 김광열 씨가 만든 검사님들을 위한 불기소 세트 999,000원 '짤'이 널리 회자되었다.

만약 김 부장검사 사건이나 룸살롱 접대 사건에 검사가 아닌 다른 공무원이 문제가 되었다면, 어떻게 되었을까. 이 두 사건이 뇌물죄 불기소된 것과 내 딸이 받은 장학금을 뇌물이라고 기소한 것을 비교하지 않을 수 없다.

4. '서울시 공무원 유우성 씨 간첩조작 사건'이 있다. 화교 출신 탈북민 유우성 씨는 2013년 국가보안법 위반 등의 혐의로 구속·

---

* 이 5인은 김봉현 전 회장, 술자리를 주선한 이주형 변호사, 검사 A·B·C 등이다. 접대 시간은 오후 9시 30분부터 다음 날 오전 1시쯤까지인데, 접대 시작 후 약 1시간 30분이 지날 무렵 B·C는 자리를 떠났다. 밴드와 접대여성 비용인 55만 원을 포함해 접대비 536만 원은 김 전 회장이 냈다. 검찰은 B·C가 떠난 뒤 밴드와 접대여성이 들어왔다는 이유로 55만 원을 빼고, 481만 원을 다섯 명으로 나눈다. 그래서 1인당 96만 2,000원이 되어, B·C는 기소를 면한다.

기소됐다. 국내 탈북자 200여 명의 정보를 북한에 넘긴 혐의였다. 그러나 재판과정에서 국정원 직원들이 유 씨의 여동생인 유가려 씨에게 가혹행위를 해서 오빠가 간첩이라는 허위자백을 받아냈고, 유 씨의 출입경(出入境) 기록을 조작했음이 드러났다. 유우성 씨는 대법원에서 무죄판결을 받았다. 이후 검찰 과거사위원회는 2019년 2월 검찰이 국정원의 조작과 진술 은폐를 충분히 알 수 있었는데도 조작을 방치했다고 발표했다.

그러나 검찰은 국정원 수사관 두 명만 기소하고, 수사팀 검사 이문성·이시원 두 명에게는 무혐의처분을 내렸다. 검찰 과거사위원회는 "해당 검사들의 주장과는 달리 이 사건의 증거조작에 이들이 깊이 관여해왔으며, 증거조작 사실을 이미 사전에 인지하고 있었을 가능성이 매우 높다는 사실을 확인했다"라고 판단했다. 유 씨의 변호인이었던 김진형 변호사도 전형적인 제 식구 감싸기라고 비판했다. "담당 검사들이 유 씨의 출입경 기록이 위조된 것을 명백히 알면서도 허위 주장을 했다는 점은 충분히 인정된다. 어떤 객관적인 증거나 자료 없이 피의자들의 주장만 이용해 내린 처분이다."*

5. 채널A 이동재 기자와 한동훈 검사장의 '검언유착 의혹 사건'이다. 서울중앙지검 수사팀이 한 검사장을 피의자로 소환하려 하자 대검은 범죄가 안 된다면서 막았다. 비검사 출신 한동수 대검 감찰부장이 법무부로부터 진상 확인 공문을 받고 압수수색을 하

* 류석우, 「'유우성 간첩조작' 수사 검사들, 증거 조작 명백히 알았을 것」, 『뉴스1』(2020. 6. 10).

려 했으나, 윤석열 검찰총장은 감찰을 중지시키고 대검 인권부에 조사를 지시했다. 참으로 특이한 조치다. 『한겨레』 손원제 논설위원은 측근 보호를 위해 '3단 방어막'을 쳤다고 비판했다.

"한쪽엔 가혹하고 한쪽엔 너그러운 원칙이란 '선택적 정의' 아닌가. 윤 총장이 최측근 참모였던 한동훈 부산고검 차장과 채널A 유착 의혹을 다루는 자세는 당혹감을 안긴다. 처음엔 독립적 감찰에 제동을 걸었다. 서울중앙지검 수사팀이 한 차장을 피의자로 소환하려 하자, '범죄가 되느냐'며 대검이 막았다. 윤 총장은 한 차장이 피의자로 전환되자 '나는 관여 않겠다'며 대검 부장회의에 사건 지휘를 일임했다. 그래놓고 정작 '수사팀 견제용' 전문수사자문단을 직권 소집한 것으로 드러났다. 대놓고 3단 방어막을 쳤다.

윤 총장이 박근혜 정부 시기 국정원 선거개입 수사 때 보여줬던 기개대로라면, 일선 수사팀에 힘을 실어줘야 마땅했을 일이다. 바게트 껍질처럼 바스러지는 윤석열표 원칙의 허망함은 '윤적윤'(지금 윤석열의 적은 과거의 윤석열)을 불러낸다. '검찰주의자' 총장의 한계 또한 고스란히 드러났다. 검찰 밖엔 서릿발 같지만 '내 식구'만은 예외라는 독단. 윤석열의 빛바랜 원칙이 가려온 이 낡은 시스템을 깨는 것이 검찰개혁이다."*

* 손원제, 「윤석열의 원칙, 한동훈 앞에선 왜 무너지나」, 『한겨레』(2020. 6. 23).

6. '한명숙 총리 관련 모해위증 교사 의혹 사건'이 있다. 이 사건에서 한은상 씨 등은 당시 엄희준 검사실에서 자신을 포함한 3인이 위증 연습을 했다고 폭로했다. 고 한만호 씨가 법정에서 한 전 총리에게 돈을 주지 않았다고 진술한 2010년 12월 이후, 엄희준 검사실에 한은상은 21회, 최○○은 18회, 김○○는 10회 출석한 사실이 확인되었다.*

법무부는 이 사건을 대검 감찰부에 이첩했고, 한동수 대검 감찰부장은 엄 검사 등에 대한 감찰을 진행하려고 했다. 대검은 이를 막고 '사본'을 만들어 대검 인권부와 서울중앙지검이 수사하도록 재배당했다. 엄 검사 등에 대한 감찰을 원하지 않는 대검이 통제 가능한 곳으로 이관시킨 것이다. 박범계 법무부장관 취임 후 이 사건을 주도적으로 조사해온 임은정 대검 감찰연구관이 법무부로부터 적법하게 수사권을 부여받자마자, 대검은 임 검사가 아니라 대검 감찰3과장을 주임검사로 지정했다. 이후 대검은 수사로 전환하지 않고 무혐의 공람종결로 마무리했다. 심인보·김경래 두 기자의 표현을 빌리면, "검찰 왕따 두 명, 한동수와 임은정이 검찰청 하수구를 열겠다고 덤볐던 셈"**이었으나 하수구는 열리지 못했다.

7. 검찰의 '판사 사찰 의혹 사건'이 있다. 이 사건에 대해 한동수

---

* 이에 대해서는 심인보·김경래, 『죄수와 검사』(뉴스타파, 2021), 300-359면 참조.
** 같은 책, 372면.

대검 감찰부장이 검사들에 대한 수사를 전개하자, 대검은 적법절차가 준수되지 않았다는 이유로 이 사건을 서울고등검찰청에 재배당해서 오히려 한 부장을 수사 대상으로 만들었다. 이에 한 부장은 2020년 12월 9일 페이스북에 심경을 토로했다.

"두렵고 떨리는 시간들입니다. 감찰을 무력화하는 내부 공격들. 극도의 교만과 살의가 느껴집니다. 그러나 나는 맡은 바 소임을 끝까지 수행해나가고 죽음으로 내몰려진 상처받은 삶들을 잊지 않겠습니다. 진실은 가릴 수 없고 어둠은 빛을 이기지 못합니다."

8. 검찰은 건설업자 윤중천으로부터 별장 성 접대를 받았던 김학의 전 법무차관에 대해 2013년과 2015년 두 번이나 무혐의처분을 내렸다. 보통 시민의 육안(肉眼)으로도 영상 속의 인물이 김학의임이 쉽게 확인됨에도 검찰은 수사의 강도를 높이지 않았다. 2013년 1차 수사 후 검찰은 "주장이 첨예하게 대립한다" "강간 피해를 당한 사람의 일반적 행동과 동떨어진다"라는 이유로 불기소 결정했다. 2015년 2차 수사 후 불기소 결정서는 동영상 속 김 전 차관을 '불상의 남성'이라고 기재했다.

문재인 정부 출범 후 검찰 과거사위원회가 만들어져 이 사건의 진상이 드러났고, 당시 수사팀은 국민적 비난 대상이 되었다. 김 차관은 변장하고 몰래 출국을 시도하다가 법무부 직원에게 포착되어 출국은 무산되었고, 이후 수사를 받고 뇌물죄 유죄판결이 내려졌다. 별장 성 접대는 공소시효 문제로 판단 대상이 되지 않았다.

그러자 검찰은 출국금지 절차에 '불법'이 있었다는 점을 부각하며 가열차게 수사를 벌였다. 조직에 망신을 안겨준 외부자와 내부 '배신자'는 절대 가만두지 않겠다는 의지 표현이었다. 외부자는 차규근 법무부 출입국본부장과 이광철 청와대 민정수석실 선임행정관(현 민정비서관)이고, 내부 배신자는 이규원 검찰 과거사진상조사단 파견 검사다. 절차에 불법이 있다며 상세한 수사내용을 문건으로 만들어서 국민의힘 등에 제보한 사람은 현직 검사였다.

검찰은 차 본부장에 대해 구속영장을 청구했으나 기각되었고, 2021년 4월 1일 차 본부장과 이 검사를 불구속기소했다. 두 사람은 자신들의 행위가 '합법'이었다고 강력히 항변하고 있다. 나아가 검찰은 청와대에서 검찰 과거사 업무를 담당하던 이광철 민정비서관을 김 전 차관 수사의 '기획자'인 양 몰고 갔다. 2021년 4·7 재보궐선거가 끝나자 이광철 민정비서관을 조사했는데, 불구속기소한다는 보도가 나오고 있다. 게다가 최근에는 나와 박상기 법무부장관의 '관여' 운운하는 내용을 언론에 흘리고 있다.

긴박한 상황에서 김학의 전 차관의 출국을 막기 위해 일한 사람들을 처벌하겠다는 것이다. 검사들이 "우리가 김학의다"를 외치고 있다는 느낌이 들었다. 검찰의 속마음은 '김학의 사건은 무사히 해외로 도피한 전 기무사령관 조현천 건처럼 마무리되었어야 했다'가 아닌가 싶다. "검사가 수사권 갖고 보복하면 깡패지 검사냐"라는 윤석열 총장의 명언(?)이 떠올랐다.

"정권은 유한하고, 검찰은 영원하다"

나의 후임으로 검찰에 대한 문민통제를 확립하기 위해 고군분투한 추미애 법무부장관은 2020년 12월 3일 동해 낙산사를 방문하고 고 노무현 대통령 영전에 기도를 올린 후, 페이스북에서 검찰권 남용을 강하게 질타했다.

"인권침해를 수사해야 하는 검찰이 오히려 인권침해를 저지르고, 수사가 진실과 사실에 입각하지 않고 짜맞추기를 해서 법정에서 뒤집힐 염려가 없는 스토리가 진실인 양 구성하기 위해 수단 방법을 가리지 않는 가혹한 수사를 하고, 미리 수사의 방향과 표적을 정해놓고 수사과정을 언론에 흘려 수사 분위기를 유리하게 조성하고 어느 누구도 수사에 이의를 제기하지 못하는 분위기를 만들어 언론의 폭주를 제어하지도 못하고, 이미 혐의자는 법정에 서기도 전에 유죄가 예단되어 만신창이 되는 기막힌 수사 활극을 자행해왔습니다.

그런 가혹한 표적수사를 자행하고도 부패척결, 거악척결의 상징으로 떠올라 검찰 조직 내에서는 승진 출세의 가도를 달리고 검찰 조직 밖으로 나가서도 거액의 수임료를 받고 선임계를 내지 않고 변론을 하는 특혜를 누려 막대한 부를 축적하는 등 전관과 현직이 서로 챙기며 선배와 후배가 서로 봐주는 특수한 카르텔을 형성하여 스스로 거대한 산성을 구축해왔습니다.

그리하여 이제 누구도 건드리지 못하는 무서운 집단이 되어 버렸습니다. 전직 대통령도, 전직 총리도, 전직 장관도 가혹한 수사 활극에 희생되고 말았습니다."

검사 출신으로 검찰의 민낯을 폭로한 비판서 『내가 검찰을 떠난 이유』를 출간한 이연주 변호사는 개탄했다.

"검사들은 과거 언론 탄압하고, 민간인 사찰하고, 거짓 자백을 강요했던 잘못은 한 번도 되돌아보지 않으면서, 검찰이 휘두른 칼에 억울하게 고통받은 사람들에 대한 연민은 느끼지 않으면서, 검찰 조직 문제에만 기개 있게 덤비고 정의를 내세운다. 정말 부끄러움을 모르는 비겁한 사람들이다."*

이어 이 변호사는 검찰의 모토를 간명하게 정리했다.

"정권은 유한하고, 검찰은 영원하다."

* 이연주, 「정권은 유한하고 검찰은 영원하다」, 『한겨레21』 제1341호(2020. 12. 4).

이 명제만큼 현재 검찰의 논리와 행태를 잘 설명하는 것은 없다. 검찰이 대한민국을 이끈다, 검찰은 오류가 없다, 검찰이 보유하는 권한은 반드시 지켜져야 한다, 검찰개혁론은 정권의 보신책일 뿐이다 등의 사고가 이 명제 안에 집약되어 있다.

영화 제목을 빌리면 검찰은 「언터처블」(아무도 못 건드리는 자)이었고, 영원히 그래야만 했다. 2013년 10월 21일 윤석열 검사는 국회 국정감사장에서 "저는 조직을 대단히 사랑한다. 저는 사람에 충성하지 않는다"라고 발언했다. 당시 국민 다수는 이 발언에 환호했다. 윤석열의 '조직 사랑'의 의미를 제대로 모르고 있었다. 윤석열 검사는 대표적인 '검찰주의자'였음에도.

2019년 8월 29일 정의당 윤소하 원내대표는 페이스북에 '윤석열 총장에게 묻는다'라는 글을 게시했다.

" '사람에게 충실한 것이 아니라 조직에 충실하는 것'이 중요하다는 소신을 밝혔다. 좋았다. 권력자에게 휘둘리지 않겠다는 뜻에서 말이다. 그 소신에 대해 저는 오히려 우려를 표한 바 있다. 조직에 대한 충성이 곧 지금의 개혁대상인 검찰이 아니었나 하는 문제의식 때문이었다. 권력자인 특정 사람도 검찰조직도 아닌 사법개혁이 먼저 아니던가. 총장의 삶과 의지는 겉으로의 표현과 달리 검찰 조직의 기득권에 대한 미련과 관성에서 자유롭지 못한 반증이기도 했기 때문이다."

한편, 2021년 5월 22일 정세균 전 국무총리는 윤석열 전 총장에게 보내는 공개 질문을 페이스북에 올렸다.

"윤석열 전 총장은 개혁세력에겐 의혹과 수사과정은 물론이며 기소사실과 공소장까지 불법으로 유출하면서까지 검찰 권력을 총동원하여 티끌만 한 먼지까지 털어내면서도, 검찰 내부와 측근의 불법과 비위와 비리는 묵살하는 고무줄 수사와 기소로 대한민국을 그들만의 검찰공화국으로 만들었습니다.

소름끼칠 정도로 가혹한 검찰의 칼날이 윤석열 전 총장의 가족 범죄에 솜사탕처럼 달콤한 이유는 무엇입니까? 성 범죄자에게는 눈을 감았던 검찰이 선글라스와 모자를 눌러쓰고 변장을 한 채 해외 탈출을 시도하려던 범죄 도피자를 잡은 사람에게만 눈에 불을 켠 까닭은 무엇입니까? 왜 검찰의 불법에는 공정이 통용되지 않습니까? 검찰의 범죄를 고발한 후배 검사가, 성희롱을 당한 후배가 공정한 감찰을 하소연할 때 윤석열 전 총장의 공정은 어디에 있었습니까?

윤석열 전 총장은 이 물음에 정직하게 대답해야 할 것입니다."

윤석열의 답변을 기다린다.

어떻게 개혁할 것인가

문재인 대통령의 대선 공약은 수사와 기소를 '분리'해 검찰은 원칙적으로 기소권만 갖되, 기소와 공소유지를 위한 '2차적·보충적 수사권'을 보유하는 것이었다. 문 대통령은 대선을 앞둔 2017년 1월 대담집에서 이렇게 밝혔다.

"집중된 권한 때문에 '무소불위의 검찰'이 되었고, 권력의 눈치를 보는 정치검찰도 등장했습니다. 현재 검찰이 갖고 있는 수사권과 기소권을 분리해서 수사권은 경찰에게, 기소권은 검찰에게 분리 조정하는 것이 가장 빠르게 개혁할 수 있는 부분입니다."[*]

수사와 기소의 분리는 갑자기 나온 얘기가 아니다. 70여 년 전 대한민국 수립 직후부터 주어진 과제였다. '한국 형사소송법의 아버지'라 불리는 엄상섭 의원(검사 출신)은 1954년 1월 9일 서울 태평로 부민관(현 서울시의회 건물)에서 열린 '형사소송법 초안에 대한 공청회'에서 말했다.

"검찰기관이 범죄 수사의 주체가 된다면 기소권만 가지고도 강력한 기관인데 수사의 권한까지 더하게 되니 이것은 결국 '검

---

[*] 문재인, 『대한민국이 묻는다』(21세기북스, 2017), 213면.

찰 파쇼'를 가지고 온다. 우리나라는 경찰이 중앙집권제로 되어 있는데, 경찰에다가 수사권을 전적으로 맡기면 '경찰 파쇼'라는 것이 나오지 않나 (우려된다). 이런 점을 봐 법제사법위원회에서는 오직 우리나라에 있어서 범죄 수사의 주도권은 검찰이 갖는 게 좋다는 정도로 생각했다. 그러나 장래에는 우리나라도 조만간 수사권하고 기소권하고는 분리하는 이러한 방향으로 나아가는 것이 좋겠다는 생각이다."*

'조만간'이 70년이 되었다. 수사·기소·재판의 분리는 OECD 다수 국가의 형사사법 체제다. 검찰은 원칙적으로 공소기관이며, 기소를 위한 보완수사 요구권을 갖는다. 법률가인 검사는 경찰 수사를 감시하고 통제하는 데 집중한다. 경찰 수사가 법적으로 의미 있는 결과를 낳을 수 있는지, 경찰 수사에 절차적 불법은 없는지 등을 살피는 것이다. 한국 검찰은 오랫동안 수사에 있어서 경찰을 '행위무능력자' 취급하며 무시해왔다. 한국 경찰도 여전히 해결해야 할 문제가 있지만, 일제강점기 '순사'(巡査)의 잔재가 남아있던 1954년의 경찰, 고문과 가혹 행위를 일삼던 권위주의 체제의 경찰은 전혀 아니다.

결론적으로 '경찰 파쇼'와 '검찰 파쇼' 모두 위험하지만, 현재 권력은 압도적으로 검찰에 집중되어 있다. 정치적 민주화 이후

---

* 김남일, 「경찰에 수사권을 줄까요 말까요?」, 『한겨레21』 제864호(2011. 6. 8).

'경찰 파쇼'를 두려워하는 시민은 없다. 오히려 '검찰 파쇼'에 대한 우려가 두드러진다. 정치적 민주화가 전개되던 시기 영화와 드라마에서 경찰은 폭력적이고 불법적인 모습으로 묘사되었던 반면, 검사는 상대적으로 정의로운 사람으로 그려졌다. 그러나 이제 대중문화에서 검사가 조직과 선후배의 이익을 위해 막강한 권한을 자의적으로 행사하는 권력자로 그려지고 있음은 우연이 아닐 것이다.

2017년 하반기 민정수석실 내부 논의를 거쳐, 2018년 1월 14일에는 내가 직접 청와대 춘추관에 나가 권력기관 개혁의 방향과 요지를 브리핑했다. 발표일은 나의 고교·대학 후배 고 박종철 열사가 경찰 고문에 사망한 1월 14일로 택했다. 요약하면 이렇다. ① 국가정보원의 국내정보 수집업무를 폐지하고 대공수사권을 이관한다. ② 공수처를 신설하고, 법무부를 탈검찰화하며, 검경수사권조정을 달성한다. ③ 경찰 내 '국가수사본부'를 신설해 수사경찰과 행정경찰을 분리하고, 자치경찰제를 전국적으로 실시한다.

이 같은 과제들은 정치적 민주화 이후에도 과도한 권한을 갖고 있던 검찰 권력을 축소하는 것이었다. 또 해방 후 큰 변화 없이 유지되어온 권력기관 전체를 견제와 균형의 원칙에 따라 총체적으로 재구성하려는 것이었다. 모두 2019년 12월, 2020년 2월과 12월 국회에서 차례로 입법화되었다. 학자로서 사명이라고 생각했던 것이 이루어졌다는 점에서 나는 '행운아'다. 물론 이 '행운'의 대가는 아시다시피 엄청났다.

2018년 1월 청와대 브리핑을 전후로 법무부 차원의 개혁은 박상기 법무부장관 주도로 차근차근 진행되고 있었다. 법무부의 탈검찰화, 검사인사제도의 개혁, 검찰 과거사 청산 등 대통령령과 법무부령 개정으로 가능한 검찰개혁이 그것이다. 당시 박 장관을 보좌했던 김오수 법무차관(현 검찰총장), 이용구 법무실장(이후 법무부차관으로 퇴임), 윤대진 검찰국장(현 법무연수원 기획부장), 차규근 출입국본부장 등은 이러한 과제 수행을 위해 힘을 모았다. 특히 김오수·이용구·윤대진 세 사람은 대학 83학번 동기들로, 내가 대학 1년 선배였지만 직급을 따지지 않고 스스럼없이 소통했다.

수사권조정 성사의 배경

청와대 민정수석실은 검경수사권조정에 집중했다. 과거 정부에서 수사권조정을 검찰과 경찰에 맡겨두니 격렬하게 논쟁만 하고 어떠한 합의도 끌어내지 못했다. 2004-2005년 참여정부 당시 나는 '검경수사권조정 자문위원회'에 참여했다. 검경의 합의안 도출을 위해 1년 넘게 노력했으나 무산되었다. 당시 청와대에서는 문재인 민정수석 아래 김진국 법무비서관(현 청와대 민정수석)이 업무를 담당했다.

나는 검찰과 경찰의 상급 기관의 장이 합의를 도출해내야 한다고 판단했다. 대통령께 보고드리고 재가받은 후 박상기 법무부장관과 김부겸 행정안전부장관(현 국무총리) 두 분을 모시고 협의를 시작했다. 두 장관님은 검찰과 경찰의 의견을 대변하며 진지하게 논의하고 절충했다. 민정수석실에서는 이광철 선임행정관(현 민정비서관) 등이 실무를 맡아 수고했다. 중간중간 이낙연 국무총리께 경과보고를 드리고 의견을 구했다. 법무부·행정안전부·민정수석실 3자 간 오랜 논의 끝에 검경수사권조정안 합의에 이르렀다. 2018년 6월 21일 이낙연 국무총리를 모시고 합의문 서명식을 했다.*

수사권조정 합의 당시 당·정·청은 수사와 기소의 '분리'로 바로 가지 않고, 검찰개혁을 경찰개혁과 병행해 단계적으로 실현하고자 했다. 경찰 내 '국가수사본부'를 신설해 수사경찰과 행정경찰을 분리하고, 제주도에만 운영되던 자치경찰제가 전국적으로 실시되는 시점에 수사와 기소를 '분리'해야 한다는 판단이었다. 그래서 수사와 기소의 '분리' 이전 단계로 수사권 '조정'을 성사시켜 이행기를 갖기로 한 것이다.

그 결과 경찰은 '1차적 수사종결권'을 갖고 검찰은 사후 개입·통제하는 것을 기본으로 삼고, 경찰의 수사 능력이나 경험이 취약한 특수수사 분야 수사권은 검찰에 남기기로 합의가 되었다. 2020년 1월 13일 국회를 통과한 수사권조정법안은 2018년 6월

---

* 참여정부 시절 나는 수사권조정자문위원으로 검사의 수사지휘권을 폐지하되 수사종결권은 검사가 보유하는 조정안을 제시한 바 있지만[조국, 「현시기 검찰·경찰 수사권조정의 원칙과 방향」, 『서울대학교 법학』 제46권 제4호 (2005. 12), 230-235면], 검경 모두가 반대해 채택되지 않았다. 이후 10여 년의 시간이 흘렀지만 검찰권력의 비대화와 남용은 해결되지 못했다. 나는 '1차적 수사종결권'은 경찰에게 부여되어야 한다는 입장을 갖게 되었다.

21일 합의안을 기초로 하되 검찰의 직접수사 가능 범죄를 확대해 다듬었다.[*]

경찰 측에서는 대선 공약을 바로 실현하지 않는 것에 대해 불만이 많았지만, 1차적 수사종결권 확보에 만족하고 동의했다. 법무부 내에서 검찰 입장을 대변하는 윤대진 검찰국장은 검사의 수사지휘권 폐지에 반대했지만, 중대범죄에 대한 검찰 직접수사권 보장에는 만족하고 동의했다.

반면 당시 문무일 검찰총장은 박상기 법무부장관과 나에게 매우 강한 불만을 표시했다. 문 총장은 경찰에게 1차적 수사종결권을 주는 것에 반대했고 경찰에 대한 검사의 수사지휘권이 반드시 유지되어야 한다고 했다. 이 합의안을 놓고 박 장관, 문 총장 그리고 나, 세 사람이 점심을 먹으며 대화했는데, 문 총장은 강하게 항의하며 자리를 박차고 떠났다. 검찰 조직의 수장으로 선선히 수용한다고 할 수는 없었을 것이다. 그렇지만 박 장관과 나는 이 정도 합의는 검찰도 수용해야 한다는 점에 동의했다. 나는 이 새로운 체제를 문재인 정부 기간에 안착시키면서 보완점을 정비하고 앞에서 말한 경찰개혁을 시행한 후, 빠르면 문재인 정부 말기, 늦어도 다음 정부 초기에 수사와 기소의 '분리'를 구현하면 좋겠다고 생

---

[*] 박상기 법무부장관과 김부겸 행정안전부장관의 수사권조정합의안에서 검사의 직접수사권은 "경찰, 공수처 검사 및 그 직원의 비리사건, 부패범죄, 경제·금융범죄, 공직자범죄, 선거범죄 등 특수사건 및 이들 사건과 관련된 인지사건(위증·무고 등)"이었는데, 검찰청법 제4조 개정과정에서 '마약범죄' '방위사업범죄' '대형참사범죄'가 추가되었다.

각했다.

2019년 9월 6일 국회 인사청문회에서 더불어민주당 금태섭 의원은 법무·행안 두 장관이 합의한 수사권조정안을 비판했다. 검찰의 특수수사 기능이 보전되어 있고, 검찰 인사에서도 특수부 검사가 약진했음을 비판했다. 나는 이렇게 답했다.

"당시 검경수사권조정안은 현실에서 합의할 수 있는 최대치였다. 지난 기간 (특수부가 비대해진 이유는) 국정농단, 사법농단 사건의 공소유지가 고려되었다고 알고 있다. 특수부가 너무 크고 축소해야 한다는 점에 동의한다."

문재인 정부 초기 당·정·청은 검경 양측이 합의하는 것에 중점을 두었다. 특수수사의 능력이나 경험이 부족한 경찰 상황과 법무부와 검찰의 강력한 특수수사 존치 요구 등이 고려되어 절충이 이루어졌다. 인사의 경우 기밀 사안이라 상세히 말할 수는 없다. 국정농단 사건 수사와 기소를 특수부 검사들이 끌고 왔는데, 공소유지를 위해서는 이들이 요직에 있어야 한다는 점에서 법무부장관과 검찰총장 사이에 잠정 합의가 있었다는 정도만 언급한다. 그렇지만 동시에 밝히고 싶다. 박상기 법무부장관과 나는 국정농단 사건 1심 재판이 종료되고 나면 형사부·공판부* 검사를 중용해야

---

* 검찰청에서 법원에 공소를 제기하고 구형과 소송 절차를 맡은 부서.

한다는 점에 공감했다. 사실 나는 2004년 참여정부 당시 수사권조정 자문위원 시절부터 주장했다.

"검사가 '준(準)경찰화'되지 않고, 소추(訴追)기관이자 경찰 수사의 감독기관으로서의 지향을 분명히 하려면 직접수사에의 관여를 가급적 자제해야 한다."*

여야가 공유했던 수사와 기소의 분리

2019년 하반기 이후 검찰의 폭주가 계속되자, 수사와 기소의 '분리'를 앞당겨야 한다는 여론이 높아졌다. 더불어민주당 소장파 의원들과 최강욱 열린민주당 대표로 구성된 '행동하는 의원 모임 처럼회'는 '중대범죄수사청'을 신설해 검찰에 남겨놓은 '6대 중대 범죄'(부패·경제·공직자·선거·방위사업·대형참사 등)에 대한 직접수사권을 옮기는 법안을 제출했다. 추미애 법무부장관은 퇴임 후 2021년 2월 24일 페이스북 글을 통해 이 법안의 신속 통과를 촉구했다. 이 법안이 제정된다면, 수사권 '조정'을 넘어 '공수처-검찰청(≒공소청)-중대범죄수사청-경찰청-자치경찰' 체제가 만들어지는 것이다.

대부분 기억하지 못할 것이다. 2018년 11월 자유한국당 곽상도 의원도 '수사청'을 신설해 검찰의 수사권을 '수사청'으로 이관하

---

* 조국, 「현시기 검찰·경찰 수사권조정의 원칙과 방향」, 『서울대학교 법학』 제46권 제4호(2005. 12), 238면.

는 법안을 발의했다. 제안 이유는 다음과 같은데, 의도와 무관하게 취지에는 전적으로 공감한다.

"우리나라는 검찰에 수사권과 기소권이 집중되어 있는 권한 집중형 구조를 취하고 있는 바, 검찰은 기소권뿐만 아니라 상당한 규모의 실질적인 수사 인력을 보유해 수사를 주도하고, 경찰에 대한 수사지휘권 행사와 더불어 영장을 청구하고 집행하는 권한까지 보유하고 있음.

이렇듯 검찰이 수사권과 기소권을 함께 보유하고 있는 것에 대해 검찰에 막강한 권한이 과도하게 집중됨에 따라 이를 악용한 각종 비위 사건이 적지 않게 발생하고 있는 바, 그로 인해 국민들이 검찰에 대해 갖는 신뢰도가 매우 낮은 수준에 그치고 있는 만큼 형사사법 절차에서의 수사구조를 재설계해 상호 견제와 균형이라는 권력분립의 원리하에 수사에 대한 공정성과 신뢰성을 담보할 필요가 있음."

제19대 대선에 출마한 바른미래당 유승민 후보는 "수사권과 기소권을 분리해 제3의 조직인 수사청 별도 설치" "수사청은 기존의 검찰(검사와 검찰수사관)과 경찰의 수사 인력으로 구성해 검사와 경찰의 상호견제와 경쟁"을 공약으로 내걸었다.

수사와 기소의 '분리'가 필요하다는 문제의식은 정파를 넘어 공유됨을 확인할 수 있다. 그런데 윤석열 총장은 중대범죄수사청 설

치에 반대하며 2021년 3월 4일 사표를 던졌다. 사직하면서, 수사
와 기소의 분리는 "헌법정신과 법치 시스템 파괴"라고 주장했다.
묻고 싶다.

"그렇다면 수사와 기소의 분리를 대국민 약속으로 공표한 문
재인 정부의 검찰총장을 왜 맡았는가?"

수사와 기소의 분리가 이루어진 많은 나라에서 "헌법정신과 법
치 시스템 파괴"가 일어났다는 말은 들어본 적이 없다. 윤 총장 인
사청문회에서 더불어민주당 금태섭 의원은 윤 총장에게 질문했다.

금태섭: 검찰의 직접수사 기능을 점차 분야별로 떼어내서 수
사청을 만들어 수사권과 기소권을 분리시키는 방안에 대해서
어떻게 생각하십니까?
윤석열: 저는 매우 바람직한 방향이라고 생각하고 있습니다.
금태섭: 궁극적으로, 장기적으로는 검찰의 수사지휘권을 유지
한 채, 협력관계라고 말씀하셨으니까 어떤 수직관계가 아닌 상
태에서 적법절차를 지키도록 통제하는 기관을 유지한 채 직접
수사 기능은 사실 내려놓을 수도 있다는 취지입니까?
윤석열: 장기적으로는 그렇게 할 수 있다고 봅니다.

문무일 검찰총장 시절 검찰은 직접수사를 축소하기 위해 조세·

마약 등 몇 개 분야를 분리시켜 별도 수사청을 두는 방안을 연구했다. 문 총장은 이 방안이 자신의 소신이라고 나에게 말한 적도 있다. 윤 총장의 인사청문회 답변은 이러한 맥락에서 나왔을 것이다. 아무튼 수사와 기소의 분리가 '절대악'이 아님은 본인도 알고 있었다.

수사와 기소의 분리가 이루어지면, 지금까지 검찰이 누리던 '전관(前官)예우'와 '현관(現官)예우' 등 부패가 대폭 줄어들 것이다. 범여권의 의석수로 이 법안 통과는 언제든 가능하다. 경찰 내 국가수사본부의 신설, 자치경찰제의 전국 실시 등 경찰개혁도 실현되었다. 그렇지만 2021년 4·7 재보궐선거에서 더불어민주당이 참패한 이후 부동산개혁 등 민생개혁에 박차를 가해야 하는 상황이 되었다. 이 법안 통과는 다른 정치적 고려와 함께 결정될 것이다.

한편, 중대범죄수사청 신설을 통해 수사와 기소의 분리를 추진하는 것에 대하여 보수야당과 언론은 검찰의 집권세력 수사를 막으려는 것이라고 비난한다. 터무니없다. 여당은 1년 이상의 유예기간을 설정한 법안을 준비 중이다. 당장 통과되더라도 내년 대선 이후 새로운 정부에서 비로소 중대범죄수사청은 활동을 시작한다. 즉, 현재 진행되는 검찰수사에는 아무 영향을 미치지 못하는 것이다.

2021년 3월 LH 직원의 부동산투기 사건이 터지자 느닷없이 이미 법제화된 수사권조정을 비판하는 기사가 나오기 시작했다. 수사권조정으로 검찰이 부동산투기 수사를 못 하게 되었다는 것이다. 그러나 LH 직원의 부동산투기는 수사권조정과 무관하다. 또한 2020년 7월 20일 추미애 법무부장관은 기획부동산 및 부동산 전문 사모펀드 등 금융투기자본의 불법행위, 개발제한구역·농지 무허가 개발행위, 차명거래행위, 불법부동산 중개행위, 조세포탈 행위를 단속·수사하고 범죄수익까지 철저히 환수하라고 검찰에 지시했다. 제대로 된 언론이라면 검찰이 왜 이 지시에 따르지 않았는지 취재하고 비판했어야 한다.

수사권조정 이후에도 4급 이상의 공무원, 공공기관 임원급 이상, 3,000만 원 이상 뇌물 범죄 등의 '6대 중대 범죄' 요건에 해당하는 부동산투기는 검찰이 직접수사할 수 있다. 이에 해당하지 않는 부동산투기는 경찰 국가수사본부의 수사에 정보와 기법을 제공하는 등 유기적으로 협력하는 것이 검찰의 의무다.

'살아 있는 권력'이 된 검찰

나는 참여연대 사법감시센터 부소장과 소장으로 일하면서 공수처 도입 등 검찰개혁을 사회적 의제로 만드는 작업을 담당했다. 2019년 4월 22일, 더불어민주당, 바른미래당, 민주평화당, 정의당 원내대표는 공수처 설치법안과 검경수사권조정 법안을 패스트트랙에 올리기로 합의했다. 당시 바른미래당과 민주평화당은 법무부가 성안한 공수처법안에 반대하면서, 공수처에 기소권을 부여해서는 안 된다고 했다. 그래서 검사·판사·경무관급 이상 고위경찰 등 세 고위공직자군(群)의 범죄에 대해서만 기소권을 가지는 것으로 타협이 이루어졌다.

이 합의안은 그동안 학계와 시민사회단체가 요구했고, 문재인 대통령과 더불어민주당이 공약했고, 헌정사상 최초로 법무부가 제시했던 공수처의 권한과는 큰 차이가 있었다. 공수처 검사정원이 최대 25명으로 제한되면서 규모가 검찰의 순천지청 정도로 축소되어버렸다.

나는 미흡하나마 발족 자체가 중요하기에* 이러한 타협이 있더라도 공수처법안을 패스트트랙에 올려야 한다고 봤다. 문무일 검찰총장은 나와의 대화 자리에서 공수처가 아닌 법조인에 한해 수사권과 기소권을 갖는 가칭 '법조비리수사처' 신설을 거론한 적이 있다. 패스트트랙에 오른 공수처법안에서 이루어진 기소권 제한은 결과적으로 문 총장의 생각이 실현된 셈이었다.

한국 검찰은 '감시자'를 자처한다. 하지만 로마 시인 유베날리스의 말을 빌리면 "그 감시자는 누가 감시할 것인가?" 검찰의 기소 또는 불기소에 대해 사후적으로 법원이 통제할 수는 있다. 그러나 매우 부족하다. 공수처가 필요한 이유가 여기에 있다. 권력통제의 핵심은 권력분산과 상호견제다. 검찰개혁을 '검찰 힘 빼기'라

---

* 2019년 4월 22일 나는 페이스북에 다음과 같은 글을 올렸다. "민정수석으로서 나는 이 합의안에 찬동한다. '법학'은 '이론'의 체계이지만, '법률'은 '정치'의 산물이다. '이론'은 일관성과 정합성(整合性)을 생명으로 삼지만, '정치'는 투쟁과 타협을 본질로 삼는다. 수사·기소·재판 등 국가형벌권을 담당하는 고위공직자의 범죄에 대해 공수처가 수사 및 기소를 전담할 경우, 경찰·검찰·법원의 문제점은 크게 개선될 것이다. 온전한 공수처 실현을 내년 4월 총선 이후로 미루자는 의견도 있겠지만, 일단 첫 단추를 꿰고 첫걸음을 내딛는 것이 의미 있다고 생각한다."

고 비판하는 사람들이 있지만, '검찰 힘 빼기'는 시대의 요청이자 헌법의 요청이다. 수사권은 경찰과 나누고, 기소권은 공수처와 나눠야 한다. 특히 공수처는 검찰에 대한 엄격한 외부적 감시, 검찰 비리에 대한 엄정한 수사를 위해 반드시 필요하다.

"공수처는 누가 견제하느냐?"라는 어이없는 질문을 보수야당·언론·논객 등이 유포한다. 공수처 검사의 비리는 당연히 검찰이 수사한다. 검찰이 눈에 쌍심지를 켜고 공수처를 감시할 것이다. 보수언론은 공수처 흠집내기 취재를 벌일 것이다. 김학의 전 차관에 대한 출국금지 절차 위반 수사의 이첩과 재이첩 과정에서 검찰과 언론은 갓 출범한 공수처를 쉴 새 없이 몰아세우고 있지 않은가. 검찰과 보수언론은 합심해 공수처 발족에 반대했고, 발족되고 나니 무력화시키는 데 힘을 모으고 있다.

공수처가 없어도 '윤석열 검찰'처럼 '살아 있는 권력'을 수사하면 되는 것 아니냐고 말하는 사람도 있다. 이 주장 역시 심각한 오류가 있다. 앞서 언급하기도 했고 제8장에서도 상세히 보겠지만, '살아 있는 권력'에 대한 검찰수사는 정치적 중립성을 지킨 적이 없다. 검찰의 '살아 있는 권력' 수사 대상에는 검찰총장을 비롯한 내부 비리는 제외되거나 최소화되었다. '윤석열 검찰'도 예외가 아니었다. 현직에 있으면서 여론조사에서 야권 대권주자 1위에 오르고 있음에도 이름을 빼달라고 요청하지 않았던 검찰총장, 재임 중 논란이 많은 사건을 맡아 문재인 정부를 타격하는 수사를 지휘한 검찰총장이 벌인 '살아 있는 권력' 수사는 사실상 '정치적 수사'였다. 2020년 12월 31일 역사학자 전우용 선생은 페이스북에서 일갈했다.

"검찰이 '살아 있는 권력을 수사하는 중립적이고 정의로운 기관'이라고 생각하는 사람이 있습니다. 이제껏 검찰은 그런 기관이었던 적이 없습니다. 검사들 스스로 그런 기관으로 만들려고 노력한 흔적도 없습니다. '중립적이고 정의로운 기관'은 검찰의 과거와 현재가 아니라 미래입니다. 그런 미래를 만들려고 노력한 건 검사들이 아니라 시민들이었고, 앞으로도 그럴 수밖에 없습니다."

공수처는 독재국가에서도 찾기 어렵다는 더불어민주당 금태섭 전 의원 등의 엉뚱한 주장이 있으나, 이는 사실과 다르다. 2020년 12월 19일 KBS「시사직격」은 공수처와 유사한 해외기관을 소개했다. 아시아권의 경우 싱가포르의 '탐오조사국'(인원 82명), 홍콩의 '염정공서'(인원 1,400명), 타이완의 '염정서'(인원 240명) 등이 있고, 유럽권의 경우 영국의 '중대부패수사처'(인원 450명), 뉴질랜드의 '중대부패수사처'(인원 50명), 오스트리아의 '부패예방투쟁처'(인원 170명), 리투아니아의 '특별조사처'(인원 139명) 등이 있다.

2019년 12월 30일 공수처법이 국회 본회의를 통과하고 사무실 등 물적 준비는 갖추어졌으나 처장 인선은 야당의 지연 또는 방해 전술에 따라 이루어지지 못했다. 2020년 12월 여당은 야당의 거부권을 약화하는 개정안을 통과시켰다. 이에 대해 국민의힘은 물론 정의당 일각과 진보언론에서도 비판이 있었다. 수긍할 측면이 있다. 그러나 나는 『한겨레』 백기철 편집인의 평가에 동의한다.

"다만 이들의 소신이 사안의 선과 후, 주와 종, 역사적 소명 등을 종합적으로 고려한 것인지 회의적이다. 공수처법 개정안이 '부분이 전체를 훼손할 정도로' 그 취지와 설계에 문제가 있다고 생각지 않는다. 오히려 공수처법의 문제를 지적하는 주장들이 부분과 전체를 혼동하고 있는 것 아닌가. 모든 걸 한순간에 완벽하게 해결할 수는 없다. 한 걸음 나아간 뒤 문제가 있다면 고치고 보완해야 한다."[*]

노무현 대통령과 노회찬 의원도 기뻐했을 것이다

2020년 12월 12일 『중앙일보』는 노회찬 의원은 이 개정안에 동의하지 않았을 것이라는 기사를 내보냈다. 2016년 노회찬 의원이 발의한 공수처법안은 대법원장이 처장 후보 2인을 추천하고 대통령이 그중 1명을 지명하는 방식이라면서 말이다. 게다가 나를 공격하는 헤드라인 ─ "노회찬 공수처법과 전혀 다른데… 노회찬 기뻐할 거란 조국" ─ 을 뽑았다. 공수처를 지독히도 반대했던 언론이 이제 와서 노회찬 의원을 빌려 공수처법을 비난하다니 뻔뻔하다.

공수처가 제안된 후 여러 법안이 발의되었고, 각 법안의 공수처

---

[*] 백기철, 「'법 앞에 만 명만 평등하다'던 노회찬의 절규」, 『한겨레』(2020. 12. 14).

장 추천방식이 달랐던 것은 사실이다. 다수는 여야의 추천이 포함되도록 설계되어 있었다. 노회찬 의원이 살아계셨다면, 자신이 발의한 공수처장 추천방식과 다르다는 이유로 반대표를 던졌을까? 내가 아는 노회찬 의원은 찬성표를 던졌을 것이다. 노 의원이 발의한 공수처법안의 핵심은 "수사권과 기소권을 모두 갖는 공수처"에 있었다. 노 의원은 검찰의 기소독점을 깨야 한다는 의지가 분명했다. 2012년 이후 나는 노 의원의 후원회장을 맡았고, 공수처에 대해서 논의한 바 있다. 2016년 법안 발의 당시 노 의원의 말을 옮긴다.

"지금 현직 검사장이 120억 원이 넘는 뇌물을 받은 혐의로 긴급체포되어 구속되는 사상초유의 일이 벌어졌다. 전직 검찰 고위 간부가 15억 원이 넘는 세금을 탈세한 혐의로 기소되고, '몰래 변론' 등 전관예우 비리를 통해 수백억 원의 사건수임료를 벌어들였다는 의혹이 제기되고 있다. 우리 사회의 부정부패를 뿌리 뽑는 일을 해야 할 검찰이 자신들 내부에서 '부정부패 범죄자'들을 키우고, 배출하고 있는 광경을 국민들은 참담한 심정으로 바라보고 있다. 일각에서 공수처 설치가 검찰의 수사권을 약화시킨다는 우려가 있지만, 검찰의 수사권 약화보다 지금 더 필요한 것은 고위공직자들의 비리에 대한 제대로 된 수사다. 그리고 지금이야말로 하늘이 주신 '검찰개혁의 최적기'다. 공수처 설치를 통해 고위공직자 비리수사를 제도적으로 보장하는 것에

서부터 검찰개혁이 시작될 수 있다."

공수처 설립을 제안하고 추진했던 고 노무현 대통령, 고 노회찬 의원 등 거물 정치인들이 하늘에서 기뻐했으리라 믿는다. 시대적 과제를 실천하는 과정에서 부분적 흠결이 발생할 수는 있다. 그렇지만 이를 이유로 검찰개혁에 반대하는 것은 동의하기 어렵다.

2021년 1월 19일 김진욱 초대 공수처장 후보 인사청문회가 끝나고, 21일 김 처장이 문재인 대통령에게 임명장을 받았다. 공수처가 공식 출범한 것이다. 나의 일도 아닌데 감개무량했다. 피고인 신세이고 사람 만나는 것을 자제해야 해서, 벗이 보내준 독주를 꺼내 집에서 조용히 '혼술'했다. 술이 달았다.

그런데 공수처는 수사 1호 사건으로 조희연 서울교육감의 특별채용 건을 잡았다. 인력은 부족하고(현재 공수처 검사 13명 선발 상태) 공수처와 검찰의 대립은 격화되는 상황에서 정무적 부담을 줄이려는 선택인가. 검찰의 집요한 공격에 위축된 것은 아닌가. 검사 인원을 다 충원하고 조직을 정비한 후 공수처 설립의 핵심 이유인 금품·향응 수수, 증거조작, 증인회유 등 중대한 검사 비리 수사에도 박차를 가해주길 바란다.

마지막으로 주요 국가 검찰의 수사 및 기소 권한을 표로 만들면 다음과 같다. 수사권조정을 통해 수사권을 경찰과 분점하고 공수처 설치를 통해 기소권을 공수처와 나눔으로써 한국 검찰 권한은 겨우 한 단계 내려왔을 뿐이다.

주요 국가의 검찰 권한

	한국	일본	독일	미국	영국
수사권	○ (2019. 12. 이후 공수처 관할 범죄 및 경찰의 '1차적 수사종결권' 대상 범죄 제외)	○	○	×	×
경찰에 대한 수사지휘권	△ (2020. 1. 이후 '수사지휘' 단어 삭제, 그러나 경찰에 대해 보완수사, 재수사, 시정조치 요구 등의 권한 보유)	△	○	×	×
자체 수사 인력 보유	○	△	×	△	×
경찰조서보다 우월한 검찰조서의 증거능력	× (2022. 1. 이후)	×	×	×	×
검사의 영장청구권 헌법규정	○	×	×	×	×
기소독점주의	△ (2019. 12. 공수처법 제정 이후 검사·판사·경무관급 이상 고위경찰에 대해서만 공수처가 기소권 보유)	○	○	×	×
기소편의주의	○	○	× (기소재량이 없는 기소법정주의)	○	○
공소취소권	○	○	×	○	○

제4장

검찰과 언론의 표적 사냥

"수사가 아니라 사냥이 시작되었다.
수십 개의 칼날이 쑤시고 들어오는 느낌이었다.
가족의 살과 뼈가 베이고 끊기고 피가 튀는
모습을 두 눈 뜨고 보아야 하는 절통(切痛)이었다."

압수수색 100여 곳, 사냥감이 된 가족

2019년 8월 9일 법무부장관으로 지명된 후 나와 내 가족은 '무간지옥'(無間地獄)에 떨어졌다. 검찰은 내가 장관 후보로서 대국민 사과문을 발표한 이틀 후인 2019년 8월 27일 전격적으로 압수수색을 개시했다. 가족 구성원 전체를 대상으로 수사가 개시된 것이다. MBC 「PD수첩」은 약 70곳을 압수수색했다고 계산했는데, 동생과 동생의 친구·지인 등에 대한 압수수색이 빠져 있으므로 실제는 100회에 이를 것이다.

검찰은 9월 6일 인사청문회 당일 밤에는 정경심 교수를 전격 기소했다. 9월 16일에는 딸, 24일에는 아들에 대해 검찰 소환조사가 시작되었다. 10월 3일부터는 정 교수에 대한 검찰 소환조사가 시작되었고, 내가 장관직 사직을 발표한 10월 14일에도 정 교수는 조사를 받고 있었다. 동생에 대한 검찰 조사도 개시되면서, 동생의 친구와 지인들도 조사를 받았다. 동생에 대한 구속영장 신청은 10월 9일 실질심사에서 기각되었으나, 검찰의 영장 재청구 후 10월 31일 영장이 발부되어 동생은 구속되었다.

가족 인질극

2019년 9월 29일 유시민 노무현재단 이사장은 TBS '김어준의 뉴스공장'에 출연해 검찰수사를 비판했다.

"검사들이 조국 법무부장관 오는 거 싫어한다. 언론도 총단결

조국 장관 일가 압수수색 장소(8월 27일-9월 27일)

서울대 환경대학원	조국 장관 어머니 부산 자택 빌라
서울대 본부 장학복지과	동양대 정경심 교수 연구실
서울대 총동창회 산하 장학재단 사무실	동양대 교양학부 사무실
단국대 천안캠 교무처 연구팀	동양대 총무복지팀 사무실
단국대 천안캠 행정실	동양대 산학협력단
단국대 의과학연구소	한국국제협력단(코이카)
단국대 천안캠 장영표 교수실	서울대 연건캠 의과대(의전원) 행정실
단국대 죽전캠 정보기획팀	서울대 관악캠 전산원
고려대 인재개발처	한국투자증권 영등포PB센터
고려대 환경생태공학부	웰스씨엔티 최 대표 노원 자택
공주대 생명과학연구소 연구팀	조 장관 남동생 전처 조 모 씨 부산 자택
공주대 생명공학과 김광훈 교수 연구실	WFM 군산공장
양산 부산대병원(간호대1층 행정실)	IFM 인천사무실(익성 자회사)
부산대 양산캠 의전원	익성(자동차 부품업체) 충북 본사
부산대 대학본부 입학과	익성 충북 공장
부산대 대학본부 학생과	익성 충북 연구원
부산대 대학본부 학사과	익성 이 모 회장 자택
부산의료원 노환중 원장 사무실	익성 이 모 부회장 자택
부산의료원 행정실	IFM 본사
부산시청 건강정책과	IFM 김 모 전 대표 자택
부산시청 재정혁신담당관실	분당차병원
부산시청 공공기관평가팀	차의과학대 의전원(포천)
웰스씨엔티 역삼 본사	차의과학대 의전원(판교)
코링크프라이빗에쿼티	웅동학원 산하 웅동중학교
조국 처남 정 모 씨 일산 자택	웅동학원 관계자 자택
웅동학원(이사장실, 행정실)	조국 장관 자택
한영외고	아주대 법전원
경남도교육청(행정지원과)	충북대 법전원
한국자산관리공사(캠코)	이화여대 입학처
금융감독원 지분공시팀	연세대 정치외교학과 사무실
한국과학기술연구원(키스트)	연세대 대학원(입학처) 교학팀
국토부 도시경제과(스마트시티 관련)	금융감독원
오거돈 부산시장 집무실	:

©MBC 「PD수첩」

156

해서 마녀사냥하듯 하는데, 이 계기에 압수수색을 해 피의자 신분으로 전환될 수 있다는 암시를 줌으로써 조국이 스스로 물러나도록 만들어야 한다고 판단하고 압수수색을 심하게 한 것이다. '조국 네가 죄가 있는지는 잘 모르겠어. 그러나 네가 안 물러나면 가족이 다쳐'라는 사인을 준 거라고 본다. 악당들이 주인공을 제압 못 할 때 가장 흔히 쓰는 수법이 가족을 인질로 잡는 거다. 저질 스릴러로 국면 전환이 이뤄지고 있는 것이다."

『한겨레』 김종구 편집인은 개탄했다.

"조국 전 법무부장관에 대한 수사 결과는 가히 '멸문지화'라고 말할 수 있을 정도로 모질고도 혹독하다. 예전에 멸문지화는 대역죄를 저지른 죄인에 대한 형벌이었는데, '검찰개혁의 아이콘'이라는 것만으로도 검찰에는 대역죄였을까."[*]

수사의 궁극적 목표는 나였다. 검찰은 가족 전체에 대한 수사를 벌이면서 나를 압박했다. 일련의 상황을 겪으면서, 2013년 10월 21일 법사위 국정감사에서 당시 윤석열 여주지청장이 한 발언이 떠올랐다.

---

[*] 김종구, 「'멸문지화'의 법과 원칙」, 『한겨레』(2019. 11. 27).

"수사라고 하는 것이, 초기에 어떤 사태를 딱 장악해가지고, 어느 정도까지 갈 때는, 정말로 표범이 사냥하듯이 할 수밖에 없는 상황이고."

이 '사냥' 발언은 같은 날 윤석열 검사가 한 유명한 발언—"저는 조직을 대단히 사랑한다. 저는 사람에 충성하지 않는다"—에 가려 거의 주목받지 못했다. 윤 검사가 충성하는 대상은 '조직'이며, 그 조직은 당연히 검찰조직이었다. 내 가족에 대한 수사가 진행 중이던 2019년 9월 20일, 임은정 검사는 김수남 전 검찰총장 등 전·현직 검찰 고위 간부 네 명을 직무유기 혐의로 고발한 후 고발인 조사를 받기 위해 출석하면서 말했다.

"조국 수사는 사냥처럼 시작된 것이다. 검찰개혁의 동력이 될 것이다."

수사의 본질을 꿰뚫은 통찰이었고, 미래에 대한 정확한 예언이었다. 임 검사는 내가 장관직을 그만둔 2019년 10월 14일에도 페이스북에 글을 올렸다.

"타깃을 향해 신속하게 치고 들어가는 검찰권의 속도와 강도를 그 누가 견뎌낼 수 있을까요. 죽을 때까지 찌르니, 죽을 밖에요. 수사가 사냥이 되면, 검사가 사냥꾼과 몰이꾼이 되면, 수사가 얼

마나 위험해지는지를 더러 보아왔습니다만, 표창장 위조 혐의
에조차 사냥꾼들이 저렇게 풀리는 걸 보며 황당해하는 사람이
한둘이 아니겠지요."

사냥꾼의 칼과 올가미

한국 검사(檢事)들은 자신을 검사(劍士), 즉 '칼잡이'에 비유해
왔다. 나와 내 가족의 수사가 전개되었을 때는 수십 개의 칼날이
몸속으로 계속 쑤시고 들어오는 느낌이었다. 가족의 살과 뼈가 베
이고 끊기고 피가 튀는 모습을 두 눈 뜨고 보아야 하는 끔찍한 절
통(切痛)이었다.

조성식 전 『신동아』 기자는 말했다.

"한 번 사냥감을 찍으면 걸려들 때까지 계속 올가미를 던지는
것이 특수수사의 '전통'이다."*

'칼'과 함께 '올가미'가 몸을 죄어왔다. '사냥꾼'과 '몰이꾼'들
의 환호작약 소리가 들려왔다. 검사 출신 이연주 변호사는 생생
하게 평했다.

---

* 이소룡, 『나도 한때 공범이었다』(해요미디어, 2020), 23면.

"이것은 한 편의 잔인한 이야기다. '검찰이 조국 장관 동생 수술까지 방해한 건 너무했어. 제네바협약인지 뭔지에 의하면 전쟁 중에 적국의 포로도 치료해주기로 되어 있는데 이게 뭐냐'라는 친구의 말에 내가 답했다. '전쟁이면 서로 무기를 들고 싸우니 공평하기나 하지, 이건 사냥이니까. 언론은 몰이꾼 역할이고.' 사냥의 끝은 만찬이다. 아직 피가 도는 사슴의 부드러운 뿔은 잘라 녹혈을 마시고, 심장이 뛰는 곰의 배를 갈라 웅담을 꺼내야 한다. 검찰이 합심해서 똘똘 만 정경심 교수는 피할 도리가 있겠나."*

그렇다. '수사'가 아니라 가족 전체에 대한 '사냥'이 시작된 것이다. '똘똘 만다'는 피의자가 도저히 빠져나올 수 없도록 만든다는 뜻으로 검사들이 사용하는 속어다. 정 교수만이 아니라 내 가족 전체를 똘똘 말아놓으려 했다. 『한겨레』 이재성 기자는 검찰개혁을 추진하는 내가 검찰에게는 "호랑이 새끼 같은 존재"였다고 했지만,** 사냥이 시작된 후 나는 '먹잇감'에 불과했다.

사냥꾼 조직의 수장이 사냥감을 지목한 순간 절제는 없다. 특히 이 사냥감이 사냥꾼의 힘을 줄여야 한다고 주장하며 성가시게 한 존재라면 더욱 그렇다. 사냥을 위해 산과 들에 들어가면 몰이꾼은 징을 치면서 사냥감의 혼을 빼놓는다. 사냥감이 포착되더라도 바

* 이연주, 『내가 검찰을 떠난 이유』(포르체, 2020), 35-38면.
** 이재성, 「개와 늑대와 검찰의 시간」, 인권연대, 『발자국통신』(2019. 12. 26).

로 죽이지 않고 지칠 때까지 몰이를 한다. 사냥꾼의 즐거움 가운데 하나는 사냥감의 고통을 즐기는 것이기에 등에 화살 몇 개를 박아 넣은 뒤에도 천천히 포위망을 좁히며 쫓아간다. 사냥꾼은 사냥감을 잡기 위해서 수단과 방법을 가리지 않는다. 수컷이 안 잡히면 암컷을 잡고, 암컷이 잘 안 잡히면 새끼를 잡아 묶어 놓고 어미를 유인한다. 사냥감이 잡히면 생피를 마시고 살점을 나눠 먹고, 머리는 박제해서 벽에 걸고, 가죽은 벗겨서 바닥에 깔아 무공(武功)을 자랑한다.

초미세먼지떨이 수사

검찰수사가 전개되자 가족과 극소수의 친구·지인 외에는 소통이 단절되었다. 나에게 의심을 품었거나 실망했던 사람들이 연락을 하지 않음은 물론 나를 비난한다는 얘기가 들려왔다. 그렇지 않은 사람들도 혹시 연락했다가 무슨 봉변을 당할지 몰라 연락하지 못했다고 한다. 절해고도에 갇힌 것 같았다. 2019년 하반기 이후 오랫동안 막막한 고립 상태에서 하루하루를 헤쳐나가야 했다. 2020년 중반이 되어서야 선배·친구·지인들이 조심스럽게 연락해 위로해주기 시작했다.

'조국 불가론'의 핵심 근거였던 사모펀드 관계자는 말할 것도 없고, 각종 의혹과 관련된 사람들은 모두 소환되어 추궁받았다. 얼마나 많은 사람들이 소환 조사를 받았는지 가늠할 수가 없다. 딸과 아들의 고등학교 생활기록부에 적혀 있는 거의 모든 인턴·체험활동의 기관과 관계자들은 집중 수사 대상이 되었다. 교수·연구원·조교·행정직원 등이 모두 불려가 조사받았다. 다들 혼비백산했을 것이고, 나와 내 가족을 원망했을 것이다. 동생의 친구와 지인, 사업상 연락한 사람들도 검찰에 불려가 조사받았다. 나와 내 가족의 금융기록과 통신기록은 한 건 한 건 철저히 검색되었다. 나와 내 가족이 기소된 후 검찰이 이 기록을 조회했다는 통지문이 계속 우편함에 배달되었다. 내 계좌에 일정 금액 이상을 입금한 사람은 어김없이 조사를 받은 것으로 보인다. 예컨대, 집안 종손 형님은 선산 이전 과정에서 생긴 돈을 분배해 나의 몫을 송금했는데, 검찰은 이것까지 조사했다. 정 교수와 통화 기록이 있는 사람에게는 무슨 일로 통화했는지 확인 연락이 갔다.

이런 일을 겪으면서, 미국 법무부장관을 역임한 연방대법관 로버트 잭슨이 미국 연방검사협회 연설에서 했던 경고가 떠올랐다. "검사의 가장 위험한 힘"은 "검사 자신이 싫어하거나 자신을 곤란하게 만든 특정인을 선택하거나, 인기 없는 특정 집단을 선택한 다음, 그들의 범죄 혐의를 찾는 것"에 있다.* 이러한 상황이 전개되자, 2019년 9월 27일 검사 출신 박성수 송파구청장이 페이스북에 '나의 친구 조국에게'라는 제목으로 글을 올렸다.

"먼저 검찰조직에 몸담았던 사람으로서, 검찰개혁을 추진했

---

* Robert H. Jackson, "Federal Prosecutor," 24 *J. Am. Jud. Soc'y* 18(1940), 31 *J. Crim. L.* 3(1940).

던 사람으로서 미안한 마음을 전한다. 지금의 검찰은 여전히 수많은 문제를 안고 있다. 검찰이라는 울타리 안에서 편협하게 형성된 조직 중심의 빗나간 우국지정, 해방 후 견제받지 않고 비대화된 검찰의 강력한 권한이 만들어낸 검찰만능주의의 오만함, 전(前) 검사의 시각으로 보아도 지금의 검찰권 행사는 명백한 과잉·표적수사로서 정의롭지 못하다. 대통령의 인사권과 국회의 청문권을 무시한 월권적 검찰권 행사, 대대적이고 무차별적인 압수수색, 자녀를 포함해 사돈의 팔촌까지 가려는 듯한 먼지떨이식 수사와 별건수사 등은 역설적으로 검찰 스스로 개혁이 절실함을 입증하고 있다.”

박 구청장은 나의 대학 동기이자 마음과 뜻이 통하는 친구다. 그렇지만 검찰 출신 현직 구청장으로서 ‘친정’이나 다름없는 검찰과 선거구의 보수파 주민으로부터 비판이 예상되는데 이런 글을 쓰기는 쉽지 않았을 것이다. 친구야, 고맙다!

더불어민주당 최재성 전 의원은 나에 대한 검찰수사를 두고 “태평양보다 더 넓은 압수수색 그물”을 친 “초미세먼지떨이”라고 비판했다.

“이번 사건은 먼지떨이가 아니고 온 나라를 두 달 가까이 떠들썩하게 하는 완전히 초미세먼지떨이식 사건이다. 이번 조국 장관과 관련된 수사는 매우 이례적으로 조국 장관 임명은 안 된다는 과녁을 먼저 세워놓고 수사하고 있다. 유례없이 70군데를 압수수색하는 등 태평양보다 더 넓은 압수수색 그물을 쳐서 범죄를 만들어가는 수사다."*

제주한라대 김헌범 교수도 비판했다.

"엘리트 중에서도 엘리트라는 검찰 특수부가 대거 동원돼 가족과 주변 인사들을 가릴 것 없이 인지 및 표적수사, 먼지떨이 수사, 피의정보 흘리기 등 그동안 말로만 듣던 검찰만의 각종 검술 신공이 모조리 동원됐다. 자식들에 대해서는 입시 자료를, 부인에 대해서는 금융거래 자료를, 연로한 어머니와 남동생에 대해서는 학교법인 관련 서류를 샅샅이 뒤졌다. 그동안 '떡검' '스폰서 검사' 등 숱한 큼지막한 스캔들로 모범생의 오해를 벗은 검찰에게 '털어서 먼지 안 나오는 사람 없다'는 속담은 이번 수사의 철칙이 됐을 터."**

사실 먼지떨이식 수사는 검찰 특수부 수사의 오래된 폐해였다. 사냥꾼이 원래 노렸던 사냥감이 확인되지 않더라도, 사냥은 멈추

* 「[여의도 사사건건] 최재성 "조국 일가 검찰수사, 먼지떨이 아닌 초미세먼지떨이"」, KBS NEWS(2019. 10. 8).
** 김헌범, 「조국은 무엇을 위해 그렇게 울어야 했을까」, 『제주의 소리』(2019. 10. 22).

164

지 않는다. 사냥을 중단하는 것은 사냥꾼의 권위에 손상을 입히기 때문이다. 이럴 때 검찰은 나올 때까지 털고 또 턴다. '본건' 혐의가 확인되지 않으면 '별건' 혐의를 털고, 별건에서도 나오지 않으면 '별별건'으로 수사를 확대한다. 사냥감을 죽이지 못하더라도 회복할 수 없는 상처를 입힌다. 그런 후에 죽일 기회를 다시 찾는다.

검찰은 왜 그랬을까? '조국펀드'라고 확신하고 선전하면서 전직 민정수석이자 법무부장관 후보의 권력형 비리 수사라고 호언장담했는데 막상 '조국펀드'가 아님이 확인되자, 확전(擴戰)을 결정한 것이라고 추측한다. 뒤늦게 '유재수 사건'을 끄집어내어 나에 대해 구속영장을 청구한 것도,* 딸 장학금을 뇌물이라고 규정한 것도 어떻게든 '권력형 비리' 낙인을 찍기 위함이었다. 내가 민정수석으로 추진했고 법무부장관으로 추진할 검찰개혁을 무산시키기 위함이었다. "이런 범죄인이 무슨 검찰개혁이냐"라는 메시지를 전파하고 싶었던 것이다. 김헌범 교수는 일갈했다.

"좀 솔직해지자. 만사를 제쳐놓고 이 문제에만 집착하는 것은 조국이 검찰개혁을 이끄는 주역이었다는 사실 외에 뭐가 있겠는가. 조국이 아니라 그 누구라도 '우리를 건들면 이렇게 된다'는 좋은 본보기를 보여주는 방약무인의 오만함이 읽힌다."**

* '유재수 사건'에 대해서는 제7장에서 자세히 서술한다.
** 김헌범, 「조국은 무엇을 위해 그렇게 울어야 했을까」, 『제주의 소리』(2019.

『한겨레』손원제 논설위원도 비판했다.

" '조국 수사'는 역대급 수사 역량을 쏟아붓고도 전형적인 권력형 비리라 할 중대 혐의는 아직까지 내놓지 못해 '먼지떨이' 수사라는 비판을 받는다. 과도한 검찰수사가 청와대와 조국 전 법무부장관의 검찰개혁 드라이브에 대한 반발과 관련 있지 않겠느냐는 건 합리적 의심이다."*

인디언 기우제 수사

이러한 먼지떨이식 수사 행태와 관련해, 2019년 말 '인디언 기우제(祈雨祭) 수사'라는 말이 회자되었다. 유시민 노무현재단 이사장이 처음 말했던 것으로 기억한다. 2019년 12월 3일 유 이사장은 유튜브 '유시민의 알릴레오'에서 조국 수사는 '인디언 기우제'라고 비판했다. 이 방송에 출연한 황운하 대전지방경찰청장도 "검찰이 수사 만능주의가 되는 것 같아서 위험하다. 수사는 최소한으로 해야 하고 절제된 방식으로 해야 한다. 지금 검찰의 수사는 인디언 기우제 수사다. 뭐가 나올 때까지 수사한다"라고 동감했다.

인디언 기우제 수사란 아메리카 원주민들이 비가 올 때까지 포기하지 않고 기우제를 지내 결국 비가 오는 날을 맞이한다는 이야기에 검찰수사를 빗댄 말이다. 무엇인가 나올 때까지 계속 수사를

10. 22).
* 손원제, 「윤석열의 원칙, 한동훈 앞에선 왜 무너지나」, 『한겨레』(2020. 6. 23).

진행한다고 꼬집은 것이다.

나에 대한 기소가 이루어진 후 2019년 12월 31일, 『시사인』고 제규 편집장이 페이스북에 글을 올렸다.

"윤석열 검찰이 조국 전 장관을 허위작성공문서 행사, 업무방해, 뇌물수수 등 모두 12개 혐의로 불구속기소했다. 8월 27일 강제 수사에 들어간 지 126일 만에, 100명이 넘는 수사진을 투입한 결과다. 이명박 전 대통령 수사(88일)를 넘어 박근혜 전 대통령 수사(151일)에 버금가는 기간이고 수사진 규모다.

과연 이 사안이 '인디언 기우제'를 벌이듯 혐의가 나올 때까지 장기간에 걸쳐 대규모 인력을 투입할 만한 수사였나? 근본적으로 특수부가 맡아야 하는 권력형 비리의 인지수사인가? 환부만 도려낸 수사였나? 모두가 알듯이 오장육부까지 다 파헤쳤다. 정경심 교수 조사로 안 되니 아들에 딸에 사돈의 팔촌까지 뒤지다시피 했다. 유재수 사건, 울산 사건 등 별건수사와 별건의 별건수사까지, 곁가지를 치는 수준을 넘어 옆 나뭇가지까지 수사를 펼쳤다.

수사가 길어질수록 검찰의 목적은 눈에 보였다. 조국 구속. 결과는? 돌팔이 수준의 수사라는 걸 누구보다 검사들이 가장 잘 알 것이다. 100여 명이 투입되어 126일을 수사하고, 수사 타깃이었던 조국 전 장관을 구속조차 못 시켰다. 검찰로서도 수치라고 평가할 것이다."

검찰은 아마도 "혐의가 나와서 수사했을 뿐이다. 더도 덜도 아니다"라는 뻔한 답을 준비해놓고 있을 것이다. 먼지떨이 수사, 인디언 기우제 수사의 법률적 표현은 '별건수사'다. 검찰은 별건수사의 폐해와 남용을 조사하고 이에 대한 반성을 한 적이 없다. 별건수사는 피의자를 어떤 범죄로든 처벌받도록 하기 위해 원래의 목표였던 '본건' 범죄에 대한 증거가 없거나 미미할 경우 피의자나 그 가족·친구·지인의 별건 혐의에 대해 끝도 없이 파헤치는 것이다. 이러한 상황에 놓이면 피의자는 본건에 대해서 협조해야겠다는 심정이 들어서 없는 죄도 털어놓고, 하지 않은 일도 했다고 말하게 된다. 검찰 조직 내에서는 별건수사를 잘해서 자백을 받아내는 검사가 유능하다고 인정받았다. 별건수사의 폐해는 검찰총장이 직접 지휘하거나 특별한 관심을 갖는 사건에서는 더욱 심해졌다.

나와 내 가족에 대한 별건수사는 아마도 규모와 범위에서 역대 최악의 별건수사였을 것이다. 『시사인』 고제규 편집장이 "오장육부까지 다 파헤쳤다" "옆 나뭇가지까지 쳤다" 등의 표현을 쓴 이유는 그런 평가 때문일 것이다.

칼은 찌르되 비틀지 마라

수사가 진행되는 동안 『예기』(禮記)의 한 구절 "사가살 불가욕" (士可殺 不可辱), 즉 "선비는 죽일 수 있으되 욕보일 수는 없다"를 떠올린 순간이 많았다. 심재륜 전 서울고검장의 유명한 말 '수사

십결'(搜査十訣) 중 "칼은 찌르되 비틀지 마라" "수사하다 곁가지를 치지 마라" 등이 있지만, 정반대로 진행되었다는 느낌은 나의 주관적 평가만은 아닐 것이다.

별건수사에 시달리는 피의자는 극도의 정신적 고통 속에서 자살을 선택하는 경우가 많다. 몇몇 사례만 보자. 2015년 4월 해외자원개발 비리로 수사받던 성완종 경남기업 회장은 검찰이 아내와 아들을 털자 자살했다. 성 회장은 자살하기 며칠 전 『경향신문』 인터뷰에서 토로했다.

"이렇게 하면 안 됩니다. 이번에 검찰 조사도 아니 자원이 없으면 그만둬야지. 마누라, 아들, 오만 생긴 것 다 해가지고. 다 뒤집어서 뭘 어떻게 하겠다는 거예요. 다 가져가서 해봐도 없으니까, 가족까지 다 뒤져서. 이념을 달리하는 사상범도, 아주 요즘 무슨 뭐뭐 마약이나 폭력범도 그렇게 안 하잖아요. 이건 마약이나 폭력범보다 더 나쁜 행위를 지금 전방위로 이렇게 하고 있고. 언론에 띄우고."*

2019년 12월 청와대 특별감찰반원 백재영 수사관은 '울산 사건'에서 하명수사 첩보 보고서를 작성했다는 엉터리 혐의로 수사

---

* 「[성완종 단독 인터뷰 녹음파일 전문](4) "청와대·이완구, 짝짜꿍해서… 반기문 의식해 그렇게 나와"」, 『경향신문』(2015. 4. 15).

를 받던 도중 자살했다.* 백 수사관이 윤석열 검찰총장 앞으로 남긴 유서의 문구, "우리 가족에 대한 배려를 바란다"는 무슨 의미였을까. 그는 검찰 조사실에서 어떤 추궁을 당했을까. 성완종 · 백재영 두 사람이 비극적 선택을 하기 직전 말하고 싶었던 것은 바로 다음과 같은 절규였을 것이다.

"가족은 건드리지 마라!"

2020년 12월 더불어민주당 이낙연 대표실 부실장은 선거 사무실 복합기 임차료를 지원받은 혐의로 고발되었는데, 검찰은 '옵티머스 자산 사기 사건'과의 연관을 추궁했고 이후 이분은 자살했다. 어떤 압박을 받았던 것일까. 과거 권위주의 체제에서는 고문이나 폭행으로 많은 피의자가 죽었다. 이제 그런 악습은 사라졌지만, 대신 별건수사의 남용으로 피의자가 죽는 일은 끊이지 않고 있다.

2021년 3월 24일 조남관 검찰총장 직무대행(대검 차장, 현 법무연수원장)은 '검찰의 직접수사 과정에서 발견된 별건범죄 수사단서 처리에 관한 지침'을 시행한다고 밝히면서, "국민적 비판이 많이 제기된 별건범죄 수사를 극히 제한된 범위에서만 허용하고, 허용하는 경우에도 수사 주체를 분리하겠다"라고 말했다. 이 지침은 별건범죄를 검사가 직접수사 중인 사건(본건)의 피의자가 범한 다

* 이에 대해서는 제8장에서 상술한다.

른 범죄, 피의자의 배우자와 직계존비속이 범한 범죄, 피의자 운영 법인의 임원이 범한 범죄 등으로 정의하고 있다. 별건범죄에 대해 수사를 개시하려면 소속청 인권보호담당관의 점검 및 검사장 승인 후 검찰총장의 보고와 승인이 있어야 한다.

이러한 지침은 별건수사의 남용을 통제하려는 최초의 시도라는 점에서 긍정적이다. 그런데 검찰은 이러한 변화를 발표하기 전에 그동안 검찰이 했던 별건수사의 악례(惡例)를 공개하고 반성해야 하지 않을까. 위 지침이 정의한 별건범죄의 정의에 따르면 나와 내 가족에 대한 수사는 전형적인 별건수사다. 이 지침 발표 이전에도 각 청에는 인권보호담당관이 있었는데, 이들은 무엇을 하고 있었는가. 별건수사에 제동을 걸 생각조차 하지 않았을 것이다. 인권보호담당관이 아니라 감찰부가 점검을 해야 하지 않을까. 이 지침에 따르면 검찰총장의 승인이 있으면 별건수사도 가능하다. 검찰총장이 ─ 정치적 목적 또는 개인적 야심을 가지고 ─ 수사 개시를 결정하고 주도하는 별건수사에 대한 통제는 어떻게 해야 하는지답이 없다. 이 승인의 기한 규정이 없기에 별건을 얼마든지 쥐고 있다가 수사를 전개할 수 있다.

길 잃은 검찰의 선택적 정의

2019년 하반기 이후 나와 내 가족에 대한 검찰수사를 비판하는데 가장 많이 사용되었던 개념은 '선택적 수사' '선택적 기소' '선택적 정의'였을 것이다. 선택적 정의(selective justice) 개념은 서구권에서는 넓게 사용되고 있고 나라별 상황에 대한 연구도 진행되어왔지만, 우리나라에서 이 개념을 처음으로 사용한 사람은 『서울신문』 박록삼 논설위원으로 기억한다. 박 위원은 「길 잃은 검찰의 '선택적 정의'」라는 칼럼에서 주장했다.

"조 장관도 문제지만, '길 잃은 검찰'은 더 큰 문제다. 여야에 치우치지 않도록 고루 형평성을 지키며 기소권·수사권을 행사해야 할 것이다. 앞으로 인사청문회나 선거를 앞두고 정당 등에서 정쟁 목적으로 비위 사실을 고발할 경우 예외 없이 검찰은 수사에 나서야 한다. 그것도 최소 수십 명에 달하는 검사들이 나서서 50여 곳에 대해 전방위적인 압수수색을 해야 할 것이다. 멀리 갈 것도 없다. 국회선진화법을 위반한 의원들에 대해서도 긴급 체포해 전격적인 수사를 하고, 조 장관 사례와 거의 흡사한 자유한국당 나경원 원내대표 고발 건에 대해서도 동일한 무게로 수사해야 한다."*

검찰개혁을 둘러싸고 정치적 긴장이 형성되어 충돌이 발생하는 국면에서 보수야당은 검찰개혁을 막아주는 정치적 우군이기에 이들의 비리에 대한 신속하고 강력한 수사는 이루어지지 않는다. 증거가 드러나 수사가 불가피한 경우를 제외하고는 총력집중 수사

---

* 박록삼, 「길 잃은 검찰의 '선택적 정의'」, 『서울신문』(2019. 9. 19).

대상에서 제외된다. 검찰의 행동준칙은 '친검(親檢) 무죄, 반검(反檢) 유죄'다.

열린민주당 최강욱 대표의 내 아들 인턴증명서 발급 건과 나경원 전 의원의 딸 대학성적 대폭 상향 정정 사건에 대한 검찰의 태도 차이를 보자. 나 전 의원의 딸 대학성적이 D^0에서 A^+로 수정되는 등 10회 대폭 상향 정정되었는데, 검찰은 이것을 '강사의 재량'이라고 보고 불기소결정을 내렸다. 다른 장애학생들의 성적은 2.3단계 상승에 그친 반면, 나 전 의원 딸의 성적은 5.1단계 상승했다.[*] 만약 내 딸의 성적이 이렇게 수정되었다면, 검찰은 어떤 행동을 했을지 생각해보지 않을 수 없다.

2021년 3월 홍익대 미대 김승연 명예교수는 유튜브 '열린공감 TV'와 TBS '김어준의 뉴스공장' 등에 출연해, 국민의힘 부산시장 후보 박형준 씨 부인이 홍익대 미대 입시 실기시험 후 딸과 함께 찾아와 잘 봐달라고 부탁했고, 그 청탁 후 대학 교무과 직원이 채점장에서 어느 것이 박 후보 딸의 실기작품인지 알려주었으며, "30점 이상 주기 어려운 실력이었지만 옆에 있던 교수의 지시로 80여 점을 줬다"라고 증언했다. 또 2009년 검찰이 이 사건을 수사하다가 갑자기 중단한 배경에 당시 청와대 정무수석이었던 박 후보의 입김이 작용했을 가능성이 있다고 했다. 이 사건이 향후 어떻게 처리되는지 주목하고자 한다.

---

[*] 윤근혁, 「[단독] '나경원 딸' 학점만 급상승… 다른 장애학생보다 두 배 이상」, 『오마이뉴스』(2021. 4. 28).

제3장에서 살펴본 검찰의 제 식구 감싸기에 대한 여덟 가지 대표적 사례에서 알 수 있듯이, 검찰 내부 비리 수사는 검찰개혁의 필요성을 부각할 것이기에 검찰은 이를 덮거나 축소한다. 검찰총장의 가족 비리 수사는 조직 수장의 위상과 권위를 훼손할 우려가 있기에 방치하거나 지연시킨다.

『오마이뉴스』 강인규 기자는 검찰의 수사와 기소가 검찰 조직 내부자와 검찰개혁론자에게는 다르게 작용된다고 비판했다.

"문제는 검찰이 모든 수사를 '표범이 사냥하듯' 하지 않는다는 데 있다. 자신들의 안위를 건드리지 않고 작은 편익이라도 제공하면, 죽은 권력 앞에서조차 배를 내밀고 뒹구는 '강아지'가 되기도 하고('떡검'과 '스폰서검'), 내부 범죄에 대해서는 한없이 느리고 게으른 '나무늘보'가 된다. 이는 검찰이 극악무도한 내부 범죄에 얼마나 한심하게 대처해왔는지 보면 명백히 드러난다. 검찰은 오직 자신들의 조직을 개혁의 대상으로 삼는 외부자에 대해서만 유독 표독스러운 맹수가 된다."[*]

검찰총장의 측근과 가족 수사

『한겨레』 김이택 논설위원은 윤석열 총장의 부인 김건희 씨 관련 의혹, 윤 총장 인사청문회에서 나왔던 윤 총장과 그의 측근인

* 강인규, 「'윤석열 검찰'의 모순, 남의 악이 자신의 선은 아니다」, 『오마이뉴스』(2019.9.30).

윤대진 검사장의 친형 사이의 유착 의혹 등에 대한 수사와의 형평성을 거론하며 비판했다.

"특수부 검사 수십 명이 투입됐지만 (조국의) 사모펀드 사건에서도 '권력형 비리'는 잘 안 보인다. 대신 표창장 진위, 노트북 실종 따위가 대중의 관심거리로 던져졌다. 바꿔 생각해보자. 경우는 다르지만 '검찰총장 후보자 윤석열'의 국회청문회에서 논란이 된 『뉴스타파』 녹취 사건이나 가족들의 주식 등 금융거래를 파헤치겠다며 특수부 검사(혹은 공수처 검사) 수십 명이 달려들었다면? 그래서 취임 뒤까지 두 달여 아내 사업체, 녹취록 속 검사·변호사 사무실, 총장 집까지 탈탈 털었다면?"*

'소윤'(小尹)이라 불리는 윤대진 검사장의 친형 윤우진 전 용산세무서장은 2012년 2월 뇌물수수 혐의로 서울경찰청 광역수사대의 수사를 받던 도중 2012년 8월 해외로 도피해 몇 개국을 떠돌다가 인터폴에 의해 강제송환된다. 그런데 윤 서장은 검찰에서 무혐의처분을 받는다. 이 과정에서 윤 서장이 육류업자와 함께 골프를 했던 골프장에 대한 압수수색 영장을 경찰이 여섯 차례 신청했으나 검찰은 모두 기각했다. 윤 총장 인사청문회에서 윤 총장이 대검중수부 후배 이남석 변호사를 윤 서장에게 소개한 사실을 부인했

* 김이택, 「이제는 '윤석열의 시간'」, 『한겨레』(2019. 10. 15).

지만 거짓말로 드러났다.*

윤 총장 가족에 대한 사안은 더욱 심각하다. 2013년 경찰은 윤 총장의 부인 김건희 씨가 도이치모터스의 자회사인 도이치파이낸셜의 전환사채를 시세보다 현저히 싼 가격에 매입하는 등 '도이치모터스 주가조작 사건'에 연루된 혐의에 대해 내사를 벌였다.** 2020년 4월 열린민주당 최강욱 대표와 열린민주당 황희석 최고위원은 김건희 씨를 주가조작혐의로 검찰에 고발했다. 2019년 6월 김 씨가 운영하는 코바나콘텐츠는 '야수파 걸작전' 전시회를 진행했는데, 원래 4곳이었던 협찬사가 윤 지검장이 검찰총장으로 지명된 후 16곳으로 늘었다. 그중 협찬금이 주최사인 언론사를 거쳐 코바나콘텐츠로 전달되었다는 혐의에 대해 고발이 이루어졌다.*** 이상 두 사건에서 검찰이 의지와 열정을 갖고 수사하고 있는지는 확인되지 않는다.

윤석열 총장의 장모 최 씨와 자녀들은 경기도 양평군 아파트 시행 사업을 하는 과정에서 가족회사인 부동산개발회사 이에스아이엔디를 설립한 이후 한 달 동안 임야 수천 평과 농지를 잇달아 사

---

* 한상진, 「윤석열 2012년 녹음파일… "내가 변호사 소개했다"」, 『뉴스타파』(2019. 7. 8); 손현성, 「[단독] 변호사 선임도 사실로… 윤석열 '두 번의 위증' 논란」, 『서울신문』(2019. 7. 9).

** 심인보, 「윤석열 아내 김건희·도이치모터스 권오수의 수상한 10년 거래」, 『뉴스타파』(2020. 2. 17).

*** 김형원, 「윤석열 검찰총장 지명 직전, 아내 전시회 협찬사 4배로」, 『조선일보』(2019. 7. 5); 양소연, 「[단독] 윤석열 부인 회사로 되돌아간 돈… '우회 협찬' 의혹 수사」, 『MBC』(2020. 12. 14).

들였다. 최 씨는 공시지가가 최소 2배 이상 오른 땅을 매입가격 그대로 자녀들이 주주로 있던 가족회사에 팔아 편법증여를 했다는 의혹이 제기되었다.* 이 혐의 이전에 윤 총장의 장모 최 씨가 부동산 경매 과정에서의 은행잔고 증명서를 위조한 혐의와 불법으로 의료재단과 요양병원을 설립해 20억 원대 부당 요양급여를 타낸 혐의에 대해 피해자의 고발과 폭로가 있었음에도 검찰은 오랫동안 어떠한 조치도 취하지 않았다. 이후 사회적 관심이 집중되자 비로소 검찰은 최 씨를 기소했다. 새롭게 제기된 부동산투기 혐의에 대해서 검찰이 어떠한 행동을 취할지 주목하고자 한다.

검찰의 '선택적 정의'는 ① 누구를 수사할 것인지 말 것인지, ② 수사하기로 한 경우 어느 부서에서 얼마만큼의 인력으로 수사할 것인지, ③ 언제 수사를 개시할 것인지, 어느 범위에서 수사를 할 것인지 그리고 언제까지 수사를 전개할 것인지, ④ 수사 종료 후 기소를 할 것인지 말 것인지 등 단계마다 작동한다. 이 네 단계의 선택이 공정하지 않고 편향되어 있다면 정의는 없다. 강남순 텍사스 크리스천 대학교 브라이트 신학대학원 교수는 일갈한다.

"전(前) 법무부장관 가족의 일기장까지 파헤쳐 한 달에 100만 건이 넘는 기사를 언론에 흘리며 한 가족의 사회정치적 생명을 파괴하면서까지 '정의와 상식'을 실천하고자 한 검찰은, 그보다

* 이준희, 「[단독] 아파트 지어 100억 수익 낸 윤석열 장모 '농지법 위반' 투기 의혹」, 『한겨레』(2021. 4. 5).

비교할 수 없을 만큼의 심각한 사건들에 대해서는 눈감고 있다. 위증을 연습시키며 증인을 매수해 전 국무총리(한명숙)의 사회 정치적 생명을 파괴하는 일도 정의의 이름으로 자행되었다. 검사들이 룸살롱에서 받은 접대를 '96만 원 접대'로 만들고, 전 검찰총장의 가족이 수십 억의 허위증명서를 발급하고, 또는 땅 투기를 해서 100억 원의 이익을 챙겨도 이러한 '자기 식구'들 사건에는 관대하다. 그런데 기억할 것이 있다. 정의는 '누구에게나' '어느 사건에나' 공평하고 동일한 방식으로 적용되어야 그 진정성을 확보한다는 것이다. 취사 선택적 정의 적용은, 정의의 이름을 빌린 '불의'일 뿐이다."*

윤석열 총장은 검찰을 '사냥하는 표범'에 비유했다. 표범은 같은 '표범'과 '가족'의 비리는 최대한 사냥하지 않고, 불가피하게 해야 하면 최소 수준에서 그친다. 반면 표범의 '적'에 대해서는 신속하고 집요하고 잔혹하게 사냥한다. 일찍이 루돌프 예링은 "저울 없는 칼은 폭력"이라고 정의했다. 만약 '저울'과 '칼'을 든 권력이 저울을 자의적으로 설정하고 칼을 선택적으로 휘두른다면 그 칼은 단순한 '폭력'이 된다.

* 강남순, 「세 차원의 생명, 보호 책임을 지닌 이들」, 『중앙일보』(2021. 3. 25).

폭풍처럼 휘몰아친 검찰발 기사들

내가 법무부장관 후보로 지명된 직후부터 벌어진 검찰·언론·보수야당의 공세 앞에서 나와 내 가족은 모두 '괴물'이 되었다. 이범우 선생은 『희생양 박해와 서초동 십자가』에서 같은 취지로 분석했다.

"박해자들은 희생양을 희생시킬 만한 괴물로 변화시킨다. 조국 사건에서 박해자들은 조국과 그 가족의 인생을 분쇄기에 넣어서 해체한 후, 그 파편화된 정보로 괴물을 창조해냈다."*

나와 내 가족은 괴물로 낙인찍힌 후 발가벗겨진 채 조리돌림을 받고 멍석말이를 당했다. 조리돌림이 무엇이던가. 조선 시대 죄인으로 지목된 사람의 등에 북을 매달아 농악대를 앞세우고 마을을 돌게 하는 사회적 제재다. 멍석말이란 또 무엇이던가. 죄인으로 지목된 사람을 멍석에 말아놓고 물을 뿌려가면서 사람들이 무차별적으로 몽둥이로 매질하는 사회적 제재다.

당시 나는 매일매일 또 무슨 기사가 실리는지 아침부터 밤까지 걱정해야 했다. 기사 하나하나가 몸에 박히는 표창(鏢槍) 같았다. 경희대 김민웅 교수의 비판처럼, 언론은 "단두대를 자처"하며 "자신의 기획으로 이루어질 결과를 예상하고 흐뭇한 표정으로 감옥

* 이범우, 『희생양 박해와 서초동 십자가』(동연, 2020), 240~241면.

의 자물쇠를 만지작거리고" 있었다.* 제기되는 의혹 가운데 중요한 것에 대해서는 인사청문회 준비단을 통해 해명문을 냈지만, 융단폭격처럼 퍼부어지는 뉴스에 압도되어 전혀 효과가 없었다. 해일처럼 밀려오는 의혹 제기를 감당할 수 없는 지경이었다. 인사청문회 준비단 구성원들도 정신이 없었을 것이다.

나는 인사청문회 준비단 사무실에 출근해 있는 시간은 물론, 귀가 후에도 의혹을 확인하려는 여당 정치인이나 지인들과 소통하고 의논해야 했기에 쉴 틈이 없었다. 가족들도 반쯤 넋이 빠진 상태였다. 장관 임명 후도 마찬가지였다.

심신이 지쳐갈 때 다시 힘을 낼 수 있었던 것은 온오프라인에서 시민들이 보내준 응원 덕분이었다. 전상훈 '시민나팔부대' 대표가 2019년 8월 6일부터 9월 5일 기간에 기사 건수를 조사해 SNS에 올린 '조국 뉴우스'를 나중에 보았다. 당시에는 이 정도로 보도를 많이 했는지 인식하지 못했다. 이후 많은 기사가 삭제되어 건수는 줄었다고 한다.

오슬로 대학의 박노자 교수는 2021년 5월 7일 페이스북에서 비판적으로 회고했다.

"재작년 연말에 이미 누적된 '조국 기사량'은 100만 건 정도였습니다. 최순실 관련 기사량의 10배나 된 거죠. '국정농단'도

* 김민웅, 「단두대가 된 언론, 그 언론의 머리가 된 검찰」, 『프레시안』(2019. 9. 18).

조국 뉴우스(2019. 8. 6 - 9. 5 네이버 뉴스 검색)	
총 1,305,564건 (1일 평균 42,114건) 청문회 916,214건 문재인 714,881건	
나경원 14,757건 황교안 10,504건 윤석열 4,129건	수출규제 129,538건 불매운동 15,695건 지소미아 14,455건

ⓒ전상훈

아니고 그저 한 가정의 문제임에도 보수·극우 언론들의 과다한 왜곡·편파 보도는 거의 '테러' 수준이었습니다. 본인과 특히 가족들이 감당해야 하는 그 '부담'을 생각하면 절로 '동감'을 하게 됩니다. '문제에 대한 지적'을 당연히 할 수 있고 해야 하지만, '조국 대전' 국면에서의 '융단 폭격식' 언론 보도들은 인권 침해적 요소들이 대단히 심각했습니다. 이 조리돌림은 한국 언론사의 수치스러운 기억이 될 겁니다."

이런 엄청난 양의 보도는 어떻게 가능했을까. 정연주 KBS 전 사장은 비판했다.

"검찰의 시각, 검찰의 주장, 검찰의 프레임에 갇힌 검찰발 기사들이 폭풍처럼 휘몰아쳤다. 확인되지 않은 일방적 검찰 기사들이 '단독' '속보'의 이름을 내걸고 홍수를 이뤘다. 단군 이래 가장 많은 양의 기사가 최단시간에 쏟아져 나왔다는 비아냥도 있었다."*

이광수 부산외대 교수는 검찰과 언론의 관계를 묘사했다.

"검찰은 공식적으로 수사가 개시되면 미리 준비해놓은 작은 건수들을 모아 검찰 출입 기자 누군가에게 던져준다. 그러면 그는 '단독'이라고 보도한다. 그리고 그 '단독' 기사를 모든 언론이 다 따라 쓴다. 얼마간 있다가 다른 검찰 출입 기자에게 다른 자료를 준다. 이런 식으로 몇 개의 '단독'을 몇 개의 언론이 돌아가면서 터뜨리고 나면 한국당이 조국 장관 지명 철회를 요구한다. 의혹은 검찰이 일방적으로 만들고, 언론이 보도함으로써 그 의혹의 근거가 된다. 한국당은 마침내 조국 가족을 검찰에 고발하고 그러자 언론은 마치 그것이 범죄가 확정된 것으로 과장해 보도한다. 이어서 검찰은 전격적으로 조국 가족에 대한 수사에 착수하고, 그 수사 정보를 언론에 흘린다. 기자들의 손끝에서 조국과 그 가족은 파렴치한, 위선자로 절대 용서할 수 없는 범법자로 전락한다."**

---

* 정연주, 「'조국 멸문지화'의 사건, 하나도 달라진 게 없다」, 『오마이뉴스』 (2020. 5. 13).
** 이광수, 『악마와 싸워서 이기는 정치』(진인진, 2020), 38면.

조성식 전 『신동아』 기자가 사용한 개념을 빌리면, "검찰이 흘리고 언론이 받아 키우며 검찰이 힘을 받는, 이른바 '검·언·검' 3단계 순환형 검언유착 패턴"이었다. "여기에 정치권이 가세하면 '검·언·정·언·검' 5단계 패턴"이 작동한 것이다.*

나와 내 가족에 대한 공격적 보도는 보수언론과 진보언론의 구별이 없었다. 보수언론은 '적'이라고 보았기에 공격했을 것이고, 진보언론은 '실망'했기에 공격했을 것이다. 『한겨레』 이재성 기자는 일갈했다.

"왜 언론은 보수인사들의 부정과 비리에 이토록 관대한가. 왜 진보인사는 배우자와 자녀는 물론, 사돈의 팔촌까지 털려가며 조리돌림을 당하는가. 언론들이 보도 경쟁을 하며 전국적인 사안이 되는 경우는 보수언론과 진보언론 가릴 것 없이 다 함께 뛰어들 때다. 그런데 보수언론은 진영논리라는 개념조차 없어서 보수인사의 부정비리에는 쉽게 눈감고, 진보인사의 부정비리에는 사력을 다해 달려든다. 진보언론은 진보인사의 부정비리를 보수인사의 그것과 똑같이 대해야 한다고 생각한다. 결과적으로 진보인사의 부정비리는 보수언론과 진보언론이 합세해 금세 전국적 사안이 되지만, 보수인사의 그것은 묻혀버린다. 족보를 뒤지는 연좌제 성격의 추국형(推鞫型) 보도는 보수언론의

---

* 이소룡, 『나도 한때 공범이었다』(해요미디어, 2020), 35면.

전매특허이므로 보수인사에게는 적용될 일이 없다. 보수언론의 파렴치와 진보언론의 염치가 언론 보도 불균형의 주요 원인이다. 뻔뻔한 보수보다는 부끄러워할 줄 아는 진보가 때렸을 때의 타격 효능감도 더 클 것이다."*

가짜 뉴스와 허위사실 보도에 대한 법적 책임

앞에서 정리한 언론의 의혹 보도를 접하면서 언론의 자유, 기자의 역할에 대해 생각했다. 법무부장관 후보는 '권력자'이고 '권력자'에 대한 의혹을 취재하고 비판하는 것은 언론의 자유다. 사후적으로 오류가 확인되었더라도, 기자가 보도하는 시점에 진지한 사실 확인 노력을 했고 그것을 사실이라고 믿었다면 법적 책임을 묻지 않아야 한다.

그러나 한국 언론은 OECD 국가 최고 수준의 자유를 누리면서도, 사실확인 의무를 방기하고 자신들이 반대하는 정치권력에 대한 저주와 매도에 몰입하면서 '사실상의 정치활동'을 벌여왔다. 그러면서 자사 사주 비리에 대한 취재와 보도를 했다는 것은 들어본 적이 없다. 2020년 12월 31일 『뉴스타파』 제작 영화 「족벌: 두 신문 이야기」는 '앞잡이' '밤의 대통령' '악의 축'이라는 소제목을 붙인 3개 파트로 구성되어 있는데, 이 소제목은 한국 언론의 현실을 보여준다. 제2장에서 정리했던 나를 둘러싼 의혹의 경우 보도

---

* 이재성, 「#그런데 윤석열 장모와 부인은?」, 인권연대, 『발자국통신』(2020. 5. 28).

전후로 허위나 과장을 확인했겠지만, 이를 알려주는 보도를 접할 수 없었기에 나는 여러 번 분개했다.

기자간담회에서 기자들은 내게 '가짜 뉴스'에 대한 의견을 물었다. 나는 다음과 같이 답했다.

"기자들이나 일반 시민들이 실수로 가짜 내용을 말하는 것을 처벌하겠다는 게 아닙니다. 명백히 가짜인 것을 알면서 퍼뜨리거나 허위 뉴스를 조작해 만들어 퍼뜨리는 일을 처벌해야 한다고 생각합니다. 문재인 정부에서 가짜 뉴스를 처벌한다고 해서 언론을 탄압한다는 것은 아닙니다. 이 정부가 들어서고 난 뒤에 우리나라의 언론자유지수는 아시아 최고 수준입니다. 누가 언론을 탄압한다고 얘기하겠습니까?"

"저와 관련된 것은 부분적으로 허위가 있다고 하더라도 공직자나 공인에 대해서는 언론이 비판할 수 있고 검증해야 된다고 봅니다. 언론의 취재 과정에서 완벽한 자료를 취합할 수 없기 때문에 언론의 기사 안에 부분으로 허위가 포함될 수 있다고 생각합니다. 저는 감수하겠습니다. 그런데 애초부터 명백한 허위 사실임을 알면서도 고의로 그런 비판을 하고 공격을 하는 것은 정말 아니라는 생각이 듭니다. 도를 넘었다고 생각합니다. 그것을 처벌하지 말라고 하는 것은 오히려 이상하지 않습니까."

기자간담회 전후 가짜 뉴스에 대한 내 입장에 대해 언론의 비판이 있었다. 과거 내 트위터의 글 일부를 인용하며 입장이 바뀌었다는 '조로남불' 조롱과 함께. 다시 밝히지만, 나는 졸저『절제의 형법학』등에서 위와 같은 가짜 뉴스와 악의적 허위사실 보도 또는 사실 확인을 소홀히 한 허위사실 보도는 형법적 책임을 져야 하고, 영미식 민사제재인 '징벌적 손해배상'도 도입해야 한다는 입장을 일관되게 견지해왔다.*

스토킹 취재

2019년 하반기 이후 언론은 나와 내 가족에 대해 스토킹에 가까운 취재 행태를 보였다. 자택 입구에서 새벽부터 심야까지 진을 치고는 가족들이 나가고 들어올 때마다 카메라를 들이대고 질문을 퍼부었다. 망원렌즈 달린 카메라로 온 가족의 일거수일투족을 찍

---

* 요약하면 다음과 같다. ①사실적시 명예훼손죄 폐지는 영미식의 강력한 민사제재인 '징벌적 손해배상'이 도입되는 경우에만 동의한다. ②사실적시 명예훼손의 경우, '공인'의 '공적 사안'에 대한 사실적시 명예훼손은 비(非)범죄화하는 쪽으로 법 개정이 될 필요가 있다. ③허위사실 적시 명예훼손죄의 비범죄화를 주장한 적이 없다. 오히려 허위사실 적시 명예훼손은 계속 처벌되어야 한다는 입장이다. ④어느 경우건 민법상 손해배상 청구나 언론중재위원회 제소 금지를 주장한 적이 없다. 오히려 '징벌적 손해배상'을 도입해야 한다는 입장이다(글을 발표하지는 않았지만, 언론중재위원회 제소 허용기간도 늘려야 한다는 것이 소신이다). ⑤공직선거법상 사실적시 후보자비방죄는 선거과정에서 표현의 자유를 제약하므로 비범죄화되어야 하고, 허위사실공표죄는 엄격하게 인정되어야 한다. 그럼에도 기자들은 선거에서 후보자 검증을 제약하는 ⑤의 '사실적시 후보자비방죄'를 비범죄화해야 한다는 내 글을 인용해, ①-⑤에 일관된 나의 입장을 무시하거나 왜곡해서 비판했다.

어 올렸다. 온 가족이 사실상 '가택연금' 상태가 되었다. 집에서 나온 물품을 확인하려고 재활용 쓰레기통을 뒤졌다. 아파트 보안문을 통과해 계단 아래 숨어 있다가 귀가하는 가족 구성원에게 갑자기 달려들어 질문을 던졌다. 현관 앞까지 올라와 초인종을 집요하게 눌러서 참다못한 가족 누군가가 문을 열면 카메라를 들이댔다. 부산의 어머니 집과 제수씨 집 앞에도 카메라가 깔렸다. 가족을 취재하는 기자들의 눈은 번들거렸고, 입에는 가학성 미소가 흐르고 있었다.

『조선일보』기자는 내가 치료받은 병원까지 찾아가 무슨 치료였는지 묻고 갔다. 동네 카페와 세탁소 등 상점을 방문해 나와 내 가족에 대한 불만이 없는지도 탐문했다. 채널A는 등교하는 아들을 따라붙어 버스에 올라타서 카메라를 들이대고 질문을 퍼부었다. 아파트 인근에 회사명이 붙어 있지 않은 취재 차량을 항상 주차해놓고 가족이 이동하면 추격전을 벌였다. 서울에 오셨다가 부산으로 돌아가는 어머니를 모시고 버스터미널로 가는 길을 계속 쫓아오더니, 어머니가 내리자 어머니를 가로막고 카메라를 들이댔다. 친구와 지인을 만나러 나갔다가 쫓아오는 차를 확인하고 돌아온 것이 한두 번이 아니었다. 만남 장소에서 기다리다가 친구와 지인에게 카메라를 들이댈 것이 뻔했기 때문이다.

이런 상황이 보도되자 시민들이 자발적으로 모여 몇 달 동안 순번을 정해 내 집 앞에서 대기하다가 나와 내 가족이 사진 찍히는 것을 막아주었다. 선의가 고마워서 음료수라도 대접하려고 했는데, 이분들은 이렇게 말씀했다.

"만약 저희가 장관님에게 뭐라도 받게 되면, 언론이 그것을 빌미로 저희와 장관님을 공격할 것입니다. 사양하겠습니다."

언론은 이분들을 '조국 수호대'라고 부르며 조롱·비난하는 기사를 내보냈다. 내가 이분들께 해드릴 수 있는 것은 당시 상황에서 어떻게든 버티는 것뿐이었다.

그와 반대 의미로 죽을 때까지 못 잊을 장면이 있다. 2019년 9월 23일 집 압수수색 후 기자들이 식당 배달원에게 질문을 던지며 희희낙락하던 장면이다. 이들이 킬킬대며 던진 질문은 이랬다.

"사장님, 어떤 메뉴를 먹었나요? 몇 그릇 시켰어요? 그것만 말씀해주시면 안 돼요? 찌개류를 먹었나요, 아니면 짜장면·짬뽕 같은 걸 먹었나요?"

기자들의 속마음과 진면목을 본 듯했다. 검찰에게 나와 내 가족이 사냥감이었다면, 기자들에게는 동물원의 원숭이였다.

『매일경제』 기자는 내가 차를 타려는데 차 문을 붙잡고 닫지 못하게 막았다. 차 문을 닫고 떠난 후 이 기자는 「굳은 표정 조국…차 문 '쾅' 닫고 외출」이라는 제목을 뽑아 올렸다. 『더팩트』 기자는 일요일 가족 외식 장면을 찍어 「단독 포착, 조국 부부의 '재충전' 휴일 외식」이라는 제목의 기사와 함께 올렸다. TV조선 기자 두 명은 딸이 혼자 사는 오피스텔 1층 보안문을 통과해 방 앞에서 초인종을 누르고 방문을 두드리며 소란을 피웠다. 딸이 경비하는 분에게 도움을 청하고 기자들의 퇴거를 요청했으나 버티고 나가지 않았다. 이들은 오피스텔 주차장에 숨어 있다가 딸이 주차한 뒤 내리려 할 때 달려들어서 딸의 다리가 차 문에 끼어 피가 나고 멍이 들게 만들었다. 그래 놓고 사과는커녕 그 상태에서 딸의 영상을 찍고 현장을 떠났다. 『조선일보』 기자는 딸이 중요한 시험을 보는 날 시험장 입구에서 딸은 물론 동료들에게 질문을 던지고, 점심시간과 쉬는 시간에는 화장실까지 따라가 질문을 하며 답을 요구한 후 딸이 시험을 쳤다는 기사를 내보냈다.

선택적으로 발휘되는 '기자정신'

집 부근의 '뻗치기' 취재는 괴로웠지만 공인으로서 감내해야 한다고 생각하고 인내했다. 그러나 묻고 싶다. 기자의 '질문할 특권'은 어디까지인가? 취재 대상자가 취재에 응하지 않으면 어떤 수단 방법을 동원해서라도 발언과 영상을 확보해도 되는가? 공직을 떠난 사람의 가족 식사 사진을 올리는 것도 시민의 알 권리를 위한 것인가? 이 모두 헌법이 보장하는 '취재의 자유'이고 투철한 '기자정신'인가? 자극적 제목과 흥미를 끄는 사진을 이용해 기사 '클릭 수'를 올리는 것이 목적 아닌가? 나와 내 가족 사건만큼 의미 있는 다른 사건, 예컨대 재벌 일가 또는 언론사 사주 일가의 범죄 혐의, 윤석열 검찰총장의 장모와 배우자, 최측근의 범죄 혐의, 오세훈·박형준 시장 후보와 가족의 비리 혐의 등에 대해서는 왜 위

첫 10일간 보도량

매체	조국 동양대 표창장	윤석열 장모
중앙일보	128	3
세계일보	127	7
조선일보	107	2
한국일보	105	6
국민일보	100	7
서울신문	82	5
동아일보	74	1
경향신문	54	6
한겨레	31	2
KBS	81	10
SBS	81	3
MBC	79	12
채널A	54	0
TV조선	49	1
JTBC	39	3

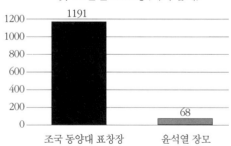

첫 10일간 보도량(매체 합계)

조국 동양대 표창장 1191
윤석열 장모 68

©고일석

와 같은 방식으로 취재하지 않는가? 윤 총장의 애완견 산책 사진은 찍으면서도 질문은 왜 던지지 않는가? 나와 내 가족 사건에서 보여준 광기는 왜 선택적으로 작동하는가? 2020년 3월 20일 『더 브리핑』 고일석 대표기자가 페이스북에 올린 "'조국 표창장' vs '윤석열 장모' 첫 10일간 보도량" 제목의 분석을 보라.

한국 언론은 취재 대상이 누구인가에 따라 '광견' 또는 '애완견'처럼 취재한다. 자사 사주의 범죄나 비리에 대해서는 '무(無)취재'는 물론이고, "회장님, 힘내세요!"를 외친다. 윤석열 검찰총장의 장모와 배우자 그리고 자유한국당 나경원 전 원내대표 관련 의혹에 언론은 유례없이 차분했다. '뻗치기' 취재도 없었고 공격적 질문도 없었다. 언론의 온순함·양순함·조신함·공손함이 돋보였다.

라임·옵티머스가 청와대나 여당 인사에게 로비했다는 의혹은 엄청나게 기사를 쏟아내더니, 검사 관련 의혹이 나오자 기사가 급속히 줄어들었다. 법조기자들 사이에 수사대상 검사 3인의 이름은 공유되어 있지만, 추적 취재도 심층 취재도 없다. 룸살롱 내부 구조, 술 종류와 비용, 접대 종업원 숫자 등 자극적 기사가 나올 법도 한데 말이다. 해당 검사에게 카메라를 들이대지도 않는다. 대신 검사 3인은 혐의를 강력 부인했다는 점이 강조되었다. 오히려 법무부의 감찰 지시에 대한 비판 기사가 이어졌다. 다들 '검찰일보'(檢察日報) 역할을 하고 있는 것이다. 「애모」의 노래 가사가 떠오른다. "그대 앞에만 서면 나는 왜 작아지는가."

권위주의 정권에서 민주 진보진영은 언론의 자유를 지키기 위해 혼신의 힘으로 투쟁했다. 그런 투쟁을 통해 정권이 '보도지침'을 시행하고 기사를 검열하고 기자를 사찰하고 연행하던 암흑기는 끝났다. 현재 어느 언론, 어느 기자가 정권을 두려워하는가. 정치적 민주주의는 안착한 반면—권위주의 정권에 부역하며 민주주의를 허울로 만들었던 세력이 문재인 정부를 '독재' '전체주의'라고 비방할 수 있는 현실 자체가 독재와 전체주의가 아니라는 반증이다—언론은 사주와 광고주 외에는 눈치 보지 않는 강력한 '사회적 강자'가 되었다. 자신의 어젠다와 이해관계에 따라 재벌이나 검찰과 연대해 국민에 의해 선출된 민주정부를 흔드는 '사회적 권력'으로 움직이고 있다. 우리는 이제 언론의 자유와 함께 그 한계에 대해서도 고민해야 한다.

제5장

빼앗긴 국회의 시간과 불쏘시개 장관

"뒤로 되돌릴 수 없는 개혁,

결국은 제도화, 제도화, 제도화라고 봅니다.

죽을힘을 다해 한 걸음이라도 앞으로

내디딜 겁니다. 언제 어디까지일지 모르지만

갈 수 있는 데까지 가볼 생각입니다."

대국민사과문

검·언·정의 왜곡과 과장, 확인되지 않은 의혹 제기나 명백한 허위사실 유포 그리고 가족 전체에 대한 저인망 표적수사에 대해 화가 났다.

그러나 내가 자성해야 할 점은 분명히 있다. 이명박·박근혜 정부에서 '강남 좌파'로 정부 비판에 나섰지만, 자신의 '강남성'에 대한 성찰과 개선의 노력은 취약했음을 반성했다. 나와 내 가족이 사회로부터 받은 혜택이 컸고 나에 대한 공적 주목 역시 컸던 만큼, 가족 모두 더 신중하게 처신했어야 했다. 이유 불문하고, 과거 진보적 학자로서 했던 말과 실제 삶이 완벽히 일치하지 않았다는 점을 사과해야 한다고 결심했다. 나는 장관 후보였던 2019년 8월 25일 대국민사과문을 발표했다.

"젊은 시절부터 정의와 인권에 대한 이상을 간직하며 학문과 사회활동을 펼쳐왔고, 민정수석으로서는 권력기관 개혁에 전념했습니다. 그러나 지금은 제 인생을 통째로 반성하며 준엄하게 되돌아보아야 하는 상황이 되었습니다.

'개혁주의자'가 되기 위해 노력했지만, 아이 문제에는 불철저하고 안이한 아버지였음을 겸허히 고백합니다. 당시 존재했던 법과 제도를 따랐다고 하더라도, 그 제도에 접근할 수 없었던 많은 국민들과 청년들에게 마음의 상처를 주고 말았습니다. 국민의 정서에 맞지 않고, 기존의 법과 제도에 따르는 것이 기득권 유지로 이어질 수 있다는 점을 간과했기 때문입니다. 국민 여러분께 참으로 송구합니다."

나와 내 가족 관련 의혹으로 국정에 부담이 되었다는 생각에 납덩이가 마음속에 들어앉은 것 같았다. 마음 같아서는 모두 내려놓고 사인(私人)으로 돌아가고 싶었다. 그렇지만 당시 나는 개인이 아니었다.

사과문 발표 이틀 뒤인 8월 27일 검찰은 전방위적 압수수색을 시작하면서 가족 구성원 전체를 대상으로 수사에 착수했다. 나를 법무부장관으로 받아들일 수 없음을 검찰이 공식적으로 표명한 것이다.

약 11시간 동안 총 100개 질문에 답하다

나에 대한 파상공세가 진행되면서 야당은 인사청문회 개최를 거부했다. 인사청문회가 무산된 상황에서 인사청문회 준비단이 내보내는 해명문만으로는 의혹을 해소할 수 없었다. 무수한 의혹 제기에 직접 답할 수 없었기에 숨이 막히는 듯했다. 여야는 9월 2일과 3일 인사청문회 개최를 합의하는 것으로 보였으나 증인채택 문제로 이견이 생겨 무산되었다. 법률상 인사청문회 마감일은 9월 2일이었다.

이런 상황에서 더불어민주당은 '국민청문회'를 제안했고, 나는 동의했다. 나는 국민청문회 방식의 하나로 '기자간담회' 개최를 더불어민주당에 요청했다. 장관 후보자로서 국민들의 의심을 해소해드리는 것이 도리라고 생각했다.

9월 2일 국회에서 기자간담회가 열렸다. 이 과정에서 더불어민주당 홍익표 의원이 많은 수고를 하셨다. 9월 2일 기자간담회 당일, 나는 내가 알고 있는 것을 솔직히 밝히고 질책을 받겠다는 마음으로 국회에 들어갔다.* 간담회 장소에 들어가 자리에 앉아 앞을 보니 기자들이 좌석을 꽉 채우고 있었다. 각자 준비해온 날카로운 펜촉을 화살 시위에 넣고 팽팽하게 당기는 표정이었다. 몇몇은 빙글빙글 웃고 있었다. 나는 맨몸으로 다 맞으리라 다짐했다.

간담회는 홍익표 의원의 사회로 진행되었는데, 오후 3시 30분쯤 시작해 다음 날 새벽 2시 16분쯤 끝났다. 약 11시간 동안 총 100개의 질문이 있었고, 나는 최선을 다해서 답했다. 인사청문회 대상자가 기자들과 이런 문답을 한 것은 유례가 없을 것이다.

8월 25일 대국민사과에 이어, 기자간담회 문답 중에 나는 다시 사과했다.

"아무리 당시에 적법이었고 합법이었다 하더라도 그것을 활용할 수 없었던 사람에 비하면 저나 저희 아이는 혜택을 누렸다고 생각합니다. 그 제도를 누릴 기회가 흙수저 청년들에게는 없었을 것입니다. 그 점에 대해서는 지금도 미안하고 가슴이 아픕니

---

* 『조국의 시간』 표지는 내가 기자간담회에 들어가는 장면이다.

다. 기회의 평등 문제 역시 아주 따끔한 비판이라 생각합니다. 과거 정치적 민주화와 진보 개혁을 외쳐 놓고 부의 불평등 해소에 앞장서지 못한 점, 합법이라고 해도 제 아이가 혜택을 입은 점을 반성합니다."

당시 고교생 인턴·체험활동은 학교의 주선이나 부모의 인적 네트워크를 통해 이루어졌지만, 그런 기회 자체가 없었던 사람들에게는 '특혜'로 인식될 수 있었다. 따라서 '부모 찬스'라는 비판을 겸허히 감수한다.

기자간담회가 열리자 자유한국당은 9월 3일 당 차원의 독자적 기자간담회를 열어 나를 공격했고, 그 후 인사청문회가 합의되어 9월 6일 오전 10시에 개최되었다. 간담회에 이어 인사청문회에 참석하기 위해 국회로 떠나는데 마음이 천근만근이었다. 인사청문회장에 들어가 선서를 하고 준비해온 글을 읽었다. 일부를 소개한다.

"무엇보다 새로운 기회를 위해 도전하고 있는 젊은 세대들에게 깊은 사과의 말씀을 드립니다. 제 잘못입니다. 박탈감과 함께 깊은 상처를 받으신 국민 여러분께 진심으로 죄송합니다. 국민 여러분의 준엄한 질책과 비판을 절감하면서 제가 살아온 길을 다시 살펴보게 되었습니다. 말과 행동이 일치하지 못했습니다. 공정과 정의를 말하면서도 저와 제 가족이 과분한 혜택을 누리고 있다는 것을 잊고 살았습니다. 제 가족이 받을 수 있는 정당한 것이라고 생각했던 것들이 정당하지 않을 수도 있다는 것을 뼈저리게 깨달았습니다.

그럼에도 제가 감당해야 할 소명이 하나 있다고 생각합니다. 국가권력이 견제와 균형의 원리에 따라 정상적으로 작동해 모든 국민들의 기본권이 보장되는 사회, 국민들의 인간다운 삶이 보장되는 세상을 만드는 일에 작은 돌 하나를 놓겠다는 의지입니다. 저는 약속드린 대로 법무·검찰의 개혁을 완결하는 것이 제가 받은 과분한 혜택을 국민께 돌려드리는 길이며 저의 책무라고 생각합니다. 특히 법무·검찰이 국민 위에 군림하는 권력기관이 아니라 인권과 정의에 충실한, 국민을 위한 법률서비스 기관으로 거듭날 수 있기를 간절히 소망합니다. 기회가 주어진다면 이러한 소명을 이루는 데 온 힘을 다하겠습니다."

후보자 자리에 앉으니, 마치 내가 도마 위에 오른 생선 같았다. 야당 청문위원들의 눈빛에서 회칼의 번득임이 느껴졌다. 살이 발리고 뼈가 썰리더라도 칼날을 받아야 한다고 마음속으로 되뇌었다. 인사청문회에서 청문위원들의 질문 내용은 새로운 것이 없었다. 9월 2일 기자간담회에서 나왔던 내용이 반복되는 수준이었다.

국회의원들의 따끔한 비판

특별히 기억나는 질문들이 있다. 첫 번째는 무소속 박지원 의원(현 국가정보원장)의 질문이다. 그는 "지금도 후보자가 장관이 되어야 한다는 생각에는 변함이 없지만, 엊그제부터 두 명의 조국, 즉 한 명의 조국은 주옥같은 글을 쓰는 진짜 좋은 조국이고, 또 한 조국은 너무나 많은 의혹을 받고 있는 조국이 있다고 생각한다"면서, "제기된 수십 개의 의혹에 대해서 본인은 관련이 없고, 최소한 부인과 딸에게도 도덕적 책임이 없다고 생각하느냐"라고 질의했다. 뼈아픈 지적이었다. 나는 "'두 명의 조국'이라고 한 말씀은 뼈아프게 반성하고 있다"라고 답변했다.

박 의원은 새정치민주연합에 계시던 동안 거의 매일 아침 문재인 당대표에 대한 공격─'문모닝' 공세─을 가했다. 그렇지만 사적 인연이 전혀 없는 나에게 직간접적으로 여러 조언과 격려를 해주셨다. 박 의원의 '두 명의 조국' 비판은 당시 보수진영 외에 진보진영 내에서도 의구심을 갖고 있는 지점을 정확히 포착해 표현한 것이었다. 정치 원로의 말씀, 깊이 간직했다. 이후 내가 법무부장관으로 임명된 후 박 의원실을 예방했는데, 당신의 형사재판 경험을 소상히 알려주면서 길게 보고 견디며 가라고 조언해주셨다.

더불어민주당 금태섭 의원은 내게 "지금까지 언행 불일치와 젊은이들의 정당한 분노에 대해 동문서답식 답변으로 상처를 깊게 낸 것에 대해 진심으로 사과할 생각이 없느냐"라고 질문했다. 나는 "(사과할 마음이) 있다"라고 답했다. 이어 금 의원은 "후보자가 지금까지 인터넷에 올린 많은 SNS에 대해 비난이 쏟아지는 것은 우리 편을 대할 때와 다른 편을 대할 때의 기준이 다르다는 점이다. 공정함을 생명으로 해야 하는 법무부장관 후보자로서 큰 흠이 될 수도 있다고 생각한다"라고 지적했다. 나는 "그 비판의 취지를 충분히 이해하고 성찰하고 있다"라고 답했다.

이 지적 때문에 금 의원은 더불어민주당 당원들에게 격렬한 항의를 받았다. 나는 이 점에 대해 금 의원을 비난하거나 원망하지 않는다. 금 의원이 과거 서류상 나의 논문지도 제자였다는 점도 중요하지 않다. 그가 나와의 사적 인연보다 '헌법기관'으로서의 책무에 충실하고자 했다고 믿는다. 당시 나에 대한 의혹이 더불어민주당에 부담을 주는 상황에서 그러한 비판도 필요했다고 본다. 다만, 그가 2020년 4·15 총선을 위한 더불어민주당 공천 경선에 패배한 후 탈당해서 더불어민주당과 문재인 정부에 대해 맹공을 가하는 점은 납득하기 어려웠다.

그는 2016년 3월 17일 『한겨레』 인터뷰에서 "난 검사 출신 금수저, 염치 있어 새누리는 못 간다" "(강서갑에) 뼈를 묻을 거다"라고 말했다. 그러나 2021년 서울시장 재보궐 선거에서 국민의힘 후보로 오세훈 후보가 확정되자, 그는 공동선대위원장이 되었고, 활짝 웃으며 국민의힘 글자가 박힌 빨간 점퍼를 입었다. 그는 문재인 정부가 '불공정'하다고 비판하면서 국민의힘과 손을 잡았다. 그렇다면 국민의힘의 노선과 정책이 문재인 정부보다 더 '공정'하다는 말인가. 아마도 금 의원은 과거 안철수 캠프가 추구했던 '제3의 길'을 다시 시작하려는 듯하다. 문재인 정부 공격 수사로 '공정'의 이미지를 얻은 윤석열 전 총장과 함께. '금태섭의 길', 그 종착지가 어디일지 짐작해본다.

신상털기식 청문회는 코미디

인사청문회가 끝난 후 더불어민주당 표창원 의원은 4·15 총선 불출마를 선언했다. 인사청문회 당시 당 대 당의 정면 대결 상황에서 나를 옹호하는 역할을 해야 했던 것에 큰 부담을 느꼈던 것 같다.

내가 아무 문제 없는 후보였다면 표 의원에게 그런 부담을 안겨주지 않을 텐데 말이다. 다만, 작은 변명을 전하고 싶다. 당시 내가 표 의원을 포함해 여당 의원들에게 의도적으로 숨긴 것은 없다고. 그리고 나의 흠결과 무관하게 검찰의 문재인 정부 총공격과 이에 대응하는 여권 지지층의 '전쟁'은 벌어질 수밖에 없는 상황이었다고.

인사청문회에서 가장 모욕감을 느낀 순간은 자유한국당 김진태 의원의 언동이었다. 먼저 김 의원은 나의 1993년 국가보안법 위반 전력을 거론하면서 "전향했느냐?"라고 물었다. 나는 "그 단어가 가진 낙인적 의미가 있어서 답을 하진 않겠다"라고 반박한 뒤, "나는 대한민국 헌법을 준수한다. 나는 자유주의자인 동시에 사회주의자다. 모순되지 않는다고 생각한다"라고 설명했다. 나는 국가보안법 위반 전력을 부끄러워하지도 않고 뽐내지도 않고 살아왔다. 그 시대의 모순을 해결하기 위한 활동을 했고, 의의와 한계가 모두 있었다고 생각할 뿐이다. 이어 그는 내 딸의 출생신고를 누가 했는지를 따지면서 가족관계 등록부를 요구했다. 당시 준비가 여의치 않아 가족관계 증명서를 제출했더니 그는 그 서류를 갈기갈기 찢

어버렸다. 참으로 불쾌했다. 절로 주먹이 쥐어졌다. 국민의 대표기
관으로 장관 후보자에게 거센 추궁을 하는 것은 권리이겠지만, 이
런 식의 질문과 행위를 해도 되는지 의문이 들었다.

인사청문회가 끝난 후 『오마이뉴스』 김행수 기자는 이렇게 평
가했다.

"그 선거가 나경원 가족 선거가 아니라 나경원의 선거였듯이
이번 청문회 역시 조국 가족 청문회가 아니라 조국 청문회다. 법
무부장관으로 지명된 것은 조국의 딸이 아니라, 조국의 부인이
아니라, 조국의 5촌 조카가 아니라, 조국의 이혼한 전 제수가 아
니라, 돌아가신 아버지가 아니라, 일면식도 없는 어느 투자회사
의 대표가 아니라 바로 조국이라는 사람이다. 그런데 이번 청문
회는 법무부장관 후보자로서 조국이라는 사람의 능력이나 정책
이 아니라 처음부터 끝까지 그의 딸, 아내, 어머니, 동생, 이혼한
동생의 처, 5촌 조카, 돌아가신 아버지 등 그의 가족을 둘러싼 의
혹만 거론하다가 끝나버렸다. 이런 신상털기를 청문회라고 하
고 있는 것 자체가 코미디가 아닐 수 없다."*

전격 기소된 정경심 교수

2019년 9월 6일 인사청문회 당일 밤 10시쯤 청문위원들의 질문

---

* 김행수, 「[조국 사태, 난 이렇게 본다: 조국을 위한 변명? ②] 이중잣대」, 『오
마이뉴스』(2019. 9. 14).

이 소진된 것처럼 보였다. 그럼에도 야당 청문위원들은 회의를 계속 끌고 갔다. 그러다가 10시 50분쯤 여상규 법사위원장이 법무부장관 후보자 부인의 기소 가능성 관련 보도가 언론에 나오고 있다면서, "처가 기소되는데 이런 분이 법무부장관이 되겠나. 상식적으로 생각하자"라고 말했다. 이상했다. 당시 정경심 교수는 소환조사도 받지 않은 상태였다. 관련 정보가 야당 의원들에게 사전에 전달된 느낌이었다. 인사청문회 종료 직전 검찰은 정 교수를 동양대 표창장 위조 혐의로 기소했다. 검찰은 8월 27일 전방위 압수수색을 실시한 데 이어, 인사청문회의 대미(大尾)를 후보 배우자 기소로 마무리한 것이다. 망치로 뒤통수를 맞은 느낌이었다.

전격기소가 이루어진 다음 날인 9월 7일 SBS 이현정 기자는 정교수 '연구실 PC'에서 표창장 총장 직인 파일이 나왔다고 단독 보도했다. 검찰이 9월 11일 저녁 표창장 파일이 들어 있던 '강사휴게실 PC'를 임의제출 형식으로 확보하기도 전에 나온 놀라운 보도였다. 시간이 걸리더라도 이 '예언'이 어떻게 가능했는지는 반드시 밝혀야 한다고 생각한다. 인사청문회 마지막 날 기소에 대한 비판이 일어나자, 이를 덮기 위해 검찰이 동양대 관계자로부터 확보한 정보를 SBS에 주었을 것이라고 추측하는 것은 무리인가. 제1장에서 언급했지만, 이 동양대 관계자는 표창장이 (재)발급되었음을 알면서 이것이 '위조'되었다고 주장하려는 사람이다. SBS 보도 이후 검찰은 표창장 위조 수단과 방법을 완전히 바꾸어 또 기소했다. 인사청문회 날에 날림으로라도 일단 기소를 해 나에게 정치적 타격을 준 후, 다시 수사를 진행해 새로 기소를 한 것이었다. 하나의 표창장에 대해 두 개의 기소가 이루어진 것이다. 기억하는 사람들이 거의 없지만, 2020년 12월 23일 서울중앙지방법원 형사합의 25-1부(부장판사 임정엽·김선희·권성수)는 정 교수에게 표창장 위조 등 '입시비리' 혐의에 대해서는 유죄를 인정하면서도, 인사청문회 날 기소한 표창장 위조 혐의에 대해서는 무죄를 선고했다.

2020년 9월 30일 한양대 박찬운 교수는 페이스북에서 이를 비판했다.

> "이 사건은 인사청문 과정에서 야당과 언론이 조국 후보자를 주저앉히기 위해 고발한 사건에서 비롯된, 지극히 정치적인 사건이다. 그런 사건에서 이렇게 전 검찰력을 동원해, 대한민국 사법사상 초유의 대형사건으로 만들어 수사하는 것을 정의실현이라고 할 수 있는가? 이 사건 수사는, 검찰이 부인해도, 공직자 임명 과정에서 대통령의 임명권을 좌절시키기 위한 검찰권 행사다. 우리 헌정사에서 이런 일이 있는가? 이것이 검찰을 권력으로부터 해방시켜준 살아 있는 권력(문재인 정부)에 대한 수사의 실체인가?"

2019년 12월 31일, 『시사인』 고제규 편집장은 페이스북에 글을 올렸다.

"인사청문회 과정을 지켜본 뒤 수사를 해도 늦지 않았다. '국회의 시간'과 '언론의 시간'을 거쳤다면, 조국 후보자 의혹 가운데 밝혀질 대목도 적지 않았다. 의혹을 밝히지 못하면 본인이 책임지고 물러나거나 대통령이 결정하면 되었다. 대통령의 시간이다. 설령 장관으로 취임한 뒤에도 의혹이 가시지 않고 고소고발이 많으면, 장관과 검찰총장에서 독립된 특임검사를 임명해 수사하면 된다. 윤석열 검찰은 첫 수사부터 정도를 한참 벗어났다. 인사청문회 전 강제수사 돌입이라는 전대미문의 무리수를 뒀다(이럴 때 전대미문이라는 단어를 쓴다). 국회의 시간과 대통령의 시간을 빼앗고 총장 1호 수사로 인지수사도 아닌 고소고발 사건에 특수부를 대거 투입해 대대적인 강제수사에 돌입했다."

정연주 전 KBS 사장도 비슷하게 평가했다.

"검찰의 수사는 그 시기·방법·의도에서 매우 정치적이었다. 검찰의 강제수사가 장관 인사청문회 전에 전격적으로 시작되었다. 검찰수사가 청문회 과정을 압도하려는 적극적인 '정치행위'였다. 게다가 정경심 교수에 대한 1차 기소는 정 교수에 대한 조사도 한 번 없이 인사청문회 당일 한밤중에 이뤄졌다. 그리고 기소가 발표된 자정 이전에 이미 야당 쪽으로 사전 유출된 것으로 추정된다. 법사위 야당 의원들은 인사청문회 후반부 '정경심 교수에 대한 기소가 이뤄질 경우 조국 장관 내정자는 사퇴할 것인가'라면서 사퇴를 압박하는 질문을 쏟아냈다."*

인사청문회를 마치고 집으로 돌아오는데, 새로운 고난이 시작될 것 같다는 불길한 예감이 들었다. 기자간담회와 인사청문회를 연속으로 치르느라 심신이 힘들었지만, 잠이 오지 않았다. 실제 정경심 교수의 불구속기소는 온 가족이 겪어야 할 수난의 첫 단추에 불과했다.

불쏘시개 장관이 되어

2019년 9월 9일 대통령께 임명장을 받고 과천 법무부 청사로 가는 길에 마음속으로 다짐했다. "주어진 시간이 얼마 없다. 하루를 한 달처럼 써야 한다. 빨리 검찰개혁의 초석을 놓아야 한다." 오후 4시 30분 법무부 청사에서 열린 취임식에서 발표한 취임사에 나는 다음 문구를 넣었다.

"오늘 제게 주어진 기회는 제가 만든 것이 아니라, 국민께서 잠시 허용한 것임을 잘 알고 있습니다."

취임사에서 나는 당면과제로 "누구도 함부로 되돌릴 수 없는 검찰개혁"을 강조한 후, 법무부의 탈검찰화, 검찰에 대한 적절한 인

---

* 정연주, 「'조국 멸문지화'의 사건, 하나도 달라진 게 없다」, 『오마이뉴스』 (2020. 5. 13).

사권 행사, 검찰개혁의 법제화, 국민 인권보호를 위한 수사통제 등 검찰에 대한 법무부의 감독기능 실질화 등을 약속했다. 법무검찰개혁을 속도감 있게 진행하기 위해서 핵심 과제를 '장관 지시' 형식으로 매일 공표하기로 마음먹었다.

법무검찰개혁을 위한 쌍두마차

9월 9일 오후 7시 첫 간부회의를 열었다. 김오수 법무차관(현 검찰총장), 김후곤 기획조정실장(현 대구지검장), 이용구 법무실장(이후 법무차관으로 퇴임), 이성윤 검찰국장(현 서울고검장), 황희석 인권국장(현 열린민주당 최고위원), 강호성 범죄예방정책국장, 최강주 교정본부장, 차규근 출입국·외국인정책본부장, 박재억 대변인(현 수원고검 차장검사) 등이 참석했다. 나는 제일 먼저 "법무부 장관은 본인이나 가족 관련 사건의 수사나 공판 상황에 대해서는 검찰로부터 보고받거나 검찰총장을 지휘하지 않을 것"임을 밝힌 후 공표하도록 지시했다. 이는 기자간담회와 인사청문회에서 밝힌 약속을 지킨 것이다.

그리고 국회 입법활동을 지원하고 검찰개혁을 효과적으로 추진하기 위해 '검찰개혁추진지원단'을 구성해 운영할 것을 지시했다. 이틀 뒤인 9월 11일에는 검찰개혁추진지원단과 정책기획단이 협의해 제2기 '법무검찰개혁위원회'를 신속하게 발족하라고 지시했다.

요컨대, 법무부 내부에서는 '검찰개혁추진지원단'이, 법무부 바깥에서는 '법무검찰개혁위원회'가 만들어져 법무검찰개혁을 위한 쌍두마차가 되도록 한 것이다. 내가 이 마차를 계속 몰고 가지 못하더라도, 국민을 위해 달릴 튼튼한 말 두 마리가 마차를 끌도록 만들어놓아야겠다고 생각했다.

검찰개혁추진지원단을 책임질 단장으로는 황희석 법무부 인권국장(현 열린민주당 최고위원)을 임명했다. 부단장은 박상기 법무부 장관의 정책보좌관으로 일한 후 인천지검 2차장으로 있던 이종근 검사에게 맡겼다. 민주사회를 위한 변호사모임(이하 '민변') 사무차장 출신인 황 국장은 법무부 탈검찰화의 일환으로 2017년 9월 인권국장이 되었는데, 검찰 출신이 아닌 사람이 인권국장이 된 첫 사례였다. 그는 나의 검찰개혁에 대한 구상을 잘 알고 있었고, 추진력도 강했다. 별명이 '황 장군'이었다. 이 차장검사는 문재인 정부의 검찰개혁 방향에 동의하는 흔치 않은 검사였다.

검찰개혁추진지원단은 9월 17일 발족했다. 검찰개혁 과제 선정과 방안 마련, 검찰개혁 법제화 지원, 국민 인권보호를 위한 수사통제 방안 마련, 검찰에 대한 법무부의 감독 기능 실질화 방안 연구 등의 활동을 하기로 임무를 설정하고, 검찰 형사부·공판부 강화, 검찰 직접수사 축소, 감찰제도·조직문화 개선, 제2기 '법무·검찰개혁위원회' 구성, 과거 검찰권 남용 사례 재발 방지 방안 등을 주요 개혁과제로 선정했다.

제2기 법무검찰개혁위원회 발족과 관련한 구체적 지침도 내렸다. 위원회에는 비법조인의 참여를 확대하고, 지방검찰청 형사부와 공판부 검사도 참여시킬 것, 위원 위촉 시 40세 이하 검사·비검찰 법무부 공무원·시민사회 활동가 등 다양한 계층이 참여할 수 있도록 할 것 등이다. 제1기 법무검찰개혁위원회(위원장 한인섭 서울대 교수)는 2017년 8월 9일 박상기 법무부장관의 지시로 발족해 임무를 수행하고 종료했는데, 그때 이루지 못한 과제를 논의하고 제시할 필요가 있었다. 제2기 위원회는 9월 30일 발족했는데, 민변 사법위원장 출신인 김남준 변호사를 위원장에 임명했다. 이후 이 위원회는 심도 있는 논의에 기초해 훌륭한 개혁방안을 제시했다. 김 변호사님을 포함한 위원님들께 위촉장을 수여했으나 이후 나의 사임으로 부담만 드린 것 같다. 이 자리를 빌려 감사의 마음을 전하고 싶다.

검찰에 대한 감찰기능 강화

9월 11일 장관 지시에는 법무검찰개혁위원회 발족 지시 외에 감찰 관련 주요 내용이 들어 있었다.

첫째, 법무부 감찰관실과 대검찰청 감찰본부의 활동을 활성화하라는 것이다. 검사 비리 및 위법사항에 대해서는 더 엄정한 기준을 적용해야만 지금까지의 관행과 구태를 혁파할 수 있다고 판단했다. 나는 10월 8일 장관 취임 한 달을 맞아 11가지 '신속추진 검찰개혁 과제'에 대해 브리핑하면서 다음 두 가지를 강조했다.

1. 수사과정에서 인권침해에 대한 검찰의 자체 감찰 결과를 그대로 믿기는 어려우므로 법무부가 직접 감찰하는 감찰 대상을 확대한다.

2. 검찰의 자율성 보장을 위해 검찰에 대한 법무부의 2차적 감찰을 원칙으로 하고 있으나 실제로는 2차 감찰이 미비하므로, 검찰청에서 1차 감찰을 진행한 주요 사건에 대해 부실 감찰이 확인되면 법무부에서 2차 감찰권을 적극 행사한다.

내가 사직한 후 법무부는 10월 21일 '법무부 감찰규정'을 개정해 직접 감찰 사유를 확대했다.* 개정된 감찰규정은 이런 내용이다. 법무부는 검사·수사관 등 검찰 공무원의 비위가 발생했을 때 각급 검찰청의 장과 대검찰청 감찰부장이 비위 발생 사실과 처리 결과를 법무부장관에게 바로 보고하도록 의무화했고(제4조의2), 비위 조사 등 업무를 위해 필요한 경우 법무부 감찰관이 검찰청에 감찰 자료 제출을 요구할 수 있도록 했다(제18조).

* 제5조의2(법무부 직접 감찰)는 다음과 같다. "법무부는 다음 각 호의 경우에는 검찰청 소속 공무원에 대한 감찰을 직접 수행할 수 있다.
1. 검찰에서 자체 감찰을 수행하지 않기로 결정한 경우 또는 검찰에서 법무부의 감찰을 요청한 경우
2. 대상자가 대검찰청 감찰부 소속 직원이거나 대검찰청 감찰부 업무를 지휘·감독하는 지위에 있는 경우
3. 다음 각 목에 해당하는 사유 중 검찰의 자체 감찰로는 공정성을 인정받기 어렵다고 보여 법무부장관이 감찰을 명한 경우
　가) 사회적 이목이 집중된 감찰 사건인 경우
　나) 직권남용체포·감금, 독직폭행·가혹행위로 인해 즉시 조치가 필요한 인권침해가 발생한 경우
　다) 의원면직을 신청한 검사 및 5급 이상 검찰공무원에게 중징계에 해당하는 비위 혐의가 있음에도 검찰의 자체 감찰이 정당한 이유없이 신속하게 수행되지 아니하는 경우
　라) 은폐할 의도로 검사 및 5급 이상 검찰공무원의 비위 중 제4조의2에 따른 법무부장관 보고가 이루어지지 아니한 사건(다만, 검찰총장 보고도 이루어지지 아니한 경우에는 검찰에서 자체적으로 감찰을 수행한다)

이외에도 검사의 의원면직(依願免職)* 경우 중징계 사안임에도 법무부가 비위사실을 인식하지 못해 중징계 판단 없이 의원면직되는 경우를 방지했다. 즉, 의원면직 제한사유 의견조회 시 해당 검찰청은 진상확인 단계라 하더라도 이전처럼 '해당 없음'이 아니라 '비위사실 조사 중'으로 회신하도록 의무화하고, 회신 내용에 대해서는 법무부가 중징계 해당 여부를 규명하도록 했다. 중징계 비위 혐의자의 의원면직을 차단하기로 한 것이다. 그리고 징계 사안임에도 검찰에서 징계하지 아니한 사례와 부당하게 의원면직된 사례 등 미비점이 있는 경우에는 법무부가 감찰권을 적극 행사할 것임을 밝혔다. 이 일 역시 바로 시행되었다.

내가 법무부를 떠난 후 이루어졌지만, 이 개정으로 검찰 내부 비리가 쉬쉬하며 묻히는 일은 없을 것이기에 보람이 있었다. 실제로 추미애 법무부장관은 이 개정 규정에 따라 라임 사태와 관련해 술접대를 받은 의혹이 있는 검사들에 대해 법무부의 직접 감찰을 지시할 수 있었다.

이 개정이 발표된 2019년 10월 21일은 공교롭게도 정경심 교수에 대해 구속영장이 청구된 날이었다(10월 23일 영장실질심사 후 영장이 발부되었다). 상호 인과관계는 없지만, 검찰에 대한 법무부의 직접 감찰이 대폭 확대되는 날, 정 교수에 대해 영장이 청구된 것이다. 정말 기묘하다는 생각을 하지 않을 수 없었다.

* '의원면직'은 공무원 본인의 의사에 따라 사직하는 것을 의미하며, 징계처분으로 행해지는 '징계면직'과 구분된다.

둘째, 검찰개혁추진지원단은 법무부 감찰관실과 함께 감찰제도 전반에 관한 개선방안을 마련하라는 것이다. 특히 "임은정 검사를 비롯해 검찰 내부의 자정과 개혁을 요구하는 많은 검사들에게 다양한 의견을 수렴해 법무검찰의 감찰제도 전반에 관한 개선방안을 마련해 보고"하도록 했다. 나는 검찰 내부 비리에 대해 공개적으로 강하게 문제제기를 해온 임은정 검사를 법무부 감찰관실로 발령내는 것을 고려하고 있었다.

나는 임 검사와 차 한 잔, 밥 한 끼 한 적이 없다. 임 검사는 2012년 12월 과거사 재심 사건에 대해 '백지구형'을 하라는 공판부장의 지시에 맞서 이의제기권을 행사하며 '무죄구형' 의견을 고수하다가 중징계를 받았다(이후 임 검사에 대한 직무배제 지시는 위법하다는 판결이 내려지고 징계도 취소되었다). 문제가 된 재심사건에서 무죄판결이 나올 것을 다 알면서도 검찰이 무죄구형을 하지 않으려 한 것은 과거 검찰의 수사와 기소가 잘못된 것임을 절대 인정할 수 없었기 때문이었다. 이 사건 이후 임 검사는 검찰조직에서 왕따 취급을 받았지만, 굴하지 않고 검찰 내부 문제를 지속적으로 비판했다.

나는 이러한 임 검사의 의지와 경험에 주목하면서 그가 감찰 업무를 수행하는 데 적임자라고 판단했다. 그러나 당시 임 검사가 검사를 대상으로 고발해둔 사건이 몇 건 있으므로 이해충돌 문제가 생긴다는 이의제기가 많았다. 고민 끝에 임 검사의 이름을 직접 거론하면서 감찰제도 개선을 위한 의견을 수렴하라는 지시로 수정해 공표했다. 추후 고발 건이 해소되면 적정한 자리로 인사를 하려고 생각했으나, 내가 장관직을 사임하면서 무산되었다. 임 검사는 추미애 법무부장관 취임 후 대검 감찰정책연구관으로 발령이 났다. 이후 임은정 검사의 인사와 관련해 '친(親)조국 검사' 운운하는 『조선일보』 등의 기사를 보았다. '기승전-조국' 프레임을 작동시키는 악의적 기사였다.

추 장관 후임인 박범계 법무부장관은 검찰청법 제15조에 따라 임 검사를 서울중앙지검검사로 겸임발령을 내어 수사 권한을 부여했다. 이에 임 검사는 한명숙 국무총리 모해(謀害)위증교사 의혹에 대한 조사를 진행했지만, 고검장이 참석하는 대검 부장회의의 다수결에 따라 관련자 기소는 이루어지지 못했다. 이 의혹의 핵심은 한 총리의 불법 정치자금 수수 재판의 핵심 증인이었던 고 한만호 씨가 법정에서 검찰에서의 진술을 뒤집자,* 검사가 동료 재소자를 불러 증언 연습을 시키며 모해위증교사를 했는지 여부다. 한 총리의 불법 정치자금 수수에 대해 대법원이 최종적으로 유죄 판결을 내렸다고 해,** 검사의 모해위증교사 문제가 사라지는 것은

---

* 고 한만호 씨는 자신의 비망록에서 다음과 같이 폭로했다. "검찰이 조서도 주며 외우게 하고 시험도 쳤다. 방에서도 운동장에서도 혼자 중얼중얼하며 외우니 다른 수감자들이 이상한 사람으로 봤다" "출소 뒤 사업 재기에 도움이 된다 생각해 검찰에 협조하기로 마음먹었다" "검찰 입맛대로 잘하면 특식이 제공됐는데, 심한 모멸감을 느꼈다" "20년 넘게 CEO로 재직했는데 저능아 취급을 받았다" "한만호는 없어지고 오로지 검찰 안내대로 따르는 강아지가 됐다."
** 이 사건에서 1심 재판부는 "직접적인 증거는 한 전 대표의 검찰 진술뿐인데, 이는 객관적 사실과 맞지 않을뿐더러 법정에서 진술을 번복하는 등 일관성이 없다"며 한 전 총리에게 무죄를 선고했지만, 2심 재판부는 "한 전 대표의

아니다.

유죄판결을 받기 위해 검사가 범죄를 저지르는 것이 허용될 수는 없다. 과거 권위주의 체제에서는 수사기관이 유죄판결을 받아내기 위해 고문과 폭행 등 불법을 일삼았지만, 정치적 민주화 이후 이런 일은 대폭 줄어들었다. 그러나 검사가 불법적 방법으로 증인을 회유하는 일은 사라지지 않고 있다. 이 사건 외에도 2020년 10월, 검사가 '라임 사건' 수사를 진행하면서 김봉현 전 스타모빌리티 회장에게 "강기정 청와대 정무수석을 잡게 해주면 보석 상태로 재판을 받게 해주겠다"라는 제안을 했고, 이에 따라 김 전 회장이 법정 증언을 했음을 폭로한 사건이 있었다.

셋째, "공석인 대검찰청 감찰부장의 임명절차를 신속히 마무리"하라는 것이다. 과거 이 자리는 검사장 승진이 안 된 사람 가운데 검찰총장이 원하는 사람을 임명하는 일이 많았다. 윤석열 총장도 검사 출신 인사를 원했다. 그러나 나는 민정수석 재직 시 이 자리는 반드시 비(非)검찰 출신으로 뽑아야 한다는 입장을 견지해, 상당 기간 공석이었다. 이 자리에는 비검찰 출신이 가야 검찰 내부 비리를 철저하게 조사하고 엄정하게 제재할 수 있다는 것이 내 소신이었다. 대검 감찰부장은 거리낌 없이 검찰총장에게 이의를 제기하고 맞설 수 있어야 한다. 검사는 물론 검찰총장도 감찰부장의 감찰대상이

진술이 번복되기는 했지만 여러 증거들에 비춰 한 전 총리가 9억여 원을 받은 점이 인정된다"라고 판단하고 유죄를 선고했고, 대법원은 이를 확정했다.

기 때문이다.

내가 법무부장관이 된 후 감찰부장 인사절차가 진행되었는데, 속도가 잘 나지 않았다. 확인해보니 대검 측에서 청와대 쪽에 검사 출신이 필요하다는 의견을 집요하게 전달하고 있었다. 인사위원들이 매긴 점수를 보니, 판사 출신 한동수 변호사가 1위였다. 내가 심사에 일절 관여하지 않았음은 물론이다. 그때도 지금도 나는 한 부장과 일면식도 없다. 나는 2019년 10월 14일 사직을 발표하고 집무실로 돌아와 한 변호사를 청와대에 제청하는 서류에 서명하고 청사를 떠났다. 장관으로서 마지막으로 한 일이었다.

이후 한 감찰부장은 검찰 출신 감찰부장과 달리 검찰총장의 눈치를 보지 않고 검찰 내부 비리에 대해 매우 적극적인 감찰을 수행했다. 내가 사직하는 날 제청 서류에 서명하지 않았더라면 이러한 비리는 다 묻혔을 것이라 생각하니, 당시 결정을 잘했다고 믿는다. 보수언론과 야당은 한 부장이 어떤 조치를 할 때마다 "조국이 제청한 한동수"라는 '기승전-조국' 프레임을 작동시키고 공격했다. 검찰 관련 문제에서 언론과 야당은 검찰과 한 몸이 되어 무조건 검찰(총장) 편들기로 일관한 것이다.

특수부 중심의 검찰조직 개편

9월 11일 장관 지시에는 인사청문회에서 국회의원들이 제기한 법무검찰 관련 지적사항을 신속히 검토하고 대책을 수립하라는 내용이 있었다. 특히 "검찰의 직접수사 축소, 형사부 및 공판부 강화와 우대, 기타 검찰제도 개선에 대한 방안을 수립할 것"을 지시했다. 정치권은 물론 검찰 내부의 많은 요청에 부응하기 위함이었다. 오래전부터 법무부와 검찰 내부에서도 필요하다고 인정하고 있었으나, 해결하지 못한 것이다.

한국 검찰 특수부 수사는 항상 정치적 편향을 의심받았다. '선택적 정의'는 한국 검찰 DNA에 깊숙이 자리 잡고 있었다. 권위주의 정권에서 검찰 공안부는 중앙정보부/국가안전기획부/국가정보원 및 경찰 보안과와 함께 체제를 수호하고 민주화운동을 탄압하는 선봉에 서 있었다. 정치적 민주화 이후 공안부의 힘은 약해졌다. 빈자리에 특수부가 들어섰다. 그리고 공안수사 기법은 특수부에서 그대로 활용되었다.

특수부는 사회적 주목을 받는 소수 중대 사건을 직접수사하다 보니, 언론의 주목을 많이 받고 검사장 승진이 잘 되고 퇴직 이후 전관예우도 잘 받고 재벌 기업에 들어가 높은 대우를 받는다. 스타 검사가 배출되면 그에게 권력이 쏠린다. 특수부 '정치검사'들은 수사권과 기소권을 사용해 정치에 개입하고 검·언·정 카르텔을 통해 검찰의 조직 이익을 수호했다. '신성(神聖)가족'의 특권을 보장해주는 정권과는 협력했고, 검찰개혁을 추진하는 정권과는 충돌했다. 이 과정에서 '검사'(檢事)는 수사권과 기소권이라는 쌍검을 휘두르며 '검찰 정치'를 실천하는 칼잡이 '검사'(劍士)가 되었다.

반면 형사부 검사들은 1인당 몇백 건의 사건을 배당받아 허덕

이며 업무를 하지만, 검사장 승진이 쉽지 않고 사회적 주목을 받지 못하며 퇴직 후 전관예우도 잘 받지 못한다. 인사에서 특수부 검사 우대 경향은 특수부 검사들의 '대부'격인 윤석열 검찰총장 취임 이후 더욱 강해졌다. 제3장에서 언급했듯이, 국정농단 사건 공소유지를 이유로 윤 총장의 요청이 수용된 결과였다. 그렇지만 2018년 3월 13일 최서원(최순실) 씨가 유죄판결을 받았고 이어 4월 6일 박근혜 전 대통령이 각각 1심에서 유죄판결을 받았기에 특수부 검사를 더 우대할 필요는 없게 되었다.

법무부장관과 행정안전부장관 간의 검경수사권조정 합의가 성사되어 입법화를 앞두고 있었다. 특수부 같은 검찰의 직접수사 영역보다는 경찰 수사를 사후적으로 통제하는 형사부 검사들의 비중이 높아져야 했고 이들을 우대할 필요가 커졌다. 형사사법의 중심은 검찰 조사실이 아니라 법정이 되어야 하는 것이 시대의 흐름이기에 공판부 검사의 역량을 강화할 필요가 있었다. 제3장에서 보았듯이, 2019년 12월 검찰개혁법안이 국회를 통과해 2022년 1월부터는 '검사작성 피의자신문조서'의 증거능력이 대폭 제한된다. 따라서 공판검사의 역할이 더 중요해질 것이다.

법무검찰개혁위원회도 이에 부응해, 9월 30일 첫 회의 후 1호 권고를 내놓았다. 검찰의 직접수사 축소, 형사부·공판부로의 중심 이동을 위해 검찰청 사무기구에 관한 규정, 검사 인사 규정 등의 개정을 위한 실무 작업에 즉시 착수하라고 권고했다. 구체적으로는 "전국의 형사부·공판부를 지휘하는 대검찰청 형사부·공판송무부의 보직과 중요 형사·공판 사건을 담당하는 서울중앙지검의 형사·공판부장 보직에 특수·공안·기획 분야 경력 검사들이 주로 배치되는 문제를 개선해야 한다"형사부·공판부로의 중심 이동을 위해 대검찰청과 서울중앙지검의 형사 분야 주요 보직부터 형사부와 공판부 경력 검사들로 배치해야 한다" 등의 권고를 했다.

10월 8일 내가 직접 발표한 11가지 '신속추진 검찰개혁 과제' 안에는 이 내용이 종합 제시되어 있다. 즉, ① 직접수사 축소의 상징적 대상인 '특별수사부'는 폐지하고 형사부로 전환하며, '특별수사부'의 명칭을 '반부패수사부'로 바꾸어 3개 청에 최소한의 부서만 설치한다.* ② 공공수사부·강력부·외사부도 광역별 거점청을 선정해 최소한만 유지하고 나머지는 형사부로 전환한다 등이다. 이는 내가 사직한 다음 날인 2019년 10월 15일 대통령령 '검찰청 사무기구에 관한 규정' 개정에 반영되어 실현되었다. 형사부·공판부 검사에 대한 인사 우대는 추미애 법무부장관 취임 이후 실현되고 있다.

검찰조직 문화를 개혁해야

9월 12일에는 후보 시절 면담요청을 한 청년단체 '청년전태일' 회원들과 비공개 대담을 했다. 이들의 요구사항이 법무부 소관 업무는 아니었지만, 후보 지명 후 입시 문제 등에서 청년들 마음에

---

* '특별수사'란 단어로는 수사대상 사건이 특정되지 않고, 일반수사 대비 우월적 의미를 갖는 등의 문제가 있다는 비판이 수용되었다.

상처를 주었다고 판단했기에 이야기를 듣고 싶었다. 청년들은 입시 외에 비정규직과 최저임금 등에 대해 진솔하고 직설적으로 의견을 개진했다. 가슴이 아팠고 미안했다. 내가 장관으로 더 재직할 수 있었다면, 여러 가지 방식으로 해결 노력을 했을 텐데, 아쉬운 마음이 컸다.

추석 연휴 기간인 9월 14일 나는 부산 추모공원으로 가서 고 김홍영 검사의 묘소를 참배했다. 김 검사는 2016년 5월 19일, 서울남부지검 형사부 2년 차 검사로 근무하던 중 직속 상관이었던 김대현 부장검사의 괴롭힘에 힘들어 하다가 33세 나이에 유서를 남기고 세상을 떠났다. 나는 이 사건을 상명하복식 권위주의적 검찰조직 문화가 낳은 비극이라고 보고 있었다. 김 검사는 나의 대학 후배이자 고향 후배라는 사적 인연이 있었다. 묘소에 도착해 부친인 김진태 선생님과 김 검사의 묘비가 있는 곳까지 걸어갔다.

"(아들이) 평소 교수님이 많이 사랑해주셨다고 말했습니다."

김 선생님 말씀에 가슴이 저릿했다. 참배 후 나는 이렇게 말씀드렸다.

"고인은 상사의 인격 모독·폭언·갑질 등을 견디다 못해 죽음에 이르렀습니다. 부하 교육 차원이라고 볼 수 없는 비리행위로 비극이 발생했습니다. 검찰의 이 같은 문화와 제도가 바뀌고 비극이 재현되지 않아야 김 검사의 죽음이 헛되지 않을 것입니다. 검사의 선발·승진·교육에 대해 재검토하라는 것이 고인의 요청이라고 생각합니다. 연휴가 끝나면 검사 교육과 승진 문제를 살펴보고 특히 다수 평검사의 목소리를 들어 교육과 승진 과정에 반영하겠습니다."

묘소를 떠나서 김 검사 부모님과 함께 인근 찻집에 가서 40분 정도 대화를 나눴다. 고기영 부산지검장(이후 법무차관으로 퇴임)이 배석했다. 부모님은 "여기 단팥죽이 맛있습니다"라며 권하셨다. 부모님은 법무부장관이 직접 묘소를 찾아와 참배를 해주어 한이 많이 풀린다면서 소망 하나를 말씀하셨다. 김 검사가 근무하던 남부지검에 작은 추모 팻말을 만들어 달라는 것이었다. 이전에도 같은 부탁을 했는데 성사되지 못했다고 하셨다.

"그게 왜 이루어지지 않았는지 이해가 가지 않습니다. 제가 책임지고 만들겠습니다."

나는 이렇게 약속하고 자리를 떠났다.

이후 나는 사퇴하는 바람에 이 약속을 지키지 못했다. 늘 마음에 부담이 있었다. 그러나 추미애 법무부장관께서 대신 약속을 지켜주셨다. 2020년 10월 1일 추 장관은 페이스북에 남부지검 검사실 방문 사진과 함께 글을 올리셨다.

"1년 전, 조국 전 장관께서 고 김홍영 검사의 아버님께 약속드렸던 작은 명패를 조만간 준비해 부산에 계신 아버님을 모시고 소박하게나마 그 약속을 지켜드리고자 한다."

10월 8일에는 추 장관이 김 검사의 부모님과 함께 남부지검을 방문해, 추모비와 추모 식수 앞에서 고인을 위해 묵념하셨다. 남부지검 1층 현관에는 김 검사를 기리는 명패를 부착했다. 추 장관께 깊이 감사한다. 행사가 끝난 후 김 검사 부모님께서 전화를 주셨다. 두 분 다 목소리가 밝으셨다. "이제 여한이 없다"라고 하셨다.

2020년 10월 26일에는 김 검사를 괴롭혔던 김대현 부장검사가 회식 자리 폭행 혐의로 불구속기소되었다. 이제 김 검사도 안식을 찾았으리라. 장관으로 재직하면서 제도개혁의 초석을 놓으려고 노력한 것만큼, 김 검사의 영혼을 위로할 수 있게 된 계기가 마련되어 보람 있었다. 추후 내 재판이 마무리되면 김 검사의 묘소를 조용히 찾을 생각이다.

귀경 후 9월 16일, 나는 장관 지시를 내렸다. 첫째, 검찰국은 검사에 대한 지도방법 및 근무평정 제도를 전반적으로 재검토하고, '검사복무평정규칙' 개정 여부를 신속하게 보고할 것, 둘째, 검찰국과 검찰개혁추진지원단은 검찰 조직문화 및 근무평가 제도 개선에 관한 검찰 구성원의 의견을 듣는 구체적인 방안을 마련해 시행할 것 등이다. 이와 관련해 장관이 직접 검사 및 직원과 만나 의견을 듣는 첫 자리를 9월 중 마련하고, 전국에서 근무하는 검사와 직원이 자유로운 의견을 개진할 수 있도록 온라인 의견청취 방안을 마련하라고 지시했다. 온라인 의견청취 공간은 9월 24일 법무부 홈페이지에 개설되었다.

9월 20일에는 의정부지검, 9월 25일에는 대전지검 천안지청을 방문해 '검사와의 대화'에 참석했다. 정오부터 도시락을 먹으면서 비공개로 시작했는데, 검사들이 발언하고 나는 주로 경청했다. 검사들은 형사부 검사들의 애환을 토로했다. 인사와 승진에서의 불이익 문제 그리고 일선 청 검사들이 검찰 외부기관이나 서울중앙지검에 차출되면서 발생하는 일선 청의 인력 부족 문제를 진솔하게 털어놓았다. 외부기관에 파견된 검사가 많다는 것이 일선 실(實)근무 검사 부족의 주요 원인이라는 점이 오랫동안 검찰 조직 내에서 제기되고 있었다. 조직 바깥에서는 이 파견이 검찰의 영향력 확대 목적이라는 비판도 제기되고 있었다. 또 검찰 내의 직무대리 발령이 남용되어, 청별 적정 인원을 고려한 정식 인사발령 취지가 무너지고 인력 부족을 호소하는 청이 많았다.

보도되지는 않았지만, 검사 외 검찰 직원들과 대화 자리에서는 처우 불만이 직설적으로 나왔다. 평검사 및 검찰 직원들과 대화에서 나온 제안과 고언들은 모두 노트에 적었지만, 실현할 수가 없게 되어 아쉬웠다. 후임 장관님들이 해주시리라 믿고 있다.

그중 형사부 검사의 인사 우대는 추미애·박범계 두 법무부장관에 의해서 실현되고 있다. 검사의 외부기관 파견 문제는 10월 8일 내가 직접 발표한 11가지 '신속추진 검찰개혁 과제'에서 해결책을 밝혔다. 즉, 파견 필요성을 엄격히 심사해, 파견 필요성이 낮은 기관의 파견 검사는 복귀 조치하고 일선 청 형사부·공판부에 배치한다. 파견 필요성은 수사·조사 관련 업무 수행 여부를 기준으로 해 법률자문 업무를 주로 수행하는 파견 검사는 복귀를 검토한다. 검찰 내부 직무대리 발령은 각 청의 업무량, 정원, 현재 인원, 주요 현안 등을 고려해 조정하고 직무대리 연장은 엄격히 제한하며, 복귀 가능한 인원은 단계별로 복귀 조치한다 등이었다.

세 가지 근절 사항

장관 임명 후 전임 박상기 법무부장관께서 추진하셨던 몇 가지 과제를 매듭지어야 한다고 판단했다. 박 장관은 2018년 10월 국정감사에서 이렇게 밝혔다.

"피의사실 공표 행위, 심야조사, 포토라인, 이 세 가지를 없애는 방향으로 검토하라고 지시했다. 세 가지 모두 이행이 안 되고 있는데 가급적 시행되도록 하겠다."

첫째, 피의사실 공표 행위다. 수사기관은 피의사실을 흘려 언론에 보도되게 함으로써 수사를 유리한 방향으로 끌고 가고, 재판이 열리기 전에 여론재판으로 유죄의 낙인을 찍었다. 언론은 수사기관 내 '빨대'를 통해 수사정보를 받아 단독기사를 쓸 수 있었기에, 피의사실 공표를 당연한 것으로 간주해왔다. 피의사실 공표가 낳은 최악의 사례는 고 노무현 대통령 수사 당시 '논두렁 시계 보도'였다. 검사 출신 임수빈 변호사의 지적처럼, "검찰은 언론을 이용해 아직 재판에서 확인되지도 않은 범죄 혐의를 기정사실화하고 상대방을 무력화한다."*

---

* 임수빈, 『검사는 문관이다』(스리체어스, 2017), 36면.

박 장관은 학자 시절부터 이러한 검찰과 언론의 유착 행태에 대해 강한 비판적 문제의식을 갖고 계셨기에 장관 취임 후 이를 추진하셨다. 박 장관은 2019년 2월 28일에는 수사과정에서 원칙에 위배되는 피의사실 유출로 피의자의 인권이 침해되지 않도록 각별히 유의하라고 검찰에 공문을 보내 지시하기도 했다.

2019년 9월 27일 검사 출신인 박성수 송파구청장이 페이스북에 '나의 친구 조국에게'라는 제목의 글을 올리면서, 피의사실 공표의 문제점을 비판했다.

"특히 기소 전 피의사실 공표는 너무도 많은 폐해를 드러내왔다. 원칙적으로 금지할 때가 되었다. 이는 대통령령과 법무부령으로 즉시 시행 가능한 사안이다. 검찰권 남용을 억제하기 위한 민주적 장치로서, 현실적이고 효율적인 방책이라고 생각한다. 내가 아는 한 세계 어느 나라도 기소 여부가 결정되기 전에 수사 대상자를 마치 유죄가 확정된 어마어마한 범죄자인 양 만신창이로 만드는 나라는 대한민국 말고는 없다. 더 이상 알 권리라는 미명하에 헌법상 보장된 무죄추정의 원칙에 반하는 반인권적 행태가 문명국에서 자행되어서는 안 된다. 피의사실 공표는 결국 언론을 통해 보도됨으로써 검사의 본분을 벗어난 소영웅주의를 부추기고, 검찰의 무소불위 권한을 유지·강화하는 수단으로 악용되고 있다. 이제는 멈추게 해야 한다."

이렇듯 피의사실 공표의 폐해는 심각했지만, 내가 아는 한 피의사실 공표죄로 기소된 검사는 단 한 명도 없다. 내가 장관이 되기 전에 법무부는 기존의 '인권 보호를 위한 수사공보 준칙'을 대체할 '형사사건 공개금지 등에 관한 규정'을 준비해놓고 있었다. 공소제기 전의 형사사건에 대해 혐의사실 및 수사상황의 내용 공개금지를 원칙으로 하면서, 예외적으로 공개가 허용되는 요건과 범위를 규정했다. 형사사건 공개 업무를 담당하는 '전문공보관'이 아닌 검사 또는 검찰수사관의 언론기관 종사자 접촉 금지, 사건관계인 출석 정보 공개금지, 검찰청 내 '포토라인'(집중촬영을 위한 정지선)의 설치 금지 등이 규정되었다. 예외적 공개 여부 및 범위 등을 심의·의결하기 위한 '형사사건공개심의위원회'를 설치하도록 했다. 이러한 내용은 수사기관 브리핑의 한계와 시점, 주의사항 등을 상세히 규정하고 있는 미국 법무부의 '연방검사 업무지침'(United States Attorney's Manual)과 같은 취지다.

이를 실현하려 하니, 언론은 내가 나와 내 가족에 대한 수사 보도를 막으려 한다고 비난했다. 황당했다. 일국의 장관이 그런 속 보이는 의도를 가지고 결정을 하겠는가. 그렇지만 오해는 피해야 했다. 그래서 2019년 10월 18일 법무부와 여당의 회의를 열어 규정 제정은 그대로 추진하되, 나와 내 가족 사건 수사가 종결된 후부터 적용한다고 결정하고 이를 공표했다. 검찰과 언론은 피의사실 공표를 전혀 신경 쓰지 않고 나와 내 가족의 피의사실을 마음껏 흘리고 보도할 수 있어 '행복'했으리라 믿는다. '형사사건 공개

금지 등에 관한 규정'은 내가 장관직을 사퇴한 후 10월 30일 제정되고, 12월 1일자로 시행되었다.

그런데 '형사사건 공개금지 등에 관한 규정' 시행 이후에도 검찰의 피의사실 공표는 근절되지 않았다. 2021년 4·7 재보궐선거 직전 보수언론은 일제히 김학의 전 차관에 대한 '청와대발 기획 사정 의혹'을 보도하면서 당시 이광철 민정수석실 선임행정관이 관여해 대통령 보고 내용이 왜곡되었다는 식으로 기사를 썼다. 검찰수사팀이 아니면 알 수 없는 내용이 그대로 보도된 것이다. 이에 청와대는 당시 법무부와 행안부가 대통령에게 한 보고 내용은 김학의, 장자연, 버닝썬 사건을 개략적으로 기술한 요약본으로, 윤중천 면담과 관련한 보고 내용은 일절 포함되어 있지 않았음을 밝혔다. 보고 과정에 이광철 당시 선임행정관은 전혀 관여하지 않았음도 밝혔다. 정치적으로 예민한 시기에 부정확한 사실을 흘려 청와대에 타격을 주려는 의도가 분명했다. 박범계 법무부장관은 "묵과하기 어려운 상황"이라고 개탄했는데, 후속 조치를 주목한다.

둘째, 포토라인이다. 포토라인 폐지는 '형사사건 공개금지 등에 관한 규정' 제정 이전에 바로 이루어졌다. 윤석열 총장이 2019년 10월 4일 폐지를 지시했기 때문이었다. 9월 30일 문재인 대통령이 나에게 검찰개혁 보고를 받는 자리에서 검찰총장에게 직접 지시를 내렸는데, 윤 총장이 이에 즉답한 것이다. 당시 문 대통령은 다음과 같이 발언했다.

"법 제도적 개혁에 관해서는 법무부가 중심적인 역할을 해야 하고, 검찰권의 행사 방식, 수사 관행, 조직문화 등에서는 검찰이 앞장서서 개혁의 주체가 되어야 합니다. 검찰개혁을 요구하는 국민들 목소리가 매우 높습니다. 우리 정부 들어서 검찰의 수사권 독립은 대폭 강화된 반면 검찰권 행사의 방식이나 수사 관행, 조직문화 등에 있어서는 개선이 부족하다는 지적이 많습니다."

포토라인은 오랫동안 비판의 대상이었다. 피의자가 노란색 포토라인 테이프에 서는 순간 유죄의 낙인이 확고하게 찍힌다. 포토라인에 서 있는 피의자 사진은 대부분 고개를 숙이거나 우왕좌왕하는 모습 등 피의자에게 부정적인 이미지를 주는 것들이다. 포토라인에 서면 플래시 세례, 공격적 질문과 몸싸움 등에 노출되는데, 이 과정에서 피의자는 심리적 중압감을 느끼게 되고, 검찰 조사실에 들어가기 전에 '전의'(戰意)를 상실하게 된다. 이때 피의자가 말이나 행동에서 조그마한 실수라도 하게 되면, 바로 공격 대상이 된다. 검찰은 이 모든 것을 즐겨왔다. 고 노무현 대통령이 검찰에 출석하던 날 활짝 웃던 검찰 간부들의 표정을 떠올려보라. 포토라인에 서는 피의자들은 침묵하거나 "조사에 성실히 임하겠습니다" 정도의 말을 하는 데 그친다. 따라서 포토라인이 국민의 알 권리를 얼마나 충족시키는지도 의문이었다.

포토라인 폐지는 박상기 법무부장관이 추진해온 것이고, 대통령의 대(對)검찰총장 직접지시를 계기로 윤 총장이 결정을 내려

폐지된 것뿐이다. 그런데도 포토라인이 폐지되자, 언론은 나와 내 가족이 수혜자라고 비판했다. 윤 총장이 나와 내 가족을 위해서 폐지를 지시했겠는가. 언론의 끊임없는 '기승전-조국' 프레임 작동에 신물이 났다.

셋째, **심야조사**다. 박상기 법무부장관이 꼭 폐지하고 싶어 한 심야조사의 경우, 2019년 10월 7일 대검의 결정으로 공식 폐지되었다. 즉, 오후 9시 이후의 조사는 원칙적으로 폐지하되, 조서 열람은 오후 9시 이후에도 가능하도록 한다는 것이다. 누가 결정했건 그 자체로 좋은 일이었다.

그런데 언론은 정경심 교수가 조서 열람을 할 때 시간을 많이 쓴다는 비판기사를 내보냈다. 제3장에서 살펴보았지만, 검찰개혁 법안 가운데 '검사작성 피의자신문조서'의 증거능력을 제한하는 조항은 2022년 1월 이후 발효되므로, 그 이전까지 이 조서는 막강한 증거능력을 갖는다. 조서에 적힌 단어 하나하나가 이후 재판에서 중요한 역할을 하게 된다. 따라서 피의자는 조서를 꼼꼼히 검토하면서 자신의 답변이 그대로 기재되어 있는지를 확인할 권리가 있다. 게다가 정 교수는 한쪽 눈을 실명했기에 조서 확인 시간이 더 많이 걸렸다.

이런 상황을 뻔히 알면서도 헌법과 법률이 보장하는 자기 방어권을 행사하는 피의자에게 비난이 가도록 조서열람 시간을 흘리는 검찰 관계자와 이를 그대로 받아쓰는 기자는 도대체 어떠한 뇌구조를 가지고 있는지 궁금하다. 이들에게는 피의자 인권은 안중에 없었고, 어떻게든 낙인 찍으려는 의지만이 가득 차 있었다.

10월 8일 내가 발표한 11가지 '신속추진 검찰개혁 과제' 안에는 심야조사 금지 외에 장시간 조사 금지 규정을 신설하겠다는 내용이 들어 있다. 사직 하루 전 10월 14일에는 내가 직접 검찰개혁 브리핑을 했다. 위 사항을 포함해 아래와 같이 약속했다.

법무부훈령인 '인권보호수사준칙'을 같은 법무부령인 '인권보호수사규칙'으로 상향 입법해 규범력과 실효성을 강화하겠다고 밝혔다.

① 1회 조사는 총 12시간(열람·휴식을 제외한 실제 조사시간은 8시간)을 초과할 수 없고, 조사 후 8시간 이상 연속 휴식을 보장한다. ② 심야조사를 21시부터 06시 이전 조사(열람시간 제외)로 명시하고, 자발적 신청이 없는 이상 심야조사를 제한한다. ③ 부당한 별건수사를 제한하는 규정을 신설하고, 부당한 별건수사 및 수사 장기화에 대한 실효적 통제 방안을 마련한다. ④ 부패범죄 등 직접수사의 개시·처리 등 주요 수사 상황을 관할 고등검사장에게 보고하고 사무감사로 적법절차 위반 여부 등을 점검한다. ⑤ 전화·이메일 조사 활용 등 출석 조사 최소화, 출석 후 불필요한 대기 금지, 수용자 등 사건 관계인에 대한 지나친 반복적 출석요구 제한, 출석요구 과정을 기록하도록 규정을 신설한다. ⑥ 사건 관계인을 친절·경청·배려하는 자세로 대하고, 모멸감을 주는 언행을 금지하도록 규정한다 등이다. 인권보호수사규칙은 내가 사직한 후

10월 31일 제정되고 12월 1일부터 시행되었다.

검찰의 국가소송·행정소송 지휘권을 법무부로 환수

1951년 제정된 국가소송법은 국가를 당사자 또는 참가인으로 하는 소송, 즉 '국가소송'에서 법무부장관이 국가를 대표하게 했다. 행정청의 소관 또는 사무에 속한 소송에 대해 법무부장관이 지정하는 자가 소송을 수행할 수 있게 했으며, 소송지휘는 법무부장관이 하게 했다. 그런데 1970년 국가소송법이 개정돼 법무부장관이 국가소송을 검사에게 맡길 수 있게 했고, 소송지휘도 검찰총장, 고등검찰청 검사장, 지방검찰청 검사장에게 위임할 수 있게 되었다. 당시 법무부 인력이 부족했고, 각급 법원에 산재된 송무(訟務)*를 효율적으로 처리하기 위해서는 전국적 조직을 갖춘 검찰에게 위임하는 것이 편리하다는 판단이었다. 이후 국가소송은 사실상 검찰이 도맡아 처리하게 되었다. 그 결과 법무부가 아니라 검찰이 국가를 대표하는 기관이 되어버렸다. 분명 비정상이었다.

나는 장관 지명 후 법무부가 50년 만에 국가소송·행정소송 지휘권을 환수해야 한다고 결심하고, 임명된 후 당시 이용구 법무실장(이후 법무차관으로 퇴임) 등에게 검토 지시를 내리는 한편, 청와대에도 보고했다. 국가소송 송무를 검찰에 위임할 수 있으나, 소송지휘는 법무부가 하는 것이 정부 운영원리에 부합하기 때문이

---

* 소송에 관한 사무나 업무.

다. 송무 역량이 전국적으로 분산된 결과 효율성이 떨어지는 문제가 있었고, 과거와 달리 전자 소송이 활성화되고 교통수단도 발달되어 송무 역량을 지방에 분산해야 할 이유도 줄어 있었다. 검찰에 있는 송무 사무인력을 법무부로 이동시키고, 송무 전담인력을 추가 채용해 법무부 법무실을 대폭 강화하고자 했다.

이 계획은 내가 장관으로 재직하는 동안에는 실현되지 못했다. 그러나 추미애 법무부장관의 노력으로 2020년 8월 국가소송법 시행령이 개정되었다. 그리하여 각급 검찰청의 장은 국가소송 사건에서 소의 제기 및 취하, 상소의 포기 및 취하, 화해, 청구의 포기 및 인낙(認諾), 소송대리인의 선임 및 해임의 소송행위를 하려는 때에는 법무부장관의 승인을 받도록 바뀌었다. 개정 전 승인권자는 법무부장관 외 검찰총장, 고등검찰청 검사장이 포함되어 있었다. 행정소송을 수행하는 소관 행정청에 대한 소송지휘도 검찰청이 아니라 법무부장관으로 바뀌었다. 50년 만에 정상화가 이루어진 것이다.

미완의 과제

이상이 장관 재직 기간 또는 퇴임 직후 성취된 과제라면, 이루지 못한 과제 두 가지가 있다.

첫째, '재산·소득 비례 벌금제' 도입이다. 현행 벌금제는 '총액 벌금제'다. 총액 벌금제는 피고인의 소득이나 재산과 상관없이 법관이 일정한 액수를 선고한다. 이는 서민에게는 지나치게 가혹한 결과를, 부유층에게는 형벌 효과가 미약한 결과를 초래한다. 예컨대, 벌금 100만 원은 부과되는 대상자에 따라 전혀 의미가 다르다. 서민들이 고액의 벌금을 내지 못해 교도소에 가게 되는 일이 왕왕 벌어진다.

반면 '재산·소득 비례 벌금제'는 ① 범죄의 경중에 따라 벌금 일수(日數)를 먼저 정한다. ② 피고인의 재산과 소득을 기준으로 1일 벌금액을 산정한다. 그 후 ③ 벌금 일수와 1일 벌금액을 곱해서 최종 벌금 액수를 정한다. 벌금 일수를 먼저 정하기 때문에 '일수벌금형'이라고 불리기도 한다. 핀란드가 1921년 이 제도를 도입한 이후 독일·프랑스·오스트리아·스위스 등에서 시행 중이다. 예컨대, 스위스 형법은 "소득과 재산, 생활비, 소요될 가사의무와 부양의무 및 최저생계 등 행위자의 개인적이고 경제적인 사정을 고려해 1일 벌금 정액을 정한다"라고 규정하고 있다. 잘 알려진 이야기지만, 노키아 부사장은 시속 50km 구간에서 75km로 달렸다가 11만 6,000유로(약 1억 6,000만 원)의 벌금을 내야 했다.

2019년 8월 26일 나는 장관 후보자로 '재산·소득 비례 벌금제' 도입을 약속했다. 문재인 대통령의 대선 공약이기도 했다. 이 제도는 1990년대부터 학계와 법조계에서 논의되었고 국회에도 법안이 제출되었지만 제대로 심의되지도 통과되지도 못했다. 아쉬웠다. 장관 사직 후 이 제도에 대한 사회적 관심은 사라졌다.

그런데 2021년 4월 이재명 경기도지사가 이 제도 도입을 공개 주장해 다시 관심이 점화되었다. 국민의힘 윤희숙 의원도 기본적으로 찬동한다고 밝혔다. 21대 국회에는 이미 더불어민주당 소병철 의원과 이탄희 의원이 이 제도를 도입하는 법안을 발의해 현재 법사위 논의를 기다리고 있다. 신속한 논의를 거쳐 입법화되길 바란다.

둘째, 교정 개혁이다. 나에 대한 언론이나 국민의 시각은 검찰개혁과 주로 연결되어 있다. 이는 틀린 것이 아니다. 다만 나는 장관 이전에 형사법 학자로서 교정 개혁에 깊은 관심이 있었다. 문 대통령께서 장관 후보로 지명한 이후 나는 이전에 고민했던 교정 개혁 사항을 정리했다. 그리고 9월 9일 취임사에 "그동안 법무부는 검찰의 논리와 인적 네트워크로 움직여왔습니다. 그러나 법무부에는 검찰 업무 외에도 법무, 범죄예방 정책, 인권, 교정, 출입국·외국인 정책 등 비검찰 업무가 많고 그 중요성 또한 매우 높습니다. 법무부는 이제 전문성과 다양성, 자율성을 갖춘 다양한 인재들을 통해 국민에게 고품질의 법무행정 서비스를 제공할 수 있도록 바뀌어야 합니다"라는 내용을 넣었다.

장관에 임명된 후 9월 20일 의정부교도소를 방문해 직원 근무실, 수용자 생활공간인 수용동, 수용자 작업장 등 주요 시설을 둘러보고 교정정책의 현장 추진 상황과 시설안전 실태를 확인·점검했다. 특히 의정부교도소의 현안 사항을 보고받는 자리에서 나는 이렇게 밝혔다.

"과밀수용은 단지 의정부교도소에 국한된 문제가 아닌 교정시설 전반의 심각한 문제로 수용자에 대한 인권적 처우와 효율적 수용관리를 위해 범정부 차원에서 대책을 마련해 조속히 해결하도록 노력하겠습니다."

'가족접견실'을 둘러본 후, 수형자의 사회적 처우와 가족관계 회복 정책을 확대해 수형자의 사회성 향상과 자활 능력을 배양해 출소 후 안정적으로 사회에 정착할 수 있도록 해야 한다고 지시했다. 특히 '아동친화형 가족접견실'은 성장기 아이들의 정서 안정에 도움을 주는 훌륭한 제도로 적극 확대 시행할 것을 지시했다. 또한 재범 고위험군 범죄자의 심리치료를 전담하고 있는 심리치료센터의 운영 실태를 확인하고, 이 센터가 내실 있게 운영되어야 정신질환자 등 재범 위험성이 높고 사회적 피해가 큰 범죄의 재범률을 낮출 수 있을 것이라고 평가했다.

이어 현장 직원들과의 대화에서 현장 근무자들의 애로사항을 경청하고 개선방안 등에 대해 논의했다. 이 자리에서 나는 "과밀수용, 인력 부족, 하위직급 위주의 직급구조, 노후 시설 등 교정 현안을 해결하기 위해 노력"하겠다고 약속했다.

의정부교도소에서 내가 지시했던 사항은 수용자의 인권 보호와 사회복귀를 위해 시급한 과제였지만, 예산 부족과 프로그램 미비 등으로 충분히 실현되지 못하고 있었다. 그 결과 '교도소'는 이름에만 '교도'가 들어가 있지 실제는 '감옥'에 그치는 경우가 많다. 국민들도 교정 개혁에 예산을 쓰는 것을 좋아하지 않는다. 그러다

보니 출소한 사람은 사회 복귀를 못 하고 재범을 해서 다른 국민에게 피해를 주는 악순환이 반복되고 있다.

의정부교도소 방문 시 지시한 것은 아니지만, 나는 징역 3년 미만의 생계형 범죄자를 따로 수감하고 교도소 외부 직장에 출퇴근을 허용하는 '개방교도소' 신설에 큰 관심이 있었다. 국내에는 천안에 딱 한 곳 개방교도소가 있는데, 여기서는 중단기 모범수를 선발해 사회복귀에 필요한 교육 훈련을 시키고 있다. '완화경비 처우 대상자'(S2급)가 수용되는 서울남부구치소의 경우 독실이 혼거실보다 많다. 그러나 이를 제외하고는 단기형을 받은 수형자 대부분은 이러한 교육 훈련을 받지 못한 채 수용되는 데다가 범죄성이 높은 범죄자와 같이 생활하기 때문에 사회 복귀는커녕 범죄학습이 이루어지기도 한다. 오래전부터 학계에서는 이 문제를 제기하면서 개방교도소 확대를 주장했으나, 실현되지 못했다. 학자 출신인 박상기 법무부장관이 취임한 후 징역 3년 미만의 생계형 범죄자를 위한 개방교도소를 만들겠다고 공언하셨으나,* 성사되지 못했다.

이러한 나의 약속과 소망은 실현되지 못했다. 헛된 가정이지만 장관으로 더 재직할 수 있었더라면, 교정 개혁의 초석을 놓을 수 있었을 것이다. 후임 장관님들께서 잘해주시리라 기대한다.

---

* 김원배, 「재범 막게 생계형 초범 따로 수용⋯ 일 끝나면 교도소로 퇴근」, 『중앙일보』(2018. 9. 13).

매일매일 이를 악물고

이 같은 과제는 어느 정당이 정권을 잡느냐와 무관하게 반드시 이루어져야 할 탈정치적 제도개혁 사안이다. 그러나 검찰의 이익을 자신의 이익으로 생각하던 언론과 야당은 발목잡기로 일관했다. 법무검찰개혁을 위해 한 걸음 내딛는 데도 온 힘을 모아야 했다. 정경심 교수가 기소되고 가족에 대한 수사가 진행되는 상황에서 장관으로 이 같은 과제를 추진하는 것은 참으로 고통스러웠다. 어떠한 개혁방안도 진의가 왜곡되어 보도되고 공격받았다.

특히 2019년 9월 23일 검찰이 집을 압수수색하자 나의 입지는 좁아졌다. 검찰의 칼날이 내 목까지 온 것이다. 집 압수수색이 있던 날, 재직 기간이 예상보다 더 짧아질 것 같다는 직감이 들었다. 그러나 포기할 수는 없었다. '지붕'은 올리지 못하더라도 '초석'은 놓아야 한다. 뒤로 되돌릴 수 없는 개혁의 제도화를 해놓고 물러나야 한다고 판단했다. 서둘러야 했다. 집중해야 했다. 가족 전체가 십자포화와 융단폭격을 맞고 있어 고통스러웠지만, 초석을 놓을 때까지는 견뎌야 했다. 검찰개혁에 대한 국민적 관심이 유례없이 고조된 만큼 국민적 공감대가 확고히 형성될 때까지 버텨야 했다.

9월 25일 『시사인』과 인터뷰를 했다. 길지만 당시 나의 마음과 각오를 잘 드러낸 답변을 옮긴다.

"'(검찰개혁이) 이번에도 좌초되면' 같은 생각은 하고 싶지 않습니다. 검찰개혁은 저를 딛고서라도 가야 한다고 생각합니다. 구시

대의 잿더미를 넘어 새로운 개혁의 시간이 온다는 다짐을 하면서 이를 악물고 출근하고 있습니다. 처음 지명됐을 때는 이런 상태에 놓이리라고는 상상도 못 했습니다. 훨씬 더 신나게, 즐겁게, 제가 원래 구상했던 것들을 할 수 있으리라고 생각했죠. 그게 제 업보인지 운명인지 모르겠지만 이런 처지에 놓이게 되었습니다.

아주 개인적으로만 보게 되면 가족을 돌보는 게 급합니다. 집에 있지를 못하잖아요, 오늘도. 제 가족을 돌보지 못하는 상태에 있거든요. 제가 그냥 사인(私人)이라면 빨리 가족으로 돌아가서 돌봐야 됩니다. 가족들이 힘들어하는 상태인데, 그 점에서 힘들죠. 힘든데 제가 사인이 아니라 공인, 그중에서도 고위공직자이기 때문입니다.

앞서 '이번에도 좌초되면'이라는 생각은 상상하기도 싫다고 했습니다만, 임명됐을 때 하려고 했던 걸 이루지 못할 수도 있겠지만, 그럼에도 불구하고 왜 임명됐을까요. 현재 상당수 국민들이 제가 부족하고 미흡하고 불찰이 있다는 걸 알면서도, 저에 대한 실망도 하셨고 분노도 하셨고 저의 부족함을 다 알면서도 왜 검찰개혁이 필요하다고 나서고 계실까요.

조국 장관이라는 사람이 너무 좋다 이게 아니에요, 저는 그렇게 생각합니다. 그 뜻, 국민들의 뜻을 생각하면서 일을 하려고 합니다. 한 걸음 한 걸음 그냥 가보려고요. 갈 때마다 불편한 한 걸음이에요. 공적 행보를 할 때 즐겁거나 이렇지 않은 상황입니다. 어쩔 수 없이 불편한 일들이 벌어지거든요. 책임·소명·소임 이런 말들이 얼마나 두렵고 무서운 말인지 깨우치고 있습니다.

요새는 제가 하루를 살고 또 하루를 살아내는 것이 개혁이고 인생이라는 생각이 드는데요. 뒤로 되돌릴 수 없는 개혁, 결국은 제도화, 제도화, 제도화라고 봅니다. 죽을힘을 다해 한 걸음이라도 앞으로 내디딜 겁니다. 언제 어디까지일지 모르지만 갈 수 있는 데까지 가볼 생각입니다."

장관 사임 후 어느 날 갑자기 치아에 격심한 통증이 왔다. 평소 통증을 잘 참는 편이라 진통제도 거의 먹지 않는데, 도저히 견딜 수 없는 아픔이었다. 진단 결과 내가 낮에는 이를 세게 악물었고, 밤에 잠을 자는 동안에는 이를 심하게 갈아 치아가 비틀어지는 등 문제가 생겼다 했다. 담담하고 차분하게 대응하며 헤쳐나가고자 했으나, 무의식적으로는 힘이 들었던 것이다.

몸에 탈이 생긴 것은 나만이 아니었다. 어머니는 이런 과정을 겪으면서 한순간에 한쪽 귀가 먹어버려 보청기를 착용하게 되었다. 동생은 이가 빠져 8개의 임플란트를 해야 했다. 원래 건강이 좋지 않은 정 교수는 말할 나위도 없다. 자식들도 정신적·심리적으로 위축되었다. 2019년 하반기 이후 정신과 전문의 몇 분이 가족 전체 상담이 필요할 것 같으니 시간을 내라고 연락해주셨다. 고마웠다. 그런데 계속 이어지는 재판 준비와 출석 때문에 상담을 받기 어려웠다. 그분들의 마음을 생각해서라도 상황이 일단락되면 찾아뵙기로 다짐했다.

나와 내 가족에 대한 검찰수사가 어디까지 확대될지 모르는 상황에서 장관으로서 법무·검찰개혁의 초석을 놓으려 한 것은 만용이었을까. 아니면 비극적 숙명이었을까. 아무튼 나는 장관직을 내려오는 최후의 순간까지 최선을 다하고자 했다. 내가 장관에서 물러난 후 건국대 이종필 교수는 이렇게 평가했다.

"5주라는 짧은 법무부장관 임기 동안 장관으로서 할 수 있는, 하지만 지난 70년 동안 하지 못했던 주요 조치들을 단행했다."* 검찰 출신 이건태 변호사는 TBS '김어준의 뉴스공장' 인터뷰(2019. 10. 16)에서 특수부 축소와 심야조사 폐지 등을 예로 들며 "재임 기간 36일간 10년 동안 안 됐던 일을 다 해놓은 것"이라고 평했다. 과찬에 감사했다.

장관 사퇴 후 정의당도 유상진 대변인 논평을 통해 덕담을 해주었다.

"취임 이후 36일 동안 장관으로서 할 수 있는 최선의 개혁을 해왔고, 오늘까지도 개혁안을 발표하며 쉼 없이 달려왔다. 그러면서 45년 만에 특수부를 역사 속으로 사라지게 한 것 등 그동안 검찰개혁의 초석을 마련했다. 가족들에 대한 수사 등으로 어

---

* 이종필, 「'조국대전'의 유산」, 『한국일보』(2019. 10. 22).

려움 속에서도 불구하고, 검찰개혁에 대한 신념을 포기하지 않고 추진해온 것을 높이 평가한다. 장관으로서 최선을 다했으며, 수고 많았다."

정의당에도 부담을 주었는데, 감사했다. 그런데 4·15 총선 이후 정의당에서 검찰개혁에 대한 목소리는 사라진 것처럼 보인다.

앞에서 정리한 여러 과제를 추진한 것이 나와 내 가족의 수사를 막기 위한 것이었다거나, 정파적 목적과 이익을 추구하기 위한 것이 아니었음은 돌아가신 아버지의 이름을 걸고 맹세할 수 있다. 법무검찰개혁의 제도화를 추진하는 과정은 고통스러웠다. 하지만 이는 우리나라 법무부와 검찰 발전에 중대한 전환점이 되리라 확신한다.

제6장

서초동의 장엄한 촛불십자가

"나는 죽지 않았다. 죽을 수 없었다.

진심으로 나를 사랑하는 사람,

나의 흠결을 알면서도 응원하고

지지하는 사람들이 있었기에 버틸 수 있었다.

생환(生還), 그것이면 족했다."

함께 부른 「홀로아리랑」

2019년 9월 9일 내가 법무부장관으로 임명된 후 7일 만인 9월 16일, 딸에 대한 검찰 소환조사를 기점으로 가족 조사가 시작되었다. 자식을 검찰청에 들여보내는 고통은 글이나 말로 다할 수 없다. 9월 16일 저녁부터 서초동에서 1차 '검찰개혁 촛불문화제'가 시작되어 12월 말까지 계속되었다. 당시 나는 장관 재직 중이었기에 집회에 참석할 수는 없었고, 언론 보도와 친구, 지인들의 연락을 통해 상황을 알게 되었다.

9월 16일 1차 집회에 이어 9월 17일부터 9월 20일까지 다섯 차례 집회가 열렸는데, 그때까지만 해도 규모가 크지 않아 보도가 거의 되지 않았다. 그런데 9월 21일 6차 집회부터 참가 인원이 수천 명으로 늘어나기 시작했다. 시민들은 촛불과 함께 "정치 검찰 물러나라" "자한당을 수사하라" "공수처를 설치하라" 등의 피켓을 들었다. 방송인 노정렬 씨가 사회를 보았고, 참석자들은 내가 『진보집권플랜』 북콘서트에서 부른 「홀로아리랑」 영상을 틀어놓고 같이 노래를 불렀다.

2019년 9월 23일 집 압수수색이 있었다. 문재인 대통령이 미국으로 출국한 날이었다. 나는 출근한 후였는데, 정경심 교수가 놀라서 두려운 목소리로 전화했다. 심신의 건강이 이미 최악이었기에 압수수색을 책임지는 검사에게 "아내 건강이 좋지 않으니 이를 참작해 진행해달라"라는 취지의 말을 하고 전화를 끊었다. 압수수색은 어떠한 방해도 없이 약 11시간 동안 진행되었다. 그 통화는 장관으로서가 아니라 압수수색을 당하는 시민으로서 한 것이며, 주거의 소유자이자 거주자로서의 권리였다.

야당과 언론은 이 통화를 빌미로 내가 압수수색을 막거나 방해한 것처럼 공격했다. 다음 날 대부분 신문의 1면 헤드라인은 이런 기사로 뒤덮였다. 그러나 이들은 '검언유착 사건'이 진행되던 2020년 2월-4월 한동훈 검사장이 이동재 기자와 300여 차례 문자 메시지를 교환했고, 한 검사장과 윤석열 총장 부인 김건희 씨 사이에 200여 차례 통화와 문자 메시지 교환이 있었다는 점은 조명하지 않았다. 이것이 그리도 취재할 가치가 없는 일인가?

9월 24일에는 아들에 대한 검찰 소환조사가 진행되었다. 차분한 성격의 아들은 검찰 조사에서 받은 모욕감으로 한동안 힘들어했다. 9월 25일 천주교정의구현사제단, 실천불교전국승가회, 원불교사회개벽교무단, 전국목회자정의평화협의회 등 4대 종단 단체에서 검찰개혁을 촉구하는 서명운동에 돌입했다. 9월 30일 공동으로 발표된 선언문을 발췌해 소개한다.

"우리는 검찰의 과거 행태를 똑똑히 기억하고 있습니다. 10년 전 '검사와의 대화'에서 대통령도 무시하던 검사들의 안하무인 태도를 기억합니다. 노무현 대통령 퇴임 이후에 이른바 '논두렁 시계'라는 유언비어를 조작·유포해 끝내는 그를 죽음으로 몰아갔습니다. 우리는 검사들의 기고만장함을 잊지 않고 있습니다. 검찰은 독점된 힘에 취해 국민의 인권을 외면하고 민주주의를 억압했던 과거를 반성해야 합니다.

검찰의 권한은 축소되어야 합니다. 현 정부에서 추진하고 있는 검찰개혁은 권력을 분산하고 국민의 공복으로 거듭나는 과정입니다. 검찰의 수사권·기소권을 분리하고 공수처의 견제를 받아야 합니다. 우리는 검찰의 권력 분산과 개혁을 강력히 촉구합니다.

그러나 검찰은 개혁에 저항하는 모습을 감추지 않고 있습니다. 검찰개혁을 완수하겠다는 법무부장관에 대한 과도한 수사는 정상이 아닙니다. 특수부 검사 수십 명을 동원해 먼지떨이식 수사를 하고 있습니다. 이는 검찰개혁을 거부하고 있다는 점을 노골적으로 드러내는 행위입니다.

법무부장관이 임명된 후에도 무차별적 압수수색을 계속하고 있습니다. 뿐만 아니라 압수수색과 수사 사실을 언론에 계속 흘리고 있습니다. '논두렁 시계'의 망령이 여전히 살아 있음을 보여줍니다. 검찰이 대통령의 인사권을 인정하지 않겠다는 것이고 끝내 끌어내리겠다는 속셈을 노골적으로 드러내고 있습니다. 비선출 권력인 검찰은 대통령의 인사권에 대한 도전을 멈추고 개혁을 받아들여야 합니다. 검찰은 민주주의를 흔드는 정치 행위를 중단해야 합니다. 오히려 국민의 아픔인 세월호 사건과 김학의 성 상납 사건에 집중해야 합니다. 비선출 권력인 검찰을 개혁해 국민의 품으로 돌려보내는 것이 민주주의를 정착시키는 핵심임이 분명해졌습니다. 국회는 당리당략을 떠나 시대의 과제인 검찰 및 사법개혁을 더욱 신속히 추진할 것을 촉구합니다."

9월 27일 문재인 대통령은 청와대 대변인을 통해 검찰권 행사의 절제를 강조했다.

"검찰이 아무런 간섭을 받지 않고 전 검찰력을 기울이다시피 엄정하게 수사하고 있는데도 검찰개혁을 요구하는 목소리가 높아지고 있는 현실을 검찰은 성찰해주시기 바랍니다. 검찰개혁은 공수처 설치나 수사권조정 같은 법·제도적 개혁뿐 아니라 검찰권 행사의 방식과 수사 관행 등의 개혁이 함께 이뤄져야 합니다. 특히 검찰은 국민을 상대로 공권력을 직접적으로 행사하는 기관이므로 엄정하면서도 인권을 존중하는 절제된 검찰권의 행사가 무엇보다 중요합니다."

풀뿌리에서 시작된 서초대첩

이러한 흐름 속에서 9월 28일 7차 '검찰개혁 촛불문화제'가 열렸고, 100만 명 이상의 시민이 모였다. 10월 5일 8차 집회와 10월 12일 9차 집회에서도 100만 명 이상이 운집했다. 주최 단체인 '검찰개혁 사법적폐청산 범국민시민연대'는 이를 '서초대첩'이라고 불렀다. 엄청난 참여인원으로 서초동 일대에 전화 통화나 인터넷 접속이 일시 멈추는 일이 발생했다. 언론사에서 드론으로 집회 상황을 촬영해 보도했다. 서초역 사거리 일대를 가득 메운 촛불집회

인파로 거대한 '촛불십자가'가 만들어졌다. 그 장엄한 모습에 울컥했다. 이 고난의 길에 나 혼자가 아니라 수많은 사람이 함께하고 있다는 생각에 외롭지 않았다.

이 대규모 집회의 기폭제는 9월 23일 집 압수수색이었던 것 같다. 11시간에 걸친 압수수색, 딸의 중학교 2학년 시절 일기장 압수, 기자들의 희희낙락한 표정 등이 보도되면서 시민들이 분노한 것이다. 검찰은 무엇을 기대하면서 사춘기 소녀의 일기장을 가져간 것일까. 아빠인 나도 보지 않은 딸의 일기장이었다. 딸은 그 안에 적힌 내밀한 심경과 고민이 언론에 공개되지 않을까 걱정했다. 이 일기장은 아직 돌려받지 못하고 있다. 시민들은 폭주하는 검찰에 공포를 느꼈고, 일방적으로 검찰 편을 드는 언론에 분노했다. 검찰 수사의 궁극적 목적이 검찰개혁 무산이라는 것을 시민들이 감지한 것이다. 위에서 소개한 4대 종단 선언문의 선지자적(先知者的) 문제의식이 널리 확산되고 있었다.

서초동 촛불집회는 박근혜 탄핵집회와 차이가 있었다. 먼저 이름 있는 시민사회단체의 조직적 참석 권유가 없었다. 집회 현장에도 이들 단체의 깃발은 없었다고 한다. 당시 이들은 검찰개혁에는 동의하지만, 나와 내 가족에 대한 수사로 나에게 비판적이거나 거리를 두고 있었다. 더불어민주당도 촛불집회 참석을 결의하거나 지시하지 않았고, 현역 의원 중에서 참석한 이는 소수였다. 더불어민주당은 조심스럽게 추이를 보고 있었다. 정의당의 입장은 확인되지 않지만, 참석을 권유하지는 않았을 것이다.

서초동 촛불집회를 주최했던 단체는 '검찰개혁 사법적폐청산 범국민시민연대'로, 당시에는 이름이 알려지지 않은 단체였다. 이 단체는 유튜브 '시사타파 TV' 애청자들이 우리 대법원의 강제징용 판결에 대해 일본 정부가 수출규제를 하자 일본상품 불매운동을 벌이기 위해 만든 '개싸움 국민운동본부'(이후 '개혁국민운동본부'로 개칭)가 모체였다. '검찰개혁 사법적폐청산 범국민시민연대'는 기존의 주류 시민사회단체와 연대 없이 시민의 자발적 참여를 호소하면서 집회를 끌고 갔다. 그리고 여러 진보 유튜버들, '루리웹 정치유머 게시판' 사용자 등 '친(親)문재인' 온라인 게시판 사용자들도 적극적으로 홍보하고 참여했다.

10월 5일 7차 집회에서 가수 이은미 씨는 무대에 올라 애국가를 부른 뒤 "무도한 검찰은 개혁되어야 한다. 새롭게 태어나야 한다고 명령하기 위해 이 자리에 모였다"며, "모든 언론과 반대 세력이 조국 장관을 난도질할 때 나는 조국 장관을 지켜야 한다고 생각하게 됐다"라고 발언했다.

10월 12일 8차 집회에서 사회를 본 방송인 노정렬 씨는 빨대를 손에 들고 나와 검찰과 언론을 비판했다. 그는 유시민 노무현재단 이사장이 제기한 'KBS의 김경록 인터뷰 검찰 유출'을 거론한 후 외쳤다.

"검찰 수사를 받는 사람과 인터뷰한 내용을 검찰에 크로스 체크하는 게 맞느냐. 국민과 헌법 위에 군림하고 서로 '빨대'를 빨아 국민의 고혈을 빨아먹은 검찰과 언론을 국민의 촛불로 태워 버리자."

'수다맨'으로 알려진 개그맨 강성범 씨는 무대에 올라와 물었다.

"조국 일가가 저렇게 저잣거리에 내걸리는 걸 보고도 '검찰 개혁 하겠소'라고 나서는 사람들이 있겠습니까? 반대로 검찰이 수긍하는 사람이 법무부장관이 됐을 때 검찰개혁을 할 수 있을 까요?"

공연 일정으로 서초동 촛불집회에는 참석하지 못하고 2019년 11월 2일 여의도 촛불집회에 참석한 가수 이승환 씨는 "많은 광장 에 섰고 집회에 섰지만 오늘은 노래하고 말하기가 다른 때보다 유 독 무섭다"라고 고백하면서 말했다.

"영화나 소설 속 검찰 이미지 때문에 검사들을 신뢰할 수 없 는 집단으로 생각해오긴 했지만, 이제는 불신을 넘어 공포의 대 상이 되고 말았습니다. 국민 위에 군림하면서, 국민을 하찮게 여 기고, 잠재적 범죄자로 보는 것은 아닌가 하는 생각이 듭니다. 이번 기회에 검찰 이미지 좀 바꾸는 게 어떨까요? 표적수사, 선 택수사 하지 말고 공정한 수사 하고 검찰개혁을 이뤄내는 그런 이미지 변신. 저희 국민이 원합니다."

서초동 촛불집회에 나온 시민들이 자신의 소속을 밝히며 들고 나온 깃발을 보면, 풀뿌리에서 시작된 것임을 쉽게 알 수 있다. '검새관찰위원회' '영장자동발매기연구회' '짜장면연구회' '떡검생활연구소' '윤석열이름빨간펜으로쓰기연합' '기레기무호흡촉진위원회' '가슴으로피눈물흘리는엄마연합' '떡검바바리연합' '일기장변태퇴치위원회' '요실검방지협회' '떡검장모전국연합' '링거투떡조사위원회' 등이었다. 우스꽝스러운 이름으로 들릴지 모르나 시민의 문제의식을 생생히 드러내는 날카로운 풍자였다.

이 집회에는 수도권 시민들만 참석한 것이 아니었다. 전국 각지에서 버스를 빌려 서초동으로 집결했다. 내 고향인 부산 등 지방의 친구들과 지인들이 알려준 바로는, 혼자 또는 삼삼오오 서울행 버스를 타고 참여해서 옆자리 사람들과 버스 안에서 비로소 인사를 했다는 것이다. 특정 정당이나 단체가 조직적으로 동원하는 집회가 아니었다는 뜻이다.

그런데도 홍준표 전 자유한국당 대표는 9월 28일과 10월 5일 페이스북에 촛불집회를 매도하는 글을 올렸다.

"좌파 민변 검찰청 하나 더 만드는 것에 불과한 공수처를 검찰개혁이라고 허위 선전하고, 재판도 수사도 인민재판식으로 생각하는 저들은 과연 어떤 생각으로 대한민국에 살고 있는가."
(9월 28일)

"조폭들끼리 오늘도 서초동에서 단합대회를 해본들 그것은 마지막 발악일 뿐. 청와대에서 앉아 있는 사람이나 서초동에 동원된 사람들을 보면 허망한 권력 주변의 부나방 같다는 생각이 들어 참 측은하다."(10월 5일)

이명박 정부 시절 청와대 정무수석을 지냈고 2021년 4·7 재보궐선거에서 부산시장으로 당선된 박형준 교수는 2019년 10월 1일 JTBC 뉴스룸 토론에 나와 "촛불집회 참석자들이 자발적으로 나왔다고 보기 어렵고 동원된 것"이라는 비난 발언을 했다. 2020년 2월 13일 안철수 당시 국민당(가칭) 창당준비위원장은 "진영에 종속되어 스스로 판단력을 잃어버린 사람들을 동원한 서초동 집회는 이 정권의 도덕적 타락이 얼마나 심각한지를 상징적으로 보여줬다"라고 비판했다.

박근혜 대통령 탄핵 집회 이후 최대 규모 집회가 이렇게 매도되었다. 수구보수진영이 느끼는 위협감을 반증하는 발언이었다. 이들은 서초동 촛불집회에 맞서 열린 광화문 '태극기집회'와 마음을 함께하고 있었을 것이다. 자유한국당, 우리공화당, 한국기독교총연합회, 문재인하야범국민투쟁본부 등이 주최한 집회에서는 "조국 구속" "조국 감옥" "문재인 퇴진" "문재인 탄핵" 등의 구호가 나왔다.

시민의 신성한 분노

언론 보도, 동영상, 친구와 지인들이 보내준 사진 등에서 확인되는 시민들의 구호와 손팻말은 다음과 같았다. "검찰개혁" "조국수호" "우리가 조국이다" "정치검찰 OUT" "근조 검찰" "검찰개혁, 적폐청산" "정치검찰 물러가라, 자한당을 수사하라" "특수부 폐지, 공수처 설치" "검찰 쿠데타, 국민이 제압한다" "이제는 울지말자, 이번엔 지켜내자, 우리의 사명이다" "개싸움은 우리가 한다" "윤석열 깡패" 등이었다.

참석자 중에는 "조국 수호" "우리가 조국이다" 등의 구호에 동의하지 못하는 분도 있었을 것이다. 이 구호가 싫어서 집회에 참석하지 않은 분도 있었을 것이다. 검찰개혁이 특정인 조국을 수호하는 것으로 환원될 수 없고, 조국이 아니더라도 검찰개혁은 가능하다. 집회 현장에서 "조국 수호" "우리가 조국이다"를 외친 시민들도 이를 모르지는 않았을 것이다. 이 구호는 나에 대한 우상화도 개인숭배도 아니었다.

촛불시민들은 나의 한계와 흠을 직시하면서도 폭주하는 검찰에 경고하고 검찰개혁의 대의를 이루기 위해 촛불집회에 참석하고 이 구호를 외쳤던 것이다. 시민들은 검찰권의 유례없는 오남용을 보면서 나와 내 가족이 잘못에 비해 과도한 공격을 받고 있다고 판단하고, 검찰이 개혁되지 않으면 누구든 희생양이 될 수 있기에 함께 비를 맞아주어야겠다, 손을 잡아주어야겠다고 결심하고 행동에 나섰다. 내가 장관직을 사직한 후 검찰개혁의 바통을 넘겨받은 추미애 장관이 공격을 받을 때 시민들이 온라인에서 "우리가 추미애다"라는 운동을 벌인 것 역시 같은 맥락일 것이다. OECD 최고 수준의 정치의식을 가진 한국 주권자의 의식을 폄훼하면 안 된다.

7차 촛불집회 이틀 뒤인 9월 30일 한양대 박찬운 교수는 페이스북에 글을 올렸다.

"민심에 나타나는 검찰개혁의 요구는 여러 가지가 있으나, 가장 확실한 것은 검찰권 남용을 더 이상 좌시하지 않겠다는 것이다. 국민들의 눈엔 검찰권이 대한민국 최상의 권력, 대통령을 능가하는, 마음먹기에 따라서는 어떤 짓도 서슴없이 할 수 있는 무소불위의 권력이라는 생각에 이르렀다. 표적수사, 먼지떨이식 수사, 무제한의 강제수사 등등은 조국이 아닌 누구에게라도 가해질 수 있는 것으로 도저히 용납할 수 없는 선택적 정의다."

시간이 지난 후 「조국의 권리: 그가 되찾은 권리만큼 우리 국민은 안전해진다」는 제목의 글을 보았다.

"언론권력, 검찰권력, 정치권력, 자본 기득권 권력까지 총체적으로 결합해 조국 사냥의 거대한 포위망이 완성되었다. 검찰은 무리한 수사, 무리한 기소, 무리한 구속을 해서는 안 되었다. 언론은 허위 과장보도, 받아쓰기, 속보와 단독 경쟁, 과잉 보도를 하지 말았어야 한다. 이 모든 불법과 부정이 조국 일가를 대상으로 자행되었다는 사실은, 그것을 작동시킨 각 권력의 동기와 동력이 살아 있는 한 누구에게나 다시 복제되어 재현될 수 있다는 현실을 명백히 경고한다."*

이범우 선생은 『희생양 박해와 서초동 십자가』에서 같은 취지로 서초동 촛불집회를 분석했다.

"서초동에 모인 시민들의 저항은 보수 카르텔에 대한 정치적 반격의 모습을 띠고 있지만, 본질적으로는 이제 더 이상 무고한 희생양이 박해자의 뜻대로 그냥 처형되는 것을 볼 수 없다는 시민들의 신성한 분노가 폭발한 것이다. 시민들은 이제 희생양 메커니즘이 박해자들의 의도대로 반복되는 것을 더는 방관하지 않는다. 보수 카르텔에 지목된 누구라도 또 다른 조국이 될 수밖에 없다. 지금 정치인 중 보수 카르텔이 마음만 먹으면, 희생양 메커니즘의 칼날을 피할 수 있는 사람은 단 한 명도 없다. 우선 순위만 있을 뿐이다."**

검찰개혁은 주권자 국민의 준엄한 명령

2019년 가을 서초동을 환히 밝힌 촛불시민의 마음도 같았을 것이다. 촛불집회에 참여한 시민들은 '조국 수사'의 본질 · 목적 · 동

* https://brunch.co.kr/@coexistence/281.
** 이범우, 『희생양 박해와 서초동 십자가』(동연출판사, 2020), 320 · 360면.

기와 수단의 문제점을 꿰뚫고 있었고, 이를 막지 않으면 검·언·정 카르텔에 의해 문재인 정부가 위태로워질 수도 있다고 판단해 직접적인 경고를 하기 위해 거리로 나왔던 것이다.

9월 28일 7차, 10월 5일 8차 대규모 촛불집회 소식을 접하면서 "이번에는 검찰개혁이 되겠구나"라는 말이 절로 나왔다. 민주공화국에서 주권자가 이 정도 규모로 직접 행동에 나서서 의사 표시를 한 이상, 개혁의 흐름을 뒤로 돌릴 수는 없다. 촛불집회를 경험한 나의 소감은 9월 30일 제2기 법무·검찰개혁위원회 발족식 인사말에서 표출되었다.

"법무·검찰개혁은 주권자 국민의 준엄한 명령입니다. 우리는 명령을 받들어 역사적 책무를 다해야 합니다. 국민들의 검찰개혁에 대한 열망은 헌정 역사상 가장 뜨겁습니다. 지난 토요일 수많은 국민이 검찰개혁을 요구하며 광장에 모여 촛불을 들었습니다. 법무·검찰개혁에 관한 국민제안이 3일 만에 1,300건을 넘었습니다. 검찰 권력은 강력한 힘을 갖고 있으면서도 제도적 통제 장치를 갖고 있지 않습니다. 누구도 함부로 되돌릴 수 없는 검찰개혁 방안을 국민의 눈높이에서 마련하고 실행할 수 있도록 힘을 모아주십시오. 조국 개인을 위해서가 아니라, 저를 딛고 검찰개혁이 완수될 수 있도록 용기와 지혜를 모아주십시오."

10월 1일 국회 대정부 질문에 출석한 나는 서초동 촛불집회를 보고 무엇을 느꼈느냐는 질문을 받고 대답했다.

"저도 깜짝 놀랐습니다. 저의 부족함이나 불찰 때문에 국민들께서 많은 실망감을 가졌을 텐데 저를 꾸짖으면서도 촛불을 드셨습니다."

한편 검찰은 이러한 국민적 저항에 맞서 자신들의 정당성을 확보하기 위해 수사를 더욱 가혹하고 광범하게 전개할지 모른다는 느낌이 들었다. 이 불길한 예감은 맞아떨어졌다. 그러나 동시에 검찰은 나와 내 가족에 대한 수사라는 '전투'에서 일부 승리할지 모르겠으나, 검찰개혁이라는 '전쟁'에서는 패배할 것이라는 확신이 들었다. 내가 할 일은 검찰수사의 칼날을 묵묵히 다 받아들이면서 검찰개혁의 대의를 설파하고, 청사진을 그려놓는 것이라고 다짐했다.

10월 14일 장관을 사직한 후 촛불집회는 서초동과 여의도로 나뉘어 개최되었다. 서초동에서 계속 촛불을 드신 분들은 '검찰 쿠데타'를 진행하고 있는 검찰에 대해 압박을 계속해야 한다는 생각이었고, 여의도로 간 분들은 '검찰개혁법안 통과'를 국회에 압박해야 한다고 주장했다고 한다.

검찰춘장 vs 생일 케이크

촛불집회 현장에는 수많은 야유와 풍자 그림이 등장했다. 특히 윤석열 총장을 "검찰춘장(春醬)" "윤짜장"이라고 비하하는 여러 종류 그림이 주목을 받았다. 춘장은 짜장면에 들어가는 검은색 소스를 말한다. 왜 이런 단어가 만들어졌는지 알아보았다. 9월 23일 집 압수수색 당시 배달원이 철가방을 들고 들어가는 장면이 보도된 후 검사와 수사관들이 거실에서 짜장면을 먹었다는 이야기가 퍼지면서 붙은 별명이라고 했다. 압수수색 후 확인해보니, 이들은 짜장면이 아니라 한식을 먹었다.

문제는 배달해 먹은 음식 종류가 아니었다. 법무부장관 후보와 그의 가족을 처벌하기 위해 약 100회의 압수수색을 감행하는 막강한 권력자인 윤 총장에게 풍자로 맞서고자 한 것이 핵심이었다. '총장'을 '춘장'으로 바꾸어 야유함으로써 두려움의 대상을 맞서 싸울 수 있는 상대로 만든 것이다.

영화 「관상」에서 수양대군이 관상가에게 던지는 질문을 패러디한 그림도 촛불집회 현장에서 인기를 끌었다고 한다. 윤석열 총장이 "관상가 양반, 내가 왕이 될 상이오?"라는 질문을 던지는 그림이다. 윤 총장의 '정치검사'로서의 야망, 수구보수진영 대권후보로서의 자기인식을 예리하게 포착하고 풍자한 그림이었다.

많은 화백들이 온오프라인에서 윤석열 총장을 소재로 삼은 작품들을 만들어냈다. 특히 고군, 박건웅, 오금택, 이정헌, 전종원(필명 'o_deng96'), 최민, 최재용(필명 '아트만두') 화백 등의 작품이 인상적이었다. 그림 한 장에 담긴 큰 힘을 알게 되었다.

검찰 권력의 극악무도함과 검찰개혁이라는 역사적 과제를 수행하는 시민의 모습을 명징하게 형상화한 고군 화백의 그림을 보며 마음을 다잡았다. 박건웅 화백이 그린 '선택적 수사' '선택적 보도' '선택적 분노'에 대한 통렬하고 날카로운 풍자 그림을 보면서 심화(心火)가 풀렸다. 이정헌 화백이 그린 따뜻한 위로와 굳센 연대의 그림을 보면서 상처가 치유되는 느낌이었다.* 전종원 화백의 코믹하지만 핵심을 찌르는 그림을 보면서 절로 미소를 지었다. 검찰개혁 국면에 등장하는 주요 인물에 대한 최재용 화백의 절묘한 캐리커처를 보면서 폭소를 터뜨렸다. 이후 최재용 화백은 나를 소재로 그린 작품들을 표구해 보내주셨는데, 힘들었던 시기에 이 그림을 보면서 용기를 냈다. 앞으로 주변이 조용해지면, 이분들께 연락해 술 한잔 대접하고 싶다.

한편, 서초동 촛불집회에서 딸 생일 케이크를 든 나의 뒷모습을 여러 가지 방식으로 표현한 그림이 많이 사용되었다. 검·언·정 카르텔의 집중공격을 받아 지친 상태에서도 케이크를 사서 귀가하는 모습이 측은했던 것 같다.

이 그림의 원본은 『중앙일보』 김태호 기자의 사진이다.** 2019년 9월 25일 오전, 나는 대전지검 천안지청에서 '검사와의 대화'를 했고 오후에는 국무총리에게 보고했다. 저녁 시간에는 『시사인』과 인터뷰했다. 인터뷰를 마친 후에야 딸의 생일이 어제였다는 걸 알았다. 가족 전체가 경황이 없어 생일 케이크를 나눠 먹지도 못했다. 뒤늦게 케이크를 사들고 귀가했다. 차에서 내리니 '뻗치기'를 하고 있던 기자들이 몰려 들어와 질문을 퍼붓고 카메라 플래시를

---

* 이정헌 화백의 일러스트는 이 책을 디자인하는 데 도움이 되었다.
** 김태호, 「조국 법무부장관 오른손에 케이크 들고 집으로 퇴근」, 『중앙일보』 (2019. 9. 26).

터뜨렸다. 답변하지 않고 승강기로 가서 대기하고 있었다. 이 장면을 김태호 기자가 아파트 출입구 보안유리문 바깥에서 찍어 자정을 넘기자마자 보도한 것이다.

김태호 기자는 자신이 찍은 사진이 촛불집회에서 널리 사용되리라고는 예상하지 못했으리라. 『검찰개혁과 조국대전』의 저자 김두일 씨는 분석했다.

"원래 사진의 의도는 그게 아니었다. 당시 파파라치의 관음증에 가까운 수준으로 조국을 쫓던 기자들 카메라에 우연히 찍힌 뒷모습에 불과했다. 이 사진이 최초 사용된 기사의 내용도 조국 장관에게 전혀 우호적이지 않은 내용이었다. 그런데 기사의 의도와는 달리 시민들에게 조국과 가족들에 대한 연민, 검찰에 대한 분노, 나아가 검찰개혁에 대한 의지로 불붙기 시작한 계기가 되었다. 의도와 결과가 전혀 다른 사진이었다."[*]

시민들은 언론의 의도를 뒤집어 사진을 활용했다. 이 사진은 다양한 형태로 변형되어 이후 촛불집회와 온라인에서 널리 사용되었다. 어깨에 멘 가방과 오른손에 든 케이크에 '검찰개혁' '공수처 설치' 등의 문구를 넣은 그림들이 널리 퍼졌다.

그런데 2019년 9월 28일 『조선일보』 강다은 기자는 「딸 생일 케

---

[*] 김두일, 『검찰개혁과 조국대전』(차이나랩, 2020), 124-125면.

얼마나 무거운 걸음일지
온전히 알지는 못하지만
어떤 마음으로 걸을지는
이제 조금 알 것 같습니다.

많이 늦었지만 함께 걷겠습니다.

©김준권   ©이정헌

이크 든 뒷모습 찍힌 조국, 기획인가 우연인가」라는 기사를 내보
냈다. 실제로 당시 인터넷 야구 커뮤니티인 'MLB파크'에 "(딸 생
일에) 조국이 생일 케이크 들고 들어오는 뒷모습 사진이 찍혔으면
엄마 소셜미디어와 시너지로 감성 폭발했을 텐데"라는 글이 올라
왔는데, 내가 이 글을 보고 사진에 찍히기 위해 의도적으로 딸 생
일 케이크를 들고 귀가했을 것이라는 내용이었다. 장관으로서의
과중한 공식 업무 외에도, 가족이 수사대상이 된 상황에서 내가 야
구 사이트 글을 보고 있었다는 것인가? 강 기자의 악의적 상상력

에 기가 막혔다. "돼지 눈에는 돼지만 보이고 부처 눈에는 부처만 보인다"라는 무학대사의 말이 떠올랐다. 촛불집회의 상징이 된 사진에 대해 '기획설'을 유포해 촛불시민과 나를 분리시키려는 의도가 분명했다.

이어 2020년 9월 27일 『조선일보』 장상진 기자는 이 사진이 2015년 유승민의 빵 봉지 사진의 '표절 연출'이라는 의혹을 제기했다. 이 기사를 읽고 찾아보니, '표절 연출' 운운은 2019년 9월 29일자 극우 매체 『미디어워치』에서 먼저 제기한 것이었다. 이 역시 황당무계했다.

보수언론은 생일이 하루 지난 후에 케이크를 사들고 귀가한 사소한 일을 온갖 방식으로 왜곡하고 공격했다. 『조선일보』와 『미디어워치』의 동조화 현상을 재확인할 수 있었다. 이 사진이 '기획'이나 '연출'이려면 다음 조건이 맞아야 한다. 나는 『중앙일보』 기자가 등 뒤에서 사진 찍어 보도할 것을 예상하고 딸 생일보다 하루 늦게 케이크를 사가지고 들어가야 한다. 그러나 나는 그 정도의 '예지력'은 없는 사람이다.

불쏘시개 역할은 여기까지입니다

9월 28일과 10월 5일 수백만 명이 모인 서초동 촛불집회를 보고 난 후 나는 사직을 고민하기 시작했다. 나로 인해 국정 지지도가 계속 떨어지고 있었기 때문이다. 광화문에서 열리는 태극기집회는 신경 쓰이지 않았지만, 중도층 이반이 심각하다는 소식에 마음이 무거워졌다. 특히 민생 경제와 복지 강화 등 문재인 정부가 추진해야 할 다른 과제가 있는데, 어떤 과제도 나와 관련된 상황에 가려 힘을 받지 못한다는 점이 안타까웠다.

배우자가 검찰 조사를 받는 법무부장관은 어떠한 말을 하고 어떠한 일을 추진해도 진실성이 전달될 수 없을 것이라 판단했다. 정경심 교수는 10월 3일과 10월 5일에 이어 10월 8일 소환조사를 받았고, 10월 12일 네 번째 조사도 예정되어 있었다. 장관 업무가 쌓여 있어 수사대상이 된 가족을 챙길 수 없었는데, 이제는 가족을 돌봐야 할 시간이라고 판단했다.

청와대에서 같이 일했던 동료와 더불어민주당 의원 몇몇 분과 조심스럽게 소통하면서 의견을 구했다. 절대 사직 반대 의견과 사직 필요 의견이 팽팽했지만, 나는 사직하기로 결정했다. 국민의 뜨거운 의지가 확인되었기에 내가 사직하더라도 검찰개혁은 성공할 것이라고 판단했다. 10월 8일 국무회의 참석 후 최종적으로 사직 의견을 청와대에 전하고 귀가해 사직의 변을 쓰기 시작했다. 한 글자 한 글자에 피가 배어 들어가는 심정이었다. 법무부 간부들에게는 발표 당일까지 알리지 않았다.

10월 13일 검찰개혁을 위한 고위 당·정·청 회의에 참석했다. 이전까지 논의되었던 개혁안을 최종 확정·발표하는 자리였다. 마치고 귀가해 가족에게 내일 사직한다고 밝혔다. 정 교수는 눈물을 쏟았다. 자식들은 차분한 반응이었다. 10월 14일 사직의 변을 주머니에 넣고 출근한 후 오전에는 내가 직접 검찰개혁 브리핑을 했다. 마지막 공개 일정이었다.

눈물의 작별

10월 14일 검찰개혁 브리핑을 마치고 난 후 간부회의를 소집했다. 그 자리에서 사직 의사를 표명했다. 그동안 부족한 장관을 보좌하느라 애쓴 간부들에게 고맙다는 인사를 하고 더욱 좋은 분이 오실 것이라고 말했다. 다들 착잡한 표정이었다. 이임식은 필요 없다고 판단했고, 사직의 변은 문자로 언론에 발송하라고 지시했다.

회의를 마치고 집무실로 왔는데, 한 명씩 따로 인사를 왔다. 그중 몇 분은 나에게 작별인사를 하다가 눈물을 쏟았다. 장관 후보 지명 후 꾹 참고 있던 나도 눈물이 터져나왔다. 그 마음 정말 고마웠다. 사직의 변이 조금 길지만, 전문을 옮긴다. 당시 나의 솔직하고 절박한 심정이 그대로 드러나 있기 때문이다.

〈검찰개혁을 위한 '불쏘시개' 역할은 여기까지입니다〉

"국민 여러분!

저는 오늘 법무부장관직을 내려놓습니다.

검찰개혁은 학자와 지식인으로서 제 필생의 사명이었고, 오랫동안 고민하고 추구해왔던 목표였습니다. '견제와 균형의 원리에 기초한 수사구조 개혁' '인권을 존중하는 절제된 검찰권 행사' 등은 오랜 소신이었습니다.

검찰개혁을 위해 문재인 정부 첫 민정수석으로서 또 법무부 장관으로서 지난 2년 반 전력 질주해왔고, 제가 할 수 있는 최선을 다했습니다. 그러나 생각지도 못한 일이 벌어졌습니다. 이유 불문하고, 국민들께 너무도 죄송스러웠습니다. 특히 상처받은 젊은이들에게 정말 미안합니다.

가족 수사로 인해 국민들께 참으로 송구했지만, 장관으로서 단 며칠을 일하더라도 검찰개혁을 위해 마지막 저의 소임은 다하고 사라지겠다는 각오로 하루하루를 감당했습니다. 그러나 이제 제 역할은 여기까지라 생각합니다.

지난 10월 8일 장관 취임 한 달을 맞아 11가지 '신속추진 검찰개혁 과제'를 발표했습니다. 행정부 차원의 법령 제·개정 작업도 본격화됐습니다. 어제는 검찰개혁을 위한 고위 당·정·청 회의에서 문재인 정부 검찰개혁 계획을 재확인했습니다. 이제 당·정·청이 힘을 합해 검찰개혁 작업을 기필코 완수해주시리라 믿습니다. 이제 검찰개혁은 거스를 수 없는 도도한 역사적 과제가 되었습니다. 어느 정권도 못 한 일입니다.

국민 여러분!

더는 제 가족 일로 대통령님과 정부에 부담을 드려서는 안 된다고 판단했습니다. 제가 자리에서 내려와야, 검찰개혁의 성공적 완수가 가능한 시간이 왔다고 생각합니다. 저는 검찰개혁을 위한 '불쏘시개'에 불과합니다. '불쏘시개' 역할은 여기까지입니다.

온갖 저항에도 불구하고 검찰개혁이 여기까지 온 것은 모두 국민들 덕분입니다. 국민들께서는 저를 내려놓으시고, 대통령께 힘을 모아주실 것을 간절히 소망합니다.

검찰개혁 제도화가 궤도에 오른 것은 사실이지만, 가야 할 길이 멉니다. 이제 저보다 더 강력한 추진력을 발휘해줄 후임자에게 바통을 넘기고 마무리를 부탁드리고자 합니다.

온 가족이 만신창이가 되어 개인적으로 매우 힘들고 무척 고통스러웠습니다. 그렇지만 검찰개혁을 응원하는 수많은 시민의 뜻과 마음 덕분에 버틸 수 있었습니다.

이제 모든 것을 내려놓고, 인생에서 가장 힘들고 고통스러운 시간을 보내고 있는 가족들 곁에 있으면서 위로하고 챙기고자 합니다. 저보다 더 다치고 상처 입은 가족들을 더 이상 알아서 각자 견디라고 할 수는 없는 상황이 되었습니다. 특히 원래 건강이 몹시 나쁜 아내는 하루하루를 아슬아슬하게 지탱하고 있습니다. 인생에서 가장 힘들고 고통스러운 시간을 보내고 있는 가족 곁에 지금 함께 있어주지 못한다면 평생 후회할 것 같습니다. 가족들이 자포자기하지 않도록, 그저 곁에서 가족의 온기로 이 고통을 함께 감내하는 것이 자연인으로서 도리라고 생각합니다.

국민 여러분!

지의 쓰임은 다했습니다. 이제 저는 한 명의 시민으로 돌아갑니다. 그러나 허허벌판에서도 검찰개혁의 목표를 잊지 않고 시민들의 마음과 함께하겠습니다.

그동안 부족한 장관을 보좌하며 짧은 시간 동안 성과를 내기 위해 최선을 다해준 법무부 간부와 직원들께 깊이 감사드립니다. 후임자가 오시기 전까지 흔들림 없이 업무에 충실해주시길 바랍니다.

마지막으로, 국민 여러분께서 저를 믿고, 검찰개혁의 성공을 위해 지혜와 힘을 모아주실 것을 간곡히 부탁드립니다.

감사합니다."

36일 단명 장관의 일이 끝난 것이다. 장관 임명장을 받을 때 문 대통령께 장관직을 오래 수행하지 못할 것 같다고 말씀드렸지만, 예상보다 더 빨리 그만두게 된 셈이다. 촛불시민들께는 참으로 죄송했다. 최악의 조건에서 업무를 수행했지만, 불쏘시개 역할은 한 것 같다고 자평했다. 불쏘시개의 불씨는 수백만 시민의 촛불로 옮겨 붙었고, 이는 꺼질 수 없는 불이 되었다.

게임 개발자로 『검찰개혁과 조국대전』이란 책을 쓴 김두일 씨는 나를 '탱커'로 비유했다. 탱커는 전투 중 적군의 집중 공격과 그에 따른 피해를 감내하는 역할이다.

"검찰개혁을 이루려는 진영과 막으려는 진영 간에 전쟁이 펼쳐진 조국 대전에서 조국이 맡은 역할이 바로 이러한 탱커에 해당한다. 검찰은 역대 최대의 화력을 동원해서 조국 일가를 수사하고 기소하는 데 집중했다. 대한민국 검찰이 탄생한 후 이 정도로 수사력을 집중해서 누군가를 공격한 사례는 없었다. 무자비한 검찰의 공격이 계속될수록 탱커 조국은 지쳐갔지만 그만큼 검찰개혁을 향한 국민들의 열망은 더욱 높아져만 갔다. 조국은 힘들지만 잘 견뎌냈고 의외로 그 와중에 검찰개혁을 향한 국민적 관심과 여론은 그 어느 때보다 강하게 불타오르게 됐다."*

나는 온라인게임을 잘 모른다. 다만 나의 역할은 시민들이 검찰개혁을 위해 일어설 때까지 두들겨 맞는 것이라고 생각했다. 나는 검찰개혁을 위한 '영웅'이 아니라 '도구'였고, 그것으로 충분했다.

산산조각난 대통령의 희망

장관 사직 발표 직후 열린 청와대 수석·보좌관 회의에서 문재인 대통령께서는 다음과 같이 심정을 토로하셨다. 이 역시 전문을 소개한다.

"저는 조국 법무부장관과 윤석열 검찰총장의 환상적인 조합에 의한 검찰개혁을 희망했습니다. 꿈같은 희망이 되고 말았습니다. 결과적으로 국민들 사이에 많은 갈등을 야기한 점에 대해 매우 송구스럽게 생각합니다.

* 김두일, 『검찰개혁과 조국대전 2』(차이나랩, 2020), 36-38면.

그러나 결코 헛된 꿈으로 끝나지는 않았습니다. 검찰개혁에 대한 조국 장관의 뜨거운 의지와 이를 위해 온갖 어려움을 묵묵히 견디는 자세는 많은 국민들에게 다시 한번 검찰개혁의 절실함에 대한 공감을 불러일으켰고, 검찰개혁의 큰 동력이 되었습니다.

오늘 조국 법무부장관이 발표한 검찰개혁 방안은 역대 정부에서 오랜 세월 요구되어왔지만 누구도 해내지 못했던 검찰개혁의 큰 발걸음을 떼는 일입니다. 국회의 입법과제까지 이뤄지면 이것으로 검찰개혁의 기본이 만들어지는 것이라고 생각합니다.

특히 검찰개혁 방안의 결정 과정에 검찰이 참여함으로써 검찰이 개혁의 대상에 머물지 않고 개혁의 주체가 된 점에 큰 의미를 부여하고 싶습니다. 검찰이 스스로 개혁의 주체라는 자세를 유지해나갈 때 검찰개혁은 보다 실효성이 생길 뿐 아니라 앞으로도 검찰개혁이 중단 없이 발전해나갈 것이라는 기대를 가질 수 있게 될 것입니다.

특히 공정한 수사관행, 인권보호 수사, 모든 검사들에 대한 공평한 인사, 검찰 내부의 잘못에 대한 강력한 자기정화, 조직이 아니라 국민을 중심에 놓는 검찰문화의 확립, 전관예우에 의한 특권의 폐지 등은 검찰 스스로 개혁 의지를 가져야만 제대로 된 개혁이 가능할 것입니다.

법무부는 오늘 발표한 검찰개혁 과제에 대해 10월 안으로 규정의 제정이나 개정, 필요한 경우 국무회의 의결까지 마쳐주기 바랍니다.

이번에 우리 사회는 큰 진통을 겪었습니다. 그 사실 자체만으로도 대통령으로서 국민들께 매우 송구스러운 마음입니다. 그런 가운데에서도 의미가 있었던 것은 검찰개혁과 공정의 가치, 언론의 역할에 대해 다시 한번 깊이 생각할 수 있는 소중한 기회가 되었다는 점입니다.

검찰개혁과 공정의 가치는 우리 정부의 가장 중요한 국정목표이며 국정과제이기도 합니다. 정부는 그 두 가치의 온전한 실현을 위해 국민의 뜻을 받들고, 부족한 점을 살펴가면서 끝까지 매진하겠다는 의지를 다시 한번 천명합니다.

언론의 역할에 대해서는 정부가 개입할 수 있는 영역이 아닙니다. 언론 스스로 그 절박함에 대해 깊이 성찰하면서 신뢰받는 언론을 위해 자기 개혁의 노력을 해주실 것을 당부드립니다.

광장에서 국민들이 보여주신 민주적 역량과 참여 에너지에 대해 다시 한번 감사드립니다. 그리고 이제는 그 역량과 에너지가 통합과 민생, 경제로 모일 수 있도록 마음들을 모아주시기 바랍니다. 저부터 최선을 다하겠습니다. 감사합니다."

나는 이 장면을 홀로 집무실에서 TV로 보았다. 문 대통령의 심경이 생생히 읽혔다. 문자 그대로 만감이 교차했다. 이유 불문하고 대통령과 당·정·청에 큰 부담이 되었기에 송구했다. 검찰수사에

화가 치밀어 오르면서도, 대통령이 사과를 하게 만들었다는 점에서 너무 죄송했다.

문 대통령이 희망했던 '환상적 조합'은 산산조각났다. 대통령도 어찌 예상했겠는가. 대통령이 임명한 검찰총장은 대통령이 임명한 법무부장관 불가론을 펼치면서 전방위적 저인망 수사에 들어갔다. 보수언론과 야당은 환호하고 응원했다. 내가 장관직에서 물러난 후에도 검찰은 문재인 정부를 공격하는 수사를 멈추지 않았다. "대통령에 대한 충심에는 변함이 없다"(『경향신문』, 2019. 12. 6)라던 윤석열 총장은 수사를 통해 수구보수진영의 구심점이 된 후 총장직을 사직했다.

10월 17일 문재인 대통령은 김오수 법무차관(현 검찰총장)과 이성윤 검찰국장(현 서울고검장)을 청와대로 불러 검찰개혁을 지시했다.

"우선 시급한 것은 조 장관이 사퇴 전에 발표한 검찰개혁 방안입니다. 어떤 것은 장관 훈령으로, 또 어떤 것은 시행령으로 국무회의 의결을 거쳐야 되는데, 그중에서는 이미 이루어진 것도 있고 또 앞으로 해야 될 과제들도 있습니다. 국무회의 의결까지 규정을 완결하는 절차를 적어도 10월 중에 다 끝낼 수 있도록 해주십시오. 이미 발표된 개혁방안 외에도 추가적으로 개혁방안들이 있다면, 법무검찰개혁위원회에서도 추가 방안들을 제시할 테고, 검찰에서도 스스로 내놓을 수 있다면 직접 저에게 보고해도 좋습니다. 그 과정에서 검찰 의견도 잘 수렴해 추가적인 개혁 방안까지도 잘 진행될 수 있도록 차관께서 중심이 되어주십시오. 가장 중요한 것 가운데 하나가 대검에도 대검 자체의 감찰 기능이 있고, 법무부에도 이차적인 감찰 기능이 있는데 지금까지 보면 대검의 감찰 기능도, 법무부의 감찰 기능도 크게 실효성 있게 작동되어온 것 같지 않습니다. 대검의 감찰 방안, 법무부의 이차적인 감찰 방안들이 실효적으로 작동하고 활성화할 수 있도록 검찰 내에 강력한 자기정화 기능이 발휘될 수 있는 방안에 대해서도 준비가 되면 저에게 직접 보고해주면 좋겠습니다."

문재인 대통령은 10월 13일 검찰개혁 고위 당·정·청 회의와 10월 14일 내가 발표한 검찰개혁 브리핑 내용을 숙지한 상태에서, 이를 확실히 실현할 것을 지시한 것이다. 끝까지 챙겨주셔서 감사했다.

10월 14일 청와대 수석·보좌관 회의에서 문 대통령은 '사태'의 핵심으로 검찰개혁, 공정의 가치, 언론의 역할 등 세 가지를 꼽았다. 나는 검찰개혁을 위해 입각했고 격렬한 대립 속에서 검찰개혁을 위한 국민적 동력이 형성되었으며, 검찰개혁의 기본 틀이 정리되었다. 나와 내 가족이 만신창이가 되었지만, 공적으로는 다행이라고 생각했다.

공인에 대한 검증 차원의 공격적 보도를 넘어선 악의적 허위 과장·왜곡 보도를 일삼는 언론의 문제점도 국민들 사이에 공유되었다. 촛불집회에서도 검찰개혁 이외에 언론개혁이 구호로 나왔고,

4·15 총선 이후 악의적 오보에 대한 징벌적 손해배상제 도입 등 언론의 책임을 강화하는 법안이 제출되었다. 세상의 변화는 공짜가 없구나 하는 생각이 들었다.

몇 개월이 지난 2020년 1월 14일 문 대통령은 신년 기자회견에서 "대통령이 본 조국 전 장관은 어떤 사람인가"라는 기자의 질문에 다음과 같이 답했다.

"공수처법과 검찰개혁조정법안이 (국회를) 통과하기까지 장관으로서 했던 기여는 굉장히 크다고 생각합니다. 유무죄 결과와 무관하게 조 전 장관이 지금까지 겪었던 고초만으로도 크게 마음의 빚을 졌습니다. 국민에게 호소하고 싶습니다. 조 전 장관 임명으로 인해 국민 간에 많은 갈등과 분열이 생겨났고, 그 갈등이 지금까지도 이어지고 있는 점에 대해 참으로 송구스럽게 생각합니다. 이제는 검경수사권 조정 법안까지 다 통과가 됐으니 조 전 장관을 좀 놓아주고, 앞으로 유무죄는 재판 결과에 맡겼으면 합니다. 그분을 지지하는 분이든 반대하는 분이든 그 문제를 둘러싼 갈등은 이제 끝냈으면 좋겠다는 말씀을 국민께 드리고 싶습니다."

'마음의 빚' 발언으로 문 대통령은 거센 비난을 받았다. 대통령께 이런 말을 들어 마음의 위로가 되었음은 사실이다. 어머니는 눈물을 흘렸다고 하셨다. 그렇지만 전직 민정수석으로서 대통령이 공격받을 수 있는 이런 발언은 하지 못하게 담당 비서관들이 사전에 주의를 기울여야 했지 않았을까 생각했다. 진솔한 분위기에 속마음을 가감 없이 토로하셨을지도 모른다. 나와 내 가족의 수사와 재판으로 대통령께 어떠한 부담도 드리고 싶지 않다. 이는 오로지 나와 변호인단의 몫이다. 재판 결과가 어떻게 나오건 대통령과는 관계없다. 내 사건이 모두 마무리된 후 술 한 병 들고 퇴임하고 머무르실 양산 사저를 조용히 찾아가 큰 정무적 부담을 드린 것에 다시 한번 사과 말씀 올리고자 한다. 이날 나는 취할지도 모르겠다.

'시대정신'이라는 신이 있다면, 그 신이 각자에게 배역을 주었을 것이다. 나는 내 배역에 충실하기 위해 무대 위로 올라갔다. 그러나 연극은 신의 각본과 달리 진행되었다. 또 한 명의 배우는 자신이 가슴 깊이 모시던 '다른 신'이 있었고, 그 신을 위해 따로 준비한 각본이 있었다.

연극은 아무도 예상하지 못하는 방향으로 흘러갔다. 나는 깊은 상처를 입고 무대에서 내려와 퇴장했다. 그 후에도 다른 배우는 무대를 자기 방식으로 주도하며 연기를 계속했다. 36일짜리 법무부 장관에 대한 온전한 평가는 후일 역사가 내릴 것이다. 윤석열 총장에 대한 평가 역시 마찬가지일 것이다.

죽지 않고 살아서 돌아왔습니다

내가 사직한 날 김주대 시인이 페이스북에 문인화(文人畵)와 글을 올린 걸 나중에 알게 되었다. 나와 김 시인은 일면식도 없는 사이였다.

〈살아서 돌아온 사람〉

조국,
당신은 인간이 만든 인간 최고의 악마조직과 용맹히 싸우다
만신창이가 되어 우리 곁으로 살아서 돌아왔다.
울지 마라, 이것은 인간의 역사,
기록이 사라진 이후까지 기록될 것이다.
당신의 온 가족을 발가벗겨 정육점 고기처럼 걸어놓고
조롱하며 도륙하던 자들은 떠나지 않고
우리 곁에 있으므로
우리의 철저한 목표물이 되었다.
난도질당한 당신의 살점과 피와 눈물이 만져진다.
죽음 같은 숨을 몰아쉬며 내민 손,
그 아픈 전리품을 들고
우리 전부가 백정의 심정으로 최전선이 되었다.
노무현 대통령이 죽고, 노회찬 대표가 죽어서 간 길을 따라
당신은 절며 절며 살아서 우리 곁으로 돌아왔다.
실오라기 하나 걸치지 못한 몸 우선 옷부터 입어라.
밥부터 좀 먹어라.

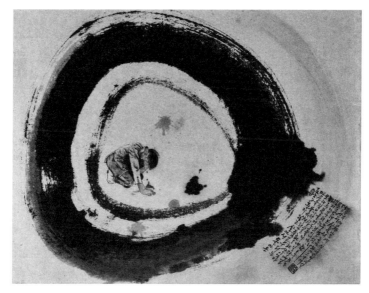

우리는 당신이라는 인간, 당신이라는 인류의

생존한 살과 체온을 안전하게 포위했다.

누구도 당신과 당신의 가족을 건드릴 수 없이 되었다.

우선 잠부터 좀 자라.

죽지 않고 살아서 돌아온 당신을 불씨처럼 품은

우리는 오래전부터 사실 활화산이었다.

하루쯤 울어도 좋다, 내일의 내일까지가 우리 것이니까.

하루쯤 통곡해도 무관하다, 당신이 살아서 돌아왔으니까.

오늘까지는 당신의 생환이 좋아서 울자.

당신 투 블럭 머리카락 염색 빠진 끝부분 알뜰히 염색하고 샤워하고 상처투성이 심장도 수습하라.

내일은 우리가 백정의 심정으로 최전선이니까.

조국

당신이 살아서 돌아왔다, 죽지 않고 살아서 돌아왔다.

살아서 돌아왔다.

"온 가족을 발가벗겨 정육점 고기처럼 걸어놓고" "죽지 않고 살아서 돌아왔다"라는 구절에서 가슴이 콱 막혔다. 감사한 마음에 연락처를 수소문해 작은 중국집에서 식사를 대접했다. 초면이었으나 동년배인데다 생각이 비슷해서 편안한 마음으로 고량주 잔을 기울였다. "상처투성이 심장"이 조금 아무는 느낌이었다. 김 시인은 문인화를 액자에 넣어 가지고 오셨다. 마음이 흔들릴 때면 나는 이 그림을 보고 마음을 다진다.

2019년 말 가족에 대한 수사가 마무리되어 기소가 이루어지고 난 후 친구와 선후배들이 마련해준 여러 위로 자리에 참석하게 되었다. 그때마다 취기가 돌면 항상 들었던 말이 있다.

"네가 죽을까봐 걱정했다."

"살아줘서 고맙다."

이 말이 나오면, 다들 침통한 표정으로 술잔을 비웠다. 제주 4·3 항쟁을 소재로 한 장편서사시 「한라산」으로 유명한 고교 선배 이산하 시인은 대취해서 토로했다.

"나는 못 견디고 자살했을 것 같다."

내가 장관 후보로 지명되었을 때, 미국 존 F. 케네디 대통령의 동생으로 법무장관을 역임한 로버트 F. 케네디를 언급하면서 "민권을 중심에 놓고 일하는 법무장관이 되라"라고 당부했던 선배는 이렇게 말했다.

"로버트 케네디는 암살되었지만, 조국은 살아남았다. 그러면 됐다."

장관직을 그만두고 내려온 후 건국대 이종필 교수의 글을 접했다. 가슴 찡하게 감사했다.

"공권력과 언론이 합세해 이렇게 한 가족을 몰아붙이면 누군가는 견디다 못해 극단적인 선택을 할 수밖에 없는 상황으로 내몰릴지도 모른다. 검찰과 언론은 이미 '전과'가 있는 공범관계가 아니던가.

서초동에 모인 사람들이 10년 전의 노무현을 떠올리며 이번에는 꼭 지키겠다고 다짐한 것은 정치적인 수사가 아니었다. 나는 정말로 사람을 살리고 싶었다. 검찰개혁이니 적폐청산이니 하는 거창한 구호는 솔직히 뒷전이었다. 그냥 잠자코만 있으면 또 누군가 죽어나가겠구나, 내 한 목소리라도 보태서 사람을 살리자는 절박함이 훨씬 더 컸다.

　내가 외친 '조국 수호'는 장관으로서의 조국을 지키자는 게 아니라 한 생물학적 인간으로서의 조국을 지키자는 말이었다. 서초동에는 그런 마음으로 모인 사람들이 많았다."*

내 사건의 수사가 '공소권 없음'—피의자가 사망할 경우 검사가 내리는 결정—으로 마무리될 것이라고 희망하며 비웃는 사람들이 있었다고 들었다.

　가족 구성원 전체가 '도륙'되는 것을 지켜봐야 하는 고통은 엄청났다. 그러나 나는 죽지 않았다. 죽을 수 없었다. 진심으로 나를 사랑하는 사람, 나의 흠결을 알면서도 응원하고 지지하는 사람들이 있었기에 버틸 수 있었다. 생환(生還). 그것이면 족했다.

　장관을 사직하고 나까지 기소당한 2020년 초 어느 날, 홀로 서초역 사거리에서 누에다리가 있는 언덕까지 걸어 올라갔다. 거대한 촛불십자가를 떠올리며 언덕 위에 서서 예술의전당 쪽을 바라보았다. 차갑게 불어오는 우면산 바람을 한동안 맞으며 촛불시민들을 생각했다. 장작불에 불을 붙이는 데 쓰다가 사그라진 불쏘시개이지만, '불씨' 하나만 남아 있으면 족하다. 이 불씨 하나를 꺼뜨리지 않고 소중히 간직하며 주어진 삶을 살 것이다.

*　이종필, 「'조국 대전'의 유산」, 『한국일보』(2019. 10. 22).

제7장

얄궂은 운명

"권력기관 개혁을 피고인으로서

지켜보아야 하니 만감이 교차합니다.

날벼락처럼 들이닥친 비운(悲運)이지만,

지치지 않고 싸우겠습니다.

송구하고 감사합니다."

검찰은 죽을 때까지 찌른다

장관 사직 후 검찰은 나를 소환조사했다. 서울중앙지검은 2019년 11월 14일과 21일 그리고 12월 11일 나를 소환했는데, 나는 진술거부권을 행사했다. 내가 뭐라고 해명하건 검찰은 정경심 교수의 '공범'으로 기소를 정해두었기에 진술할 필요가 없다는 것이 변호인단의 일치된 권고였다. 오래전 일이고 대부분 내가 제대로 알지도 못하고 관여하지도 않은 일인데, 불완전한 기억에 따라 진술했다가 추후 조금이라도 사실과 다른 점이 나오면 검찰은 언론에 흘려서 "거짓말했다"라는 공격을 받도록 만들 것이라고 경고했다.

제3장에서 보았지만, 2019년 12월 국회를 통과한 검찰개혁법안이 2022년 1월 발효되기 전까지 '검사작성 피의자신문조서'의 증거능력은 '법관면전(面前) 조서'에 준하는 강력한 효력을 가진다. 검사 앞에서 한 말을 법정에서 변경하면 법정 진술이 우선적으로 인정되는 것이 아니라, '말 바꾸기'한 사람이 되어 신빙성을 의심받게 된다.

금태섭 전 의원이 2006년 서울중앙지검 검사 시절 『한겨레』에 「현직검사가 말하는 수사 제대로 받는 법」이라는 칼럼을 쓰면서 제1원칙으로 진술거부를 권한 이유도 바로 이 점 때문이었다.

"조금이라도 유리한 점을 찾아내서 수사에 대응해야 하지 않겠는가. 그러나 그렇게 생각하는 순간 당신은 이미 파멸로 이끄는 길에 한 걸음을 내딛는 것이다. 공개가 원칙인 재판과는 달리 수사를 받는 피의자는 충분한 정보도 없이 어둠 속에서 헤매야 하는 것이다. 아무것도 모르는 상태에서 섣불리 행동하면 상처를 입는다. 수사기관의 행동에 섣불리 대응하지 않고 변호인에게 모든 것을 맡기는 것은 가장 기본적인 피의자의 권리이며 이러한 정당한 권리를 포기하지 않는 것이야말로 현명하게 수사를 받는 제1의 원칙이다."*

진술거부권이 헌법적 기본권(헌법 제12조 2항)임은 명백하나 검찰 조사실에서 이를 실천하는 것은 쉬운 일이 아니다. 먼저 진술거부권을 행사하겠다고 의사 표시를 하면 신문을 즉각 중단하는 미국과 달리, 한국의 경우 일본의 예에 따라 몇 시간이고 신문을 감수하고 앉아 있어야 한다. 한국에서 '미란다(Miranda) 원칙'은 체포와 신문 시에 피의자에게 진술거부권을 고지해야 하는 원칙 정도로 이해되고 있지만, 이 원칙의 또 다른 핵심은 피의자가 진술거부권을 행사할 경우 신문이 즉각 중단되어야 한다는 것이다.** 서울중앙지검 조사 시 나는 이 점을 밝히며 신문 중단을 요구했으나 거절당했고, 장시간 신문에 진술거부 의사를 반복해서 밝히며 앉아 있어야 했다. 이러한 관행은 헌법 위반이라고 생각한다.

얼토당토않은 추궁이나 유도 질문을 받으면 피의자는 답변을

* 금태섭, 「현직검사가 말하는 수사 제대로 받는 법」, 『한겨레』(2006. 9. 10).
** Miranda, v. Arizona, 384 U.S. 436, 468(1966).

하고 싶은 충동이 생기게 되어 중간에 진술거부를 포기하는 경우가 많다. 그렇지만 나는 논문과 강의에서 강조했던 이 권리를 제대로 실천할 순간이 왔다고 판단했다. 이러한 법리적 측면과 별도로, 나는 가족에 대한 전면적·전방위적 저인망 수사에 대한 진술거부를 통해서라도 검찰에 항의해야겠다고 마음먹고 있었다. '멸문'을 꾀하는 수사에 대해 시민으로서 항의할 방법은 진술거부밖에 없었기에.

내가 진술거부를 했다는 보도가 나오자, 언론과 야당은 일제히 맹비난했다. 자유한국당 황교안 대표가 패스트트랙 사건 경찰 수사에서 진술거부를 했을 때와는 대조적인 분위기였다. 시민이 자신에게 보장된 헌법적 기본권을 행사했다고 비난하는 것 자체가 반헌법적인 행태였다.*

반면 후술할 '유재수 사건'으로 서울동부지검이 2019년 12월 16일과 18일 소환조사를 했을 때는 당당하게 진술해야 한다고 판단했다. 공적 업무에 관한 조사였기 때문이다. 그래서 진술거부권을 행사하지 않았다.

---

* 2020년 9월 3일 나는 정경심 교수의 재판에 증인으로 소환되었고, 형사소송법 제148조에 따라 증언을 거부했다. 배우자의 재판에서 증인으로 선서를 하고 답변할 경우, 사실상 배우자에게 불리한 진술을 강요당하는 상황에 놓이게 된다. 모르는 것을 "모른다"라고 답하고 기억나지 않는 것을 "기억나지 않는다"라고 답하더라도, "부부 사이에 그것도 모르느냐"는 추궁을 받게 되고 법정 안팎에서 '거짓말쟁이'로 몰린다. 따라서 형사소송법은 '친족인 증인'에게 증언거부권을 보장한 것이다. 법에 따라 증언거부를 했음에도, 언론은 나를 조롱하고 비난했다.

사전구속영장 청구

서울중앙지검은 자신들이 조사한 자료로는 구속영장이 발부되지 않을 것이라고 판단했을 것이다. 그래서 2019년 12월 23일 서울동부지검은 유재수 전 금융위원회 금융정책국장 관련 감찰무마 의혹을 이유로 나에게 '직권남용죄'를 적용해 사전구속영장을 청구했다.

정경심 교수를 구속하는 데 성공했지만 관련 혐의로 나까지 구속시킬 수는 없을 것 같다고 판단한 검찰은 '유재수 사건'으로 나의 구속을 시도한 것이다.* 이 과정에서 대검이 중심이 되어 서울중앙지검과 동부지검의 행보를 조율했을 것이고, 나에 대해 공적 업무상의 비리로 영장을 청구해야 명분이 선다고 판단했을 것이다.

유재수 사건을 간단히 설명하면 다음과 같다. 2017년 10월 말 11월 초 민정수석실의 박형철 반부패비서관은 청와대 특별감찰반(이하 '특감반')이 금융위원회 유재수 금융정책국장의 비리 제보를 받았음을 나에게 보고했고, 나는 감찰을 지시했다. 박 비서관으로부터 유 국장이 '구명' 운동을 벌이고 있음을 보고받은 후에

---

*『시사인』 고제규 편집장은 2019년 12월 24일 페이스북에 다음과 같이 썼다. "조국 수사의 본건은 정경심 교수 건이다. 별건은 유재수 수사다. 본건 수사에서 조국 전 장관의 구속 요건을 찾지 못하자, 9개월간 묵힌 유재수 사건을 10월에서야 수사해 조 전 장관의 구속영장을 청구했다. 전형적인 별건수사 수법이다. 8월 27일 '국회의 시간'과 '대통령의 시간'을 강탈하고 서초동에서 국회까지 진입한 검찰은, 이로써 수사 처음부터 조국 낙마와 신병 확보를 노렸다."

도 감찰을 계속하라고 지시했다. 이후 참여정부 인사들과 연이 있는 백원우 민정비서관에게 상황을 점검해보라고 지시했고, 백 비서관은 상황을 점검한 후 나에게 보고했다. 검찰은 이를 유 국장의 '구명 로비'에 백 비서관이 호응한 것이라고 규정했지만, 이는 민정비서관의 통상적 '업무'였다. 만약 내가 유 국장을 봐주려고 생각했다면, 감찰 계속을 지시하지 않았을 것이다. 나와 유 국장은 일면식도 없는 사이이며, 내가 이 사람을 봐주어야 할 이유도 봐주어서 얻을 이익도 없었다.

감찰을 통해 확인했던 유 국장의 비리는 골프채, 골프텔, 기사 딸린 차량 서비스 이용 등이었는데, 이는 2019년 검찰의 강제수사를 통해 밝혀진 비리와 큰 차이가 있었다. 일반적으로는 덜 알려져 있지만, 특감반은 대통령비서실 직제 제7조에 따라 —강제수사권과 징계권은 없고— '비리 첩보 수집'과 '사실관계 확인' 권한만을 갖는다. 특감반 조사와 검찰 조사가 차이날 수밖에 없는 이유가 여기에 있다. 그럼에도 검찰과 언론은 이를 무시하고 검찰이 밝힌 것을 청와대가 덮었다는 식으로 비판했다.

영장청구 소식을 접하고 "검찰은 죽을 때까지 찌른다"는 속언이 떠올랐다. 구속된 상태에서 소환조사를 받게 되면 정신적·육체적으로 위축·약화되어 결국에는 자포자기하고 검사가 원하는 대로 끌려가는 경우가 많다. 게다가 대중적으로 '구속=유죄'라는 관념이 유포되어 있고, 이러한 인식은 이후 재판에도 영향을 미친다. 구속을 해두어야 이후 수사·기소·재판에서 유리한 고지를 차지할 수 있다고 검찰은 판단했을 것이다.

2019년 12월 23일 윤도한 청와대 국민소통수석은 나에 대한 사전영장청구 서면 브리핑에서 밝혔다.

"당시 민정수석비서관실은 수사권이 없어서 유재수 본인의 동의하에서만 감찰 조사를 할 수 있었고, 본인이 조사를 거부해 당시 확인된 비위 혐의를 소속 기관에 통보했습니다. 그 상황에서 검찰수사를 의뢰할지 소속 기관에 통보해 인사조치를 할지는 민정수석실의 판단 권한이며, 청와대가 이러한 정무적 판단과 결정을 일일이 검찰의 허락을 받고 일하는 기관이 아니라는 입장을 다시 한번 밝힙니다."

유재수 사건의 출발은 검찰수사관 출신 김태우 전 특별감찰반원의 고발이었다. 김 씨는 청와대 내부 감찰로 자신의 비리가 발견되어 징계 및 수사 의뢰가 이루어지자, "민정수석실에서 민간인을 사찰했다"라는 허무맹랑한 주장을 했다. 이에 야당과 보수언론은 청와대에 대해 파상공세를 펼쳤다. 특감반 책임자인 박형철 비서관은 직접 청와대 춘추관에 나가 브리핑을 하면서 억울해 눈물까지 흘렸다.

야당은 '김용균법'(산업안전보건법) 등 법안 처리를 놓고 민정수석의 국회 출석을 집요하게 요구했다. 이에 문재인 대통령은 "민정수석은 국회에 출석하지 않는 것이 관례이지만, '김용균법'

의 연내 통과를 위해서라면 출석하라"라고 지시하셨다. 12월 27일 아침 대통령께서는 국회 상황을 한병도 정무수석(현 더불어민주당 의원)에게 보고받은 후, 나에게 짧게 질문하셨다. "나갈 준비되어 있지요?" 나는 답했다. "네, 잘 준비해서 나가겠습니다." 대통령께서 "또박또박 답변하면 됩니다"라고 격려해주셨다.

2018년 12월 31일 국회 운영위원회에 출석하자 야당 의원들이 유재수 사건과 관련해서 '민간인 사찰' '별건 감찰' 여부를 추궁했고, 나는 그런 적이 없다고 단호하게 해명했다.*

당시만 해도 유재수 사건은 주변적인 사안이었다. 그런데 2019년 2월 김태우 씨는 유재수 사건을 이유로 나를 고발했다. 김 씨는 유튜브 방송을 통해 문재인 정부 공격에 나섰고, 2020년 4·15 총선에서는 국민의힘 전신인 미래통합당 후보로 출마해 낙선했다. 어떻게 이런 사람이 문재인 정부의 청와대 특감반에 들어올 수 있었을까.

나는 유재수 사건으로 검찰조사를 받을 것이라고는 전혀 예상하지 못했다. 2017년 10월 이후 청와대 민정수석실 산하 특감반의 감찰이 있은 후 유재수 국장을 사직토록 했기에 상황이 종결되었다고 생각하고 있었다.

---

* 2021년 1월 8일, 김태우 씨는 공무상 비밀누설 혐의로 징역 1년 집행유예 2년의 유죄판결을 받았다. 이 판결로 청와대의 직권남용이 없었음이 확인되었다.

사냥의 최종 목표

특감반이 포착한 비리 가운데 유 국장은 차량 제공만 인정하고 나머지는 대가성을 강력히 부인했고, 이후 감찰에 불응하고 병가를 낸 후 연락을 끊고 잠적했다. 청와대 특별감찰은 대상자의 동의에 기초해서만 진행되는 것이고, 공직자가 청와대 특별감찰을 거부하는 일은 드물었기에 당황스러웠다. 청와대 특감반은 강제수사권이 없어서 감찰이 사실상 불가능하게 되었다. 이러한 과정에서 유 국장이 감찰을 받고 있고 이후 병가를 냈다는 사실은 금융위원회는 물론 관가에 파다하게 퍼져 있었다. 공무원 사회에서 어떤 사람이 청와대로부터 감찰을 받았다는 것은 순식간에 알려지기 마련이다.

이 상태에서 나는 박형철 비서관에게 감찰 결과 및 복수의 조치 의견을 보고받았다. 특감반 업무 관례상 조치의견은 감찰이 종결되거나 불능상태에 빠져 마무리할 때 기재된다. 당시 백원우 비서관은 "빨리 잘라 국정부담을 덜어야 한다. 고위직은 옷 벗기는 것이 최고의 징계다"라는 의견을 피력했고, 박형철 비서관은 "검찰에 수사를 의뢰하는 것이 좋겠다"라는 의견을 피력했다. 정치인 출신과 검사 출신 비서관의 감각에는 차이가 있었다.

나는 두 의견을 청취한 후 유 국장이 현직을 유지하는 것은 곤란하다고 판단하고, 유 국장의 비리와 상응한 인사조치 필요를 금융위원회에 알릴 것을 결정했다. 민정수석실은 유 국장에 대한 징계권이 없으므로, 징계 여부는 금융위원회가 판단할 것이라고 생각했다. 나는 민정수석으로 감찰 '중단'을 지시한 것이 아니라, 대상자의 감찰 불응으로 감찰이 '불능' 상태가 된 상황에서 최종 조치를 결정한 것이었다. 특감반은 강제수사권이 없기에 감찰에 불응하는 사람을 특감반이 강제로 추가 조사할 방법은 없고, 만약 그렇게 하면 불법이 된다.

당시 박 비서관에게 이인걸 특별감찰반장이 조치 결정에 불만을 표시했다는 말을 들었으나, 특감반 업무의 한계로 어쩔 수 없는 일이라고 생각했다. 박 비서관도 자신의 의견이 채택되지 않아 불만이 있었겠지만, 당시에는 특별한 반대 의사를 표시하지 않았다. 특별감찰의 시작·전개·종결에 대한 최종 권한은 민정수석에게 있음을 알고 있었기 때문일 것이다. 박 비서관은 법정 증인신문에서 유재수 사건의 처리 방향에 이견이 있었지만, 최종 판단 권한은 민정수석에게 있었고 민정수석실에는 수사권이 없기 때문에 사표처리 결정을 수용했다고 진술했다.

2019년 11월 이후 검찰수사를 통해 유재수 국장의 비리가 더 드러났지만, 나는 강제수사권이 없는 청와대 특감반의 감찰 결과에 기초해 위의 조치를 하는 것은 나의 정무적 재량 범위 안에 있다고 생각했다. 이것이 '직권남용죄'에 해당할 것이라고는 꿈에도 생각하지 못했다. 2017년 하반기 나의 주된 관심은 국정원·검찰·경찰 등 권력기관 개혁의 청사진을 마련하는 것에 집중되어 있었기에─2018년 1월 14일 이 방안을 춘추관에서 내가 직접 발표했다─이 사안에 대해서는 큰 비중을 두고 있지도 않았다. 유재수

사건은 당시 민정수석이 결재하는 수많은 사건 가운데 하나에 불과했기에 비중을 두고 처리하지도 않았다.

결과적으로 보면, 유 국장 감찰 중단 상황에서 박 비서관의 의견에 따라 이 사건을 아예 수사기관에 넘겼다면 문제가 없었을 텐데 하는 후회를 한다. 형사처벌은 '최후수단'으로 사용되어야 한다는 소신과 판단이 이후 검찰이 내게 칼을 들이대는 빌미를 제공한 것이다.

그런데 2019년 9월 6일 법무부장관 인사청문회 종료 후, 검찰이 유재수 사건을 다시 들여다본다는 언론 보도가 나왔다. 미래통합당 김도읍 의원은 2019년 10월 7일 검찰에 대한 국정감사에서 전직 특감반원(김태우 씨)의 진술을 거론하며 유재수 사건을 부각했다. 검사 출신 김 의원의 언동에는 이유가 있었다.

추후 공판 과정에서 알게 되었지만, 검찰은 감찰반원들을 차례차례 불러 감찰이 강제로 '중단'되었다는 취지의 진술을 얻어내고 있었다. 검찰의 수사 방식은 최종 목표를 정해놓고 밑에서부터 차례차례 올라가면서 최종 목표에 불리한 진술을 확보하는 것이다. 당시 검찰수사관 출신 특감반원들에게 나는 쓸모없는 카드에 불과했을 것이다. 아내는 구속되었고 본인도 피의자가 된 전직 상관이 무슨 필요가 있었겠는가. 소속 조직이 원하는 진술을 하지 않을 이유가 없었을 것이다.

이와 같은 특감반 관계자들에 대한 수사내용을 당시에는 알지 못했지만, 분위기가 이상하다는 말이 여기저기서 들려왔다. 검찰 출신 변호사 지인들은 내 가족 관련 수사에서 나온 혐의로는 나에 대해 영장을 청구하기 어려우니, 유재수 사건을 끄집어내 영장을 청구할 것이라고 알려주었다. 한 지인의 말이 오랫동안 뇌리에 남았다.

"검찰은 특수부 엘리트 검사 출신으로 윤석열 총장이 아끼던 우병우 민정수석도 구속했다. 따라서 조국 수석 사건은 더 가혹하게 할 것이다."

검찰이 벌이고 있던 사냥의 최종 목표는 나라는 것이 분명해졌다. 배우자와 동생을 구속시킨 것만으로는 부족했던 것이다. 유재수 사건을 김경수 경남도지사, 윤건영 청와대 국정기획상황실장, 천경득 청와대 총무비서관실 선임행정관 등과 연결하는 보도가 쏟아졌다. 권력형 비리 프레임이 가동된 것이다. 이 세 사람이 기소되지 않았음은 물론이다.

나에게 영장을 청구한 동부지검의 검사장은 조남관(현 법무연수원장)이었다. 그는 노무현 정부 시절 청와대 사정비서관실 특별감찰반에서 근무했고 문재인 정부 출범 후 국정원 감찰실장으로 발탁되어 국정원 개혁 과정에서 중요한 역할을 했다. 동부지검에 출석해 조사를 받으면서, '조 검사장이 청와대 특감반 근무를 한 사람이라 특감반의 역할과 한계, 민정수석의 권한 등을 잘 알고 있을 텐데' 하는 생각을 했다. 이런 마음을 주변 법률가 친구와 지인에게 드러냈더니, 그들의 조언은 한결같았다.

"순진한 생각하지 마라. 검사는 검사일 뿐이다. 조직이 결정하면 집행한다. 기대하면 실망만 커진다."

내가 2019년 8월 9일 법무부장관으로 지명된 후 검찰은 나를 최종 목표로 가족 전체에 대한 '사냥'을 전개했고, 기필코 나를 '우리'에 가두고자 했다. 어떤 명목으로건 나를 구속시켜 유죄 낙인을 찍고 방어권을 무력화시켜 결국 나를 정신적·심리적으로 붕괴시키려는 검찰의 집요한 의지는 분명했다. 검찰이 들이대는 칼날의 번뜩이는 살기를 느낄 수 있었다.

최악의 크리스마스

영장청구가 예상되는 상황에서 나는 '급난지붕'(急難之朋), 즉 급박한 어려움이 있을 때 도움을 줄 친구와 지인에게 연락을 해야 했다. 이미 배우자가 구속되었는데 나마저 구속된다면, 연로하신 어머니와 자식들을 챙겨줄 사람이 필요했기 때문이었다. 책임질 테니 걱정하지 말라고 답을 준 이들에게 다시 한번 감사한다.

법률가 친구와 지인들은 터무니없는 영장청구이니 발부될 리 만무하다고 위로해주었다. 그러나 불안감은 사라지지 않았다. 수개월 동안 검찰발 언론 보도를 통해 유죄확증을 각인시키는 여론재판이 진행되고 있었기 때문이다. 판사도 여론의 영향을 받는다. 최악의 상황을 대비해야 했다. 어머니와 자식들에게는 마음 굳게 먹으라고 당부했다. 12월 24일에는 서울구치소에 수감되어 있는 정경심 교수를 면회하고 창살 너머 사색이 된 얼굴을 보면서 마음을 더 굳게 먹으라고 강조했다. 그렇게 내 삶에서 최악의 크리스마스를 맞았다.

변론을 맡고 있던 변호사들은 크리스마스 휴일을 반납하고 영장실질심사를 준비해야 했다. 특히 대학 동기인 법무법인 LKB의 김종근 대표변호사는 오래전 예약해둔 가족 해외여행까지 포기하고 영장실질심사 준비를 이끌어주었다.

12월 26일 아침, 집을 나섰다. 걱정 가득한 어머니와 자식들의 눈길이 뇌리에서 떠나지 않았다. 대학 동기 법무법인 예강의 김진수 대표변호사(현 법률구조공단 이사장) 사무실에서 동부지검으로 출발했다. 동부지검에 도착해서는 동부지검이 준비한 차를 타고 10시 5분쯤 동부지법 입구에 내려 걸어 들어갔다. 비가 부슬부슬 내리고 있어 김 변호사가 우산을 씌워주었다.

동부지법 근처는 응원의 목소리와 비난의 목소리가 뒤섞여 난리였다. 걸어 들어가는데 왼편에서 "장관님, 힘내세요"라는 우렁찬 소리에 고개를 돌려보니, 프로레슬러로 활발하게 사회활동을 하는 김남훈 씨가 서 있었다. 고마웠다. 눈으로만 인사를 하고 포토라인 쪽으로 걸어 들어가 말했다.

"122일입니다. 첫 강제수사 후 122일째입니다. 그동안 가족 전체를 대상으로 하는 검찰의 끝이 없는 전방위적 수사를 견디고 견뎠습니다. 혹독한 시간이었습니다. 저는 검찰의 영장 신청

내용에 동의하지 못합니다. 오늘 법정에서 판사님께 소상히 말씀드리겠습니다. 철저히 법리에 기초한 판단이 있으리라고 희망하고 그렇게 믿습니다."

권덕진 영장전담 부장판사가 주재하는 영장실질심사는 오전 10시 30분쯤 시작해 점심을 거르고 오후 2시 50분쯤 종료했다. 영장실질심사에서는 검찰 측이 제출한 수사자료가 판사에게 제출되지만, 변호인 측은 이 자료를 보지 못하고 대응해야 하기에 불리한 상황이었다. 검찰의 언론 플레이로 나에 대한 부정적 인식이 담당 판사에게도 전파된 상황이었다. 검찰 측은 집요하게 구속의 필요성을 강조했다. 영장이 발부되어야 자신들이 벌인 수사의 정당성이 인정된다고 생각하는 듯했다.

변호인단은 검찰 측의 주장이 사실과 다름은 물론 법리적으로도 잘못되었다고 강력히 반박했다. LKB의 김종근·이승엽 변호사는 수사내용의 법리적 잘못을 하나하나 치밀하게 비판했고, 예강의 김진수 변호사는 과거 유사한 직권남용 사례를 제시하면서 구속의 부당함을 주장했다. 다산의 김칠준 변호사는 누구의 권리가 방해되었는지가 불분명함을 지적했다. 법정은 긴장으로 팽팽했다.

'우리'에 갇히다

심사가 종료된 후 나는 동부구치소로 입감되었다. 동생이 이미 구속되어 있는 장소였다. 동부지법을 떠날 때 변호인들이 "기각될 거라고 봅니다. 힘내십시오"라고 말해주었지만, 불안감은 사라지지 않았다. 동부구치소로 들어가 하늘색 수감자용 운동복으로 갈아입고 하얀 고무신을 신었다. 얼마 전 교정업무의 최고책임자였던 전직 법무부장관으로서 참담한 심정이었다. 교정직원들의 표정이 묘했다. 늦은 점심으로 컵라면이 나왔는데, 몇 젓가락 뜨다 말았다. 이후 6층 맨 구석 독방으로 들어갔다. 철문이 닫혔고, 기약 없는 기다림이 시작되었다.

1993년 6월 23일 국가보안법 위반으로 서울구치소에 갇힌 경험이 있지만, 그때와는 느낌이 달랐다. 구치소 독방 크기는 비슷할 텐데, 더 좁게 느껴졌다. 1993년에는 '반정부' 운동 참여로 구속되었고, 2019년에는 고위공무원의 '직권남용' 혐의로 갇힌 것이라 기묘한 감정이 일었다. 1993년에는 검찰 공안라인이, 2019년에는 검찰 특수라인이 영장청구의 주도자였다. 1993년 검찰은 극우 보수적 정치관으로 무장한 채 체제의 수호자로 민주화운동 세력을 탄압하는 선봉에 서 있었다면, 2019년 검찰은 조직의 이익을 수호하기 위해 언론과 야당과 손잡고 문재인 정부와 싸움을 전개하고 있었다.

6층 독방에서도 동부구치소 주변 찬반 집회 소리가 들렸다. "조국 수호"와 "조국 구속"의 함성이 섞여서 들렸다. 많은 지지자들이 실질심사가 진행되는 내내 구호를 외치고 있음을 알았다. 중간중간 부부젤라(vuvuzela) 소리가 들려왔다. 답답한 시간이었지만,

'이분들의 마음을 생각하자' '무너져선 안 된다'라고 되뇌었다. 집에서 불안과 공포에 떨고 있을 어머니와 자식들을 생각했다. 서울구치소에서 전전긍긍하고 있을 정경심 교수와 동부구치소 어느 방에서 내 소식을 듣고 마음 졸이고 있을 동생을 떠올렸다. 나를 믿어주고 격려해준 친애하는 벗과 동지들을 생각했다. 추후 동영상을 통해 당일 추운 날씨에 심야까지 나를 응원해주며 고생하신 분들의 모습을 보았다. 가슴이 쩡하고 목이 울컥했다. 진심으로 깊은 감사를 표하고 싶다.

막막한 10시간이 지나고 27일 새벽 1시가 되기 전 영장이 기각되었다는 연락을 받았다. 구겨진 양복을 찾아서 입고 컴컴한 복도를 지나 새벽 1시 30분쯤 구치소를 나왔다. '우리'에서 풀려난 것이다. 나 때문에 늦게까지 수고한 구치소 직원들에게 인사하고 구치소 문을 나서는데, 담장 바깥에서 일부가 나를 향해 쌍욕을 퍼붓고 있었다. 언론사의 카메라 플래시가 터지고 있었다. 평소 이웃으로 친교를 나누던 구승희·구관희 씨 형제가 자동차를 준비하고 기다리고 있었다. 구치소를 빠져나오자, 나를 응원하는 분들의 모습이 보였다. 가슴이 쩡했다.

아파트에 도착하니, 주차장에 동네 주민 몇 분이 나와서 위로와 격려 인사를 해주셨다. 집에서는 어머니와 딸, 아들이 환한 표정으로 기다리고 있었다. 한 번씩 안아주었다. 최악의 상황을 대비해 26일 저녁부터 가족들과 함께 있어 주었던 고마운 사람들이 독주를 준비해놓고 기다리고 있었다. 같이 마셨다. 새벽 3시쯤 그분들이 돌아간 후 잠을 청했다. 그러나 긴장이 풀리지 않은 데다가, 여전히 갇혀 있는 정 교수와 동생을 생각하니 쉽게 잠들지 못했다. 생애 가장 긴 하루가 그렇게 끝났다.

『한겨레』 이재성 기자가 12월 26일 당일 '인권연대' 소식지에 쓴 글을 나중에 알게 되었다.

> "늑대가 된 검찰에게 가장 큰 천적은 이른바 '검찰개혁 세력'이다. 그대로 뒀다간 검찰이 사냥을 못하게 되거나 번식이 불가능해질 수 있기 때문이다. 검찰에게 조국은 호랑이 새끼 같은 존재였다. 더 크기 전에 물어 죽여야 했다. 조국 하나를 잡기 위해 청와대와 총리실, 기획재정부, 경찰청 등 가리지 않고 들이닥쳤다. 전국의 검찰 조직을 총동원해 넉 달 동안 뒤진 끝에 고작 '감찰 무마' 직권남용 혐의로 구속영장을 청구했다. 채용 비리 혐의를 받는 자유한국당 김성태 의원 등에게는 구속영장의 ㄱ자도 꺼내지 않은 검찰이다. 표적수사이자 문어발식 별건수사일 뿐 아니라 친검 편파 수사로서 검찰 흑역사에 영원히 남을 것이다."*

직권남용죄의 남용

나에 대한 구속영장이 기각되자 서울중앙지검은 12월 31일 나

---

* 이재성, 「개와 늑대와 검찰의 시간」, 인권연대, 『발자국통신』(2019. 12. 26).

를 불구속기소했고, 서울동부지검은 다음 해 1월 17일 추가로 기소했다. 나는 피고인이 되었다. 예정된 수순이었다. 형사법 교수, 민정수석, 법무부장관 등을 역임한 사람이 형사피고인이 된 것이다. 얄궂은 운명이었다.

2019년 12월 31일 서울중앙지검 기소 후 변호인단은 입장문을 배포했다.

"오늘 서울중앙지검은 조국 전 법무부장관을 공직자윤리법 위반, 형법상 위계공무집행방해 및 업무방해, 뇌물수수, 증거은닉 및 위조 교사 등으로 기소했습니다.

법무부장관 지명 이후 검찰이 조 전 장관을 최종 목표로 정해놓고 가족 전체를 대상으로 총력을 기울여 벌인 수사라는 점을 생각하면, 초라한 결과입니다.

이번 기소는 검찰의 상상과 허구에 기초한 정치적 기소입니다. 기소내용도 검찰이 인디언 기우제 수사 끝에 어떻게 해서든 조 전 장관을 피고인으로 세우겠다는 억지기소로밖에 보이지 않습니다.

입시비리, 사모펀드 관련한 검찰의 기소내용은 조 전 장관이 배우자인 정경심 교수에 대한 기소내용을 모두 알고 의논하면서 도와주었다는 추측과 의심에 기초한 것입니다. 조 전 장관이 증거은닉과 위조를 교사했다는 혐의와 조 전 장관의 딸이 받은 부산대 의전원 장학금이 뇌물이라는 기소내용도 검찰의 상상일 뿐입니다.

이제 검찰의 시간은 끝나고 법원의 시간이 시작됐습니다.

그동안 언론을 통해 흘러나온 수사내용이나 오늘 기소된 내용은 모두 검찰의 일방적인 주장일 뿐입니다. 앞으로 재판과정에서 하나하나 반박하고 조 전 장관의 무죄를 밝혀나가겠습니다.

끝으로 법치국가에서 범죄혐의에 대한 실체적인 진실과 유무죄는 재판정에 합법적인 증거들이 모두 제출되고, 검사와 피고인이 대등한 지위에서 공방을 벌인 후, 재판부의 판결을 통해서 비로소 확정됩니다.

그럼에도 그동안 조 전 장관과 가족들은 수사과정에서 아직 확정되지도 않은 사실과 추측이 무차별적으로 보도됨으로써 회복할 수 없는 피해를 입었습니다. 앞으로는 근거 없는 추측성 기사를 자제해주실 것을 다시 한번 당부드립니다."

2020년 1월 17일 서울동부지검 기소 후 나는 입장문을 발표했다.

"작년 12월 31일 서울중앙지검에 이어, 오늘은 서울동부지검이 저를 기소했습니다. 법무부장관 지명 이후 시작된, 저를 최종 표적으로 하는 가족 전체에 대한 검찰의 전방위적 총력수사가 마무리된 것입니다.

검찰의 공소장을 보더라도, 언론이 대대적으로 보도했던, 민정수석의 지위를 활용해 이익을 챙긴 '권력형 비리' 혐의는 없습니다. 그러나 가족 관련 문제에서 '공정의 가치'가 철두철미 구현되지 못한 점이 확인되었던 바, 도덕적 책임을 통감합니다. 사후적으로 볼 때, 민정수석으로서 정무적 판단에 미흡함도 있었습니다. 이유 불문하고, 전직 민정수석이자 법무부장관으로서 국민 여러분께 죄송하고, 국정 운영에 부담을 초래한 점을 자성합니다.

그렇지만 저의 법적 책임에 대해서는 법정에서 사실과 법리에 따라 철저히 다투고자 합니다. 장관 재직 시 검찰수사에 대해 어떠한 개입도 어떠한 항변도 하지 않고 묵묵히 감수했지만, 이제는 한 명의 시민으로 자신을 방어할 것입니다.

'결론을 정해둔 수사'에 맞서 전면적으로 진술거부권을 행사한 혐의에 대해 검찰은 저를 피고인으로 만들어놓았지만, 법정에서 하나하나 반박하겠습니다. 감찰 종료 후 보고를 받고 상대적으로 가벼운 조치를 결정한 것이 직권남용이라는 공소사실에 대해서도 그 허구성을 밝힐 것입니다.

학자·민정수석·법무부장관으로서 염원하고 추진했던 권력기관 개혁이 차례차례 성사되고 있기에 기쁘지만, 이를 피고인으로 지켜보아야 하니 만감이 교차합니다. 날벼락처럼 들이닥친 비운(悲運)이지만, 지치지 않고 싸우겠습니다. 송구하고 감사합니다."

사실 검찰은 2019년 3월 김은경 환경부장관에 대해서 직권남용 혐의로 구속영장을 청구했고, 이후 2021년 2월 백운규 산업통상자원부장관에 대해서도 구속영장을 청구했다. 두 장관에 대한 영장은 모두 기각되었다. 내 사건의 경우 1심 재판부가 유재수 사건에 대한 공판을 마무리한 상태다.

제8장에서 보겠지만, 문재인 정부의 세 장관에 대한 검찰의 태도를 종합하면, 정권교체 후 산하기관 인사에 대한 장관의 개입(김은경), 감찰 종료 후 조치에 대한 민정수석의 재량 판단(조국), 원전 폐쇄에 대한 장관의 정책 판단(백운규) 등에 대해 형사처벌의 칼을 들이대겠다는 것이다.* 이러한 검찰의 개입은 전례가 없는 것으로 안다. 검찰에 의한 '직권남용죄의 남용'이었다.

피고인이 되어 재판을 준비하고 재판에 출석하는 일은 힘들었다. 오래전 일이라 나에게 유리한 증거를 찾을 수 없는 경우도 있었고, 무슨 이유인지 검찰에 가서 사실과 다른 진술을 한 사람들이 있음도 알게 되었다. 걱정도 되었고 화도 났다. 마틴 루터 킹 목사의 금언(金言)을 되새기며 결의를 다진다.

---

* 반면, 검찰의 '세월호 참사 특별수사단'(단장 임관혁)은 세월호 희생자 구조 실패 책임이 정부로 번지는 것을 막기 위해 당시 황교안 법무부장관이 현장에 출동했던 해경 123정장의 구속영장에서 업무상과실치사 혐의를 빼라고 대검찰청을 통해 수사팀에 지시했다는 혐의에 대해 무혐의처분했다. 특별수사단은 황 전 장관에 대해서 압수수색도 소환조사도 하지 않고 서면조사만 하고 종결했다.

"날 수 없다면, 뛰어라.

뛸 수 없다면, 걸어라.

걸을 수 없다면, 기어라.

모든 수단을 다 써서

계속 전진하라."

현재 나와 내 가족에 대한 재판은 진행 중이다. 정경심 교수는 1심에서 유죄판결을 받았고, 2심이 진행 중이다. 나도 피고인이라는 굴레를 쓰고 1심 재판을 받고 있다. 장관직을 끝까지 고사하고 학교로 돌아갔어야 했다는 후회를 여러 번 한다.

그러나 과거는 되돌릴 수 없다. 대법원 판결까지 얼마가 걸릴 지 모르지만, 사실과 법리에 기초해 검찰의 공소사실에 대해 철저히 다툴 것이다. 나의 정무적·도의적 불찰과 실수는 사과할 것이다.

제8장
검찰 쿠데타의 소용돌이

"윤석열에게는 촛불혁명보다

검찰 조직의 보호가 더 중요했다.

민주보다 검치(檢治)가 우위였다.

그는 영웅에서 반(反)영웅으로,

공무원에서 정치인으로 변신했다."

'살아 있는 권력 수사'는 가짜 개혁이다

검찰은 2019년 하반기 나와 내 가족에 대한 수사를 옹호하면서 "살아 있는 권력을 수사할 뿐이다"라고 했다. 윤석열 총장은 2020년 11월 3일 신임 부장검사 리더십 교육에서 명시적으로 밝혔다.

"국민이 원하는 진짜 검찰개혁은 살아 있는 권력의 비리를 눈치 보지 않고 공정하게 수사하는 것이다."

문장 자체로는 기개와 호기가 넘친다. 윤 총장을 위시한 검찰 내외의 '검찰주의자' 또는 '검찰교도'(檢察敎徒)들은 이 프레임을 가지고 공수처 신설, 검경수사권조정, 수사와 기소의 분리 등 제도개혁을 모두 반대해왔다. 다수 언론도 이에 동조하고 상찬(賞讚)하는 기사와 칼럼을 내보냈다. 그렇게 살아 있는 권력 수사, 줄여서 '살권수' 프레임이 널리 유포되었다.

윤 총장 발언이 나온 다음 날인 11월 4일, 더불어민주당 김용민 의원은 반박했다.

"수사기관이 살아 있는 권력을 수사할 수 있어야 한다는 명제는 동의합니다. 그러나 수사권과 기소권을 모두 가지고 특정한 방향으로 수사를 한다면 살아 있는 권력이 문제가 아니라 누구나 검찰권 남용의 피해자가 될 수 있는 것입니다. 그것은 살아 있는 권력을 수사하는 것이 아니라 검찰이 권력을 좌우하는 나쁜 권한행사가 되는 것입니다. 과거 『조선일보』가 자신들은 정권을 만들 수도 무너뜨릴 수도 있다고 자신만만해하던 것이 이제는 검찰로 넘어간 것입니다.

윤 총장이 살아 있는 권력에 대한 수사를 언급하려면 적어도 검찰 내에 살아 있는 권력인 자신과 가족, 측근에 대한 수사를 검사들이 자유롭게 할 수 있어야 합니다. 그렇게는 절대 하지 않으면서 선택적으로 수사하고, 정의를 외치고 있으니 검찰이 오늘날처럼 국민들의 불신을 받는 것입니다."

『한겨레』 손원제 논설위원은 살권수 프레임의 속내를 비판했다.

"공정성에 의문이 제기될 때 검찰이 내미는 마법의 주문이 '살권수'다. '살아 있는 권력 수사'가 정의라는 주장이다. 살권수를 외는 순간 과잉수사는 기개, 편파수사는 산 권력과 죽은 권력에 대한 균형잡기로 포장된다. 그러나 산 권력, 죽은 권력은 그저 메타포일 뿐이다. 민주화된 국가에선 '죽은 권력' 야당도 의석수만큼의 산 권력을 누린다. 누대 정권에서 권력을 휘둘러온 검찰은 그야말로 '영생 권력'이다. 이 모든 권력의 비리를 중립적으로 공정하게 수사하는 것이 정의다. 그러나 윤 총장은 '살아 있는 권력 수사가 검찰개혁'이라는 황당한 발언으로 정치적 중립을 박차고 '선택적 정의'를 정당화한 터다. 물론 선택은 검찰이 한다."*

『한겨레』 김이택 대기자도 비판했다.

　"'살권수＝개혁' 논리에 집착하면 균형감 잃은 반쪽짜리 수사가
될 수밖에 없다. 다른 쪽 권력들은 다 빼주기 때문이다. 장관 시절
영장에 혐의사실 빼라고 직권남용한 야당 대표도, 자녀 입시비
리 의혹 등으로 고발당한 야당 원내대표도 인디언 기우제나 먼
지떨이 수사 한 번 안 받고 다 무사했다. 검찰 식구나 가족들은
더 말할 것도 없다. 당장 채널A 사건이나 최근의 전현직 검사 룸
살롱 로비 사건만 봐도 제 식구들은 살권수에서 빠진다.
　'살권수＝개혁' 프레임은 애초에 성립할 수 없는 논리다. 과거
경험이 말해주듯 살아 있는 권력 수사 자체를 용납하지 않는 정
권에선 원천적으로 불가능하다. 반대로 참여정부에서 봤듯이
성역 없는 수사를 보장한다고 곧 검찰개혁이 이뤄지는 것도 아
니다. 결국 검찰 권한 줄이는 개혁 칼날을 피해보려는 조어일 뿐이니
가짜 개혁이다."**

『한겨레』 이재성 기자는 더욱 신랄하게 일갈했다.

---

* 손원제, 「살아 있는 권력 수사와 '영생권력' 검찰」, 『한겨레』(2020. 12. 1).
** 김이택, 「대선 주자가 지휘하는 권력 수사는 '정치행위'다」, 『한겨레』(2020.
　12. 9).

"윤석열 검찰이 내세우는 '살아 있는 권력에 대한 수사'가 가소로운 이유는 기만적인 눈속임에 기초한 프레임이기 때문이다. 살아 있는 권력 수사에 대한 열망은, 권위주의 정부 시절 검찰이 눈에 뻔히 보이는 정권의 비리조차 봐주기로 일관해서 생겨난 여론인데, 검찰개혁을 위해 권한을 내려놓는 리버럴 정권이 되면 없는 사건도 만들어내겠다는 투지로 과도한 수사를 벌인다.

이전 정부의 과오가 쌓여 높아진 요구를 리버럴 정부가 되면 거꾸로 조직 보위의 방패로 삼는다는 점에서 시차를 활용한 일종의 야바위 전략이라고 할 수 있다. 죽은 권력만을 물어뜯던 하이에나가 스스로 싸움을 포기한 사자에게 몰려들어 '우리도 살아 있는 권력을 공격할 수 있다'고 으스대는 꼴이다. 비루한 외모의 하이에나가 초원의 무법자가 될 수 있었던 비결은 강한 자에 약하고 약한 자에 강한 '강약약강'의 비굴한 처세에 있다."*

선택적 정의의 민낯

권위주의 체제 또는 보수정부 시절 청와대가 노골적으로 수사에 개입할 때 검찰은 '살권수'론을 펼친 적이 없다. 수사개입은 하지 않고 검찰개혁에는 드라이브를 거는 살아 있는 권력 — 한국 역사에서 이런 정부는 진보정부였다 — 이 살권수의 대상이다. 예컨

---

* 이재성, 「사자와 하이에나와 검찰의 시간」, 인권연대, 『발자국통신』(2021. 3. 3).

대, 노무현 정부 시기 안대회 대검 중수부장은 노 대통령의 측근 안희정·최도술 씨 등에 대해 대선자금 수사를 벌였다. 노무현 정부는 이 수사를 막지 않았다. 문재인 정부에서 검찰은 세 명의 장관(김은경·조국·백운규)에 대해 구속영장까지 청구하면서 수사를 벌였다. 문재인 정부 역시 이를 막지 않았다.

2021년 5월 21일 맛 칼럼니스트 황교익 씨는 페이스북에 썼다.

> "법무부장관과 그의 가족이 불법한 행위를 저질렀다는 의심을 받고 법무부 외청인 검찰에 의해 법무부장관 가족 전체가 탈수기에 넣어져 탈탈탈 쥐어짜듯이 수사를 받았으며 현재는 재판 중에 있다. 문재인 정부가 얼마나 더 공정해야 한다는 것인지 나는 이해하지를 못하겠다."

살권수 프레임은 제4장에서 지적한 편파적 표적수사, 즉 '선택적 정의'의 외피(外皮)로서 검찰개혁을 회피하거나 무산시키기 위한 검찰의 조직보호 논리에 다름 아니다. 이 점 외에 몇 가지를 첨언하고자 한다.

첫째, 누가 살아 있는 권력인가. 제2장에서 보았지만 나와 내 가족의 혐의가 권력형 비리가 아님은 법원에서 계속 확인되고 있다. 공소사실이 모두 유죄로 인정된다고 하더라도 살아 있는 권력이 범한 범죄가 아니다. 특히 가족이 검찰의 수사대상이 되는 순간부터 나는 살아 있는 권력이 아니었다.

살아 있는 권력은 가족 구성원 전체를 대상으로 '표적수사' '저인망 수사' '별건수사' '별별건수사'를 벌인 검찰이었다. 게다가 윤석열 총장은 현직에 있을 때부터 수구보수진영의 가장 강력한 대권후보였다.

박용현 『한겨레』 전 편집국장은 "모든 수사를 직접 지휘할 수 있고, 아무에게도 통제받지 않으며, 검찰총장의 위법행위를 수사할 수 있는 것은 자신뿐"인 불가리아 검찰총장의 예를 들며, 검찰총장에 대한 민주적 통제를 강조한 바 있다.* 박 편집장이 소개한 불가리아의 전 검찰총장 이반 타타르셰프는 말했다.

"내 위에 있는 건 신뿐이다."

이러한 호언장담을 할 수 있는 검찰총장은 불가리아 외에 한국 정도가 있을 것이다. 윤 총장은 "총장은 법무부장관의 부하가 아니다"라고 공언하지 않았던가. 나의 후임으로 온 추미애 법무부장관의 경우도 검찰개혁을 추진하는 과정에서 검찰의 극심한 저항과 검·언·정 카르텔의 합작 공격에 부딪혀 결국 물러나야 했다. 윤 총장은 추 장관을 전혀 '상관'으로 대우하지 않았다. 그가 충성하는 대상은 오로지 '조직', 즉 검찰 조직뿐이었다.

---

* 박용현, 「검찰총장 해임·징계 제도가 의미하는 것」, 『한겨레』(2020. 12. 30).

둘째, 살권수의 동기와 목적은 무엇인가. 법무부장관 후보와 가족의 혐의가 포착되었을 때 검찰이 수사하는 것을 비난할 수 없다. 그러나 '살권수'의 동기·목적·수법·행태는 비판의 대상이 되어야 마땅하다. 『오마이뉴스』 강인규 기자의 지적처럼, "살아 있는 권력을 수사하든, 죽은 권력을 수사하든, 중요한 건 수사의 동기와 목적이다. 산 권력을 대상으로 삼는다고 해서 모든 수사가 정당하고 정의로워지는 것은 아니다."*

나와 내 가족 사건에서 살권수는 검찰개혁을 무산시키려는 동기와 목적이 있었다고 판단한다. 공수처 설치와 검경수사권조정이 법률로 확정되는 것을 막아야 한다는 공감대가 검찰 내부에 형성되어 있었다. 검사 출신 이연주 변호사는 말했다.

"(윤석열 총장은) 검찰의 권력을 나누고 쪼개자고 하면 당연히 대통령도 집으로 보내실 분이다, 아무렴."**

그리고 살권수라는 이유만으로 초미세먼지떨이 수사와 인디언 기우제 수사 같은 수법과 행태가 정당화될 수 없음은 물론이다. 유시민 노무현재단 이사장이 2019년 9월 28일 노무현재단 경남지역위원회 주최 강의에서 했던 지적을 첨언한다.

* 강인규, 「'윤석열 검찰'의 모순, 남의 악이 자신의 선은 아니다」, 『오마이뉴스』(2019. 9. 30).
** 이연주, 『내가 검찰을 떠난 이유』(포르체, 2020), 296면.

"살아 있는 권력도 인권을 존중해야 한다. 공직자와 그의 배우자, 자녀도 인권을 인정 못 해준다면 야만이다."

이시즈카 겐지(石塚健司)는 『도쿄지검 특수부의 붕괴: 추락하는 최강 수사기관』에서 일본 검찰 특수수사의 문제점을 고하라 노부오 교수의 말을 빌려 세 가지로 요약했다. ① 조직 상부가 기획한 시나리오에 맞추어 조서를 꾸미는 '상의하달형' 수사 ② 처음부터 특정인을 '악인'으로 지목해놓고 스토리를 만들어내는 '악인중심형' 수사 ③ 수사를 하면서 언론에 정보를 흘려 여론을 조작하는 '극장형' 수사다.* 모두 익숙하지 않은가.

'살권수'라는 표현이 있기 전 살권수의 대표적 예는 2003년 노무현 정부 때 안대희 대검 중수부장에 의한 대선자금 수사다. 안대희는 이 수사로 '국민 검사' '안짱' 등의 칭호를 받으며 '영웅'이 되었다. 수사 당시 범국민적 비판은 없었다. 여야 모두의 대선자금에 한정해 '메스'를 들이댔기 때문이었다. 그러나 이 수사팀 구성원이었던 윤석열 총장이 이끄는 2019년 하반기 수사는 달랐다. '메스'가 아니라 '전기톱'을 휘두른 수사였다. 당시 성경 마태오 복음서의 말씀이 떠올랐다.

"칼을 칼집에 도로 꽂아라.

* 이시즈카 겐지(박현석 옮김), 『도쿄지검 특수부의 붕괴: 추락하는 최강 수사기관』(사과나무, 2010), 27면.

314

칼을 쓰는 사람은 칼로 망하는 법이다."

셋째, 살권수의 대상은 공정하게 선택되는가. 역사적으로 보아도 검찰이 '살권수'를 철저하게 한 경우는 예외적이었다. 2014년 '정윤회 문건' 보도로 박근혜·최순실(최서원) 국정농단의 단초가 포착되었을 때, 검찰은 이를 깊게 수사하기는커녕 이를 작성한 박관천 씨를 구속기소했다. 당시 검찰은 박근혜·최순실이라는 살아 있는 권력을 칠 생각이 없었다. 실제 검찰은 권력 수사에서는 '죽은 권력' 또는 '곧 죽을 권력'을 물어뜯는 하이에나 수사를 한 것이 대부분이었다. 후술하겠지만, 2019년 하반기 이후 전개된 일련의 검찰수사는 '검찰의 쿠데타' 또는 '검란'(檢亂)이었다는 비판이 제기되고 있는데, 당시 검찰은 문재인 정부를 '살아 있는 권력'이 아니라 '곧 죽을 권력' 또는 '죽여야 할 권력'으로 판단했다고 본다.

곧 죽을 권력을 치는 윤석열

진보 세력 일각에서 "윤석열 검찰은 과거의 검찰이 아니다. 문재인 정권보다 윤석열 검찰을 믿어야 한다"라고 생각하는 사람들이 있는 것으로 안다. 그러나 검찰 일반은 말할 것도 없고, 윤석열의 '살권수'도 일관되지 못했다.

제3장에서 보았지만, 윤석열 총장이 파견되어 있었던 MB 특검팀은 2008년 이명박 대통령에게 무혐의처분을 내렸고, 윤 총장을 포함한 특검팀 검사들은 이명박 정부 아래서 승승장구했다. 윤 총

장은 2019년 10월 국정감사 답변에서 검찰 중립성을 보장한 정부에 대한 질문에 "MB 때가 '쿨'했다"라고 답변했다. 윤 총장은 친구와 지인, 기자들에게 "나는 선거에서 민주당을 찍은 적이 없다"라고 여러 번 자랑스럽게 말한 적이 있는 것으로 안다. 이 국정감사 답변은 윤 총장이 이명박 정부에 대해 우호적 평가를 하고 있음은 물론, 이명박 정부 아래서 검찰의 권한 남용에 대한 반성은 전혀 하지 않고 있음을 보여준다. 예컨대, 이명박 정부에서 검찰은 정연주 KBS 사장을 쫓아내기 위해 배임죄로 기소했고, 광우병 촛불집회로 인한 위기 타개책으로 MBC 「PD수첩」 제작진을 기소했다. 두 사건 모두 정치적 수사·기소였고, 오랜 시간이 흐른 후 대법원에서 무죄판결이 확정되었지만 검찰은 전혀 사과하지 않았다.

반면, 윤 총장은 박근혜 대통령 시절 '국정원 대선개입 사건'을 수사하려다가 불이익을 받았다. 이를 계기로 윤석열이라는 이름은 소신과 용기 있는 수사로 박해받는 검사의 상징이 되었다. 검사 윤석열이 범국민적 '상징자본'을 획득한 첫 번째 순간이었다. 이후 '박근혜 정부 국정농단 사건'을 수사한 박영수 특별검사팀에서 윤 총장은 수사팀장으로 활동했고, 이 수사는 박 전 대통령의 탄핵으로 이어졌다. 이로써 상징자본의 확대재생산이 이루어졌다.

박근혜 국정농단 사건 수사에서 윤 총장의 기여는 분명히 인정되어야 한다. 당시 국민 다수가 큰 박수를 보냈다. 나 역시 그랬다. 윤석열 검사는 '촛불혁명'의 대의에 부응하는 '영웅'으로 인식되었고, 이에 대한 '보상'은 이루어졌다.

그렇지만 잊지 말아야 할 것은 이 수사가 가능했던 이유다.

①『한겨레』김의겸 선임기자(현재 열린민주당 국회의원)의 최초 특종 보도가 있었다.

②수사가 철저하게 진행될 수 있었던 근원적 힘은 윤석열 개인이 아니라 촛불시민이었다.

③ 박영수 특검팀이 만들어진 시점에 박근혜 대통령 등은 '살아 있는 권력'이 아니라 '곧 죽을 권력'이었다.

이 점에서 나는『프레시안』박세열 기자의 의견에 동의한다.

"우리는 안다. 검찰이 칼을 휘둘러 박수를 받을수록, 검찰개혁은 요원해진다는 것을. 이미 '스타 검사'의 서사는 착착 만들어지고 있다. 권력에 대항한 영웅서사가 구체화될수록 불편해진다. 특히 이명박·박근혜의 구속을 '검찰이 훌륭해서' '검찰이 잘해서' 이뤄진 일이라는 전제를 다는 순간, 우리는 검찰 공화국의 또 다른 포로가 된다. 검찰이 잘해서 탄핵이 이뤄졌다는 말처럼 촛불 정신을 허무하게 만드는 건 없다."*

안대희를 넘어서

2019년 하반기 이후 윤석열 총장은 문재인 정부를 집중타격하는 일련의 수사를 벌여 수구보수진영이 지지하는 강력한 대권후

---

* 박세열, 「윤석열 주연 '영웅서사', 이야기가 끝난 후 남는 건?」,『프레시안』
  (2020. 2. 7).

보로 부상했다. 박근혜 정부와 맞서 박해받는 검사가 되어 대중적 명망을 얻고 문재인 정부의 검찰총장이 되더니, 문재인 정부를 쳐서 수구보수진영의 대권후보로 부상한 것이다. 윤석열은 서울중앙지검장, 검찰총장을 넘어서는 꿈을 실현하기 위해 상징자본을 쌓아나갔고 이를 활용했다. 2019년 하반기 이후 윤석열은 단지 '검찰주의자' 검찰총장이 아니라 '미래 권력'이었다. '검찰당(黨)' 구성원들은 '당수'의 대권후보 1위 등극 소식에 득의만면, 기세등등하고 있을 것이다.

안대희는 윤석열의 선배이자 롤 모델이었다. 윤석열은 2003년 안대희 대검 중수부장이 이끌던 16대 대선자금 수사팀 구성원이었다. 안대희는 참여정부 출범 직후 대선자금 수사로 영웅이 된 후 새누리당 정치쇄신특별위원회 위원장을 맡아 제18대 대통령 선거에서 박근혜 후보의 당선을 도왔고, 이후 국무총리로 지명되었다가 전관예우 문제로 낙마했으며, 2016년 새누리당 공천을 받아 출마했으나 낙선했다. 윤석열은 안대희에서 출발해 그 길을 따라가다가, 종국에는 안대희를 넘어서 한 걸음 더 나아가기로 결심한 것 같다.

공무원인 윤 총장은 정치 참여를 부인하지 않았고, 대권후보 여론조사에서 자신의 이름을 빼달라고 공식 요청하지 않았다. 언제나 자신을 대통령과 대척점에 있는 존재로 인식하게 만드는 언동을 계속했다. 그러니 자신이 법무부장관의 '부하'일 리 없다. 유례없는 검찰의 폭주를 경험한 여권이 2012년과 2017년 대선 공약인 수사와 기소 분리를 실현하기 위해 중대범죄수사청 신설을 준비하자 그는 이를 빌미로 2021년 3월 4일, 사표를 던졌다. 여야 격돌과 접전이 예상되는 서울과 부산시장 재보궐 선거 불과 한 달 전이었다.

윤 총장은 총장 사직 하루 전날 대구지검을 방문해 "몇 년 전 어려웠던 시기에 저를 따뜻하게 품어준 고장이다. 고향에 온 것 같다"라고 발언했다. 총장으로서 마지막 방문지로 대구를 선택한 것은 우연일까. 사직의 변은 "자유민주주의 수호와 국민 보호"였다. '자유민주주의 수호'는 자신의 이념적 지향을 밝힌 것이다. 과거 권위주의 체제에서 검사들이 회식하면서 폭탄주를 돌릴 때 외쳤던 구호 "좌익 척결! 우익 보강!"이 떠올랐다. '국민 보호'는 자신이 추구하는 미래 역할을 밝힌 것으로 들렸다. 누구 또는 무엇으로부터 국민을 보호하겠다는 것인지 모호한 전형적인 정치인의 말투였다. '검찰주의자'를 넘어 전형적인 '정치 검사'의 행보였다.

2021년 5월 16일 윤 총장은 『조선일보』 인터뷰에서 "5·18 정신을 선택적으로 써먹고 던지면 안 된다"라고 말하고는, "자유민주주의의 반대는 독재와 전체주의"인데 "현 정부는 헌법의 '자유민주주의'에서 '자유'를 빼려 하지 않았느냐"라고 반문했다. 문재인 정부가 '독재와 전체주의' 정권이라는 어처구니없는 메시지를 내보낸 것이다. 문재인 정부가 독재 또는 전체주의 정권이라면 검찰이 아무 거리낌 없이 정부를 집중 타격하는 수사를 벌일 수 있었겠는가. 윤 총장의 이러한 언동을 냉정히 분석하면서도 2019년 하반기 이후 윤 총장이 벌인 수사를 살아 있는 권력 수사라고 찬미(讚美)할 수 있을 것인가.

2021년 3월 4일부터 윤석열은 공식적으로 정치인이 되었다. 그런데 과연 그전에는 자신을 검찰총장으로만 인식하고 있었을까? 윤 총장이 총장직을 던진 2021년 3월 4일 이전에는 정치와 거리가 먼 순정(純正)과 무욕(無慾)의 검찰총장이었다고? '소이부답'(笑而不答, 미소만 짓고 직접 대답하지 않는 모습)이다.

2020년 4월 11일 황희석 전 법무부 인권국장은 페이스북에서 윤석열 총장에게 공개 질의했다.

"사석이든 공석이든 '문재인은 우리 덕에 대통령 되었다. 우리는 대통령 2인과 대법원장을 구속시켰다. 문재인이라고 구속 못 할 것 없다'는 취지의 말을 한 적이 있는가?"

황 전 국장은 『오마이뉴스』 인터뷰에서 윤 총장의 이 발언을 직접 들은 사람들이 있다고 말했다.

두 명의 대통령을 감옥에 보낸 윤석열은 '조국 수사'와 검찰개혁 공방이 진행되는 어느 시점에 문재인 대통령도 '잠재적 피의자'로 인식하기 시작했을 것이다. 후술할 울산 사건 공소장이 그 방증이다. 그즈음 '미래 권력'의 꿈을 꾸기 시작했을 것이다. 검찰 조직 안팎에서 '대망'(大望)을 가지라는 조언이 답지했을 것이다. 자신이 대통령이 되지 못할 이유가 없다는 생각이 커지기 시작했을 것이다. 이러한 인식을 갖게 된 그는 문재인 정부를 곧 죽을 권력이라 판단하고, 자신이 지휘하는 고강도 표적수사를 통해 문재인 정부를 압박해 들어갔다고 보는 것이 합리적이지 않은가.

언론이 부르는 '윤비어천가'

2019년 9월 월간 『신동아』가 윤석열 총장 대권 프로젝트라는 '대호(大虎) 프로젝트'를 보도했을 때 다들 긴가민가했다. 이 프로젝트의 진위는 알 수 없다. 시간을 거슬러 2017년 5월 그가 서울중앙지검장이 된 후 유사한 풍문이 들려왔으나 설마 하며 믿지 않았다. 다만, 총장 이후 그의 행보는 이 프로젝트의 실체를 떠올리게 만든다. 윤 총장 사직 다음 날인 2021년 3월 5일 TV조선은 "풍운아 윤석열"의 "새로운 출발"이라고 말하며 '이날치 밴드'의 노래 제목을 빌려 "범이 내려온다"라고 기대 가득한 평가를 해주었다. 이제 그는 확실히 수구보수진영의 대권후보 정치인이 되었다.

언론은 철저한 검증은커녕, 벌써부터 '윤(尹)비어천가'를 부르고 있다. 목불인견(目不忍見)이다. 5·16과 12·12, 5·17 군사 쿠데타 이후 쿠데타를 정당화하며 박정희와 전두환에 대해 각각 '박(朴)비어천가'와 '전(全)비어천가'를 부른 언론이었으니 기대할 것이 없다. 박근혜에 대해서도 "형광등 100개의 아우라"라는 희대의 아부를 했던 언론이 아니던가.

그러나 국민적 검증은 이제 시작이다. 「범이 내려온다」의 원곡 판소리 「수궁가」에서 호랑이는 용왕의 명을 받고 육지로 나온 별주부 자라가 토끼인 '토(兎) 생원'을 부른다는 것을 잘못해 '호(虎) 생원'을 호출하는 바람에 산에서 내려왔다. 호랑이는 별주부를 우습게 알고 잡아먹으려다가 실패하고 혼이 나서 도망치게 된다. '이날치 밴드'의 노래 「범이 내려온다」의 다음 곡 「호랑이 뒷다리」에서는 자라가 호랑이의 '세 번째 다리'를 물어버린다고 묘사한다. 「범이 내려온다」를 차용해 '윤비어천가'를 부르는 보수언론들은 이를 모르고 있었나보다.

'산중왕'이라 불리는 힘센 호랑이에게 자라 따위가 얼마나 하찮게 보였겠는가. 검찰총장 윤석열 눈에 국민은 검찰 앞에서 발발 떠는 잠재적 피의자에 불과하겠으나, 검찰총장이라는 자리를 던지고 내려온 정치인 윤석열 앞에는 국민 한 명 한 명이 두 눈 부릅뜨고 준비하는 검증이 기다리고 있을 뿐이다.

윤석열의 진심은 정의로운가

2019년 하반기 이후 전개된 검찰수사를 '검찰 쿠데타'라고 최초 규정한 사람은 경희대 김민웅 교수라고 기억한다. 김 교수는 나에 대한 전면적 압수수색이 이루어진 이틀 후인 8월 29일 다음과 같이 주장했다.

"이번 검찰의 조국 법무부장관 후보에 대한 전격 수사행위는 사람들의 일상생활에는 충격을 주지 않는 가운데 감추어진 장막 안에서 결정적으로 권력의 판도를 바꾸는 이른바 '조용한 쿠데타'(Silent Coup)의 가능성이 높아지고 있다는 점이다. 사회 전체에 즉각적인 타격을 주는 군사 쿠데타와는 다른 유형의 '정변'(政變)이다. 일종의 '궁중 쿠데타'인 셈이다. 실제로 진행되는 사태는 '검찰개혁 반발 세력의 반격성 선제공격'으로 그 본질이 압축되는 것은 아닌가 한다. 지금 상황은 '조국'이라는 정치장교를 거부(Veto)한 검찰의 전략이 주도하는 국면이다."*

유시민 노무현재단 이사장은 2019년 9월 28일 노무현재단 경남지역위원회 주최 강의에서 말했다.

"검사들이 1979년 말, 1980년 초 전두환 신군부 때 갖고 있던 심리가 있는 것 같다. 지금부터는 검찰의 난이 조국을 넘어서 대통령과 맞대결하는 양상으로 간다는 것은 위헌적 쿠데타다. 총칼로 하는 쿠데타가 아니라 '검권'(檢權)으로 하는 쿠데타다."

---

* 김민웅, 「정치검찰의 '조용한 쿠데타'인가?」, 『프레시안』(2019. 8. 29). 김 교수는 2020년 12월 19일 보다 분명히 규정했다. 즉, "정치검찰의 난동은 지난 1년 반 내내 이 나라를 들쑤셨다. 그 까닭은 명료하다. 검찰개혁을 통해 자신들의 특권유지가 불가능하게 되는 상황에 대한 저항이었다. 이들과 한 몸이 된 언론과 기타 세력들은 검찰개혁을 '독재정권의 전횡'으로 몰아붙이기까지 한다. 어느 독재정권이 대통령을 포함한 수사대상 목록을 짜서 공수처를 설치하는가? 정치검찰은 뭘 요구하고 있는가? 다시 강조하지만 자신들이 대한민국 최고권력이라는 사실을 인정하라는 것이다. 법으로 주어진 권한을 권력으로 착각한 집단의 조직적 항거다"[김민웅, 「정치검찰의 조용한 쿠데타?」, 『민중의 소리』(2020. 12. 19).

영산대 장은주 교수는 2019년 9월 5일부터 페이스북에 "조국 대전의 본질은 '검란'(檢亂)"이라는 취지의 글을 연속적으로 쓰기 시작했다. 민주공화국의 원리를 부정하는 법률전문가 집단으로 구성된 과두 특권 독점 지배체제가 민주공화국의 원리를 뒤집으려 한다는 경고였다. 검사 출신 오원근 변호사도 2020년 11월 2일 MBC라디오 '김종배의 시선집중' 인터뷰에서 "검찰이 대규모 검찰 권력을 이용해서 조국 전 장관 일가를 수사했던 것이 진짜 검란이 아니었나 싶다"라고 말했다.

이러한 '검찰 쿠데타론' 또는 '검란론'은 초기에는 제한적 파급력만 있었다. 내가 사모펀드 등 '권력형 비리'에 관련되어 있다는 의심이 국민들 사이에서 불식되지 않았기 때문이었다.

조국 낙마를 넘어 정권을 겨냥하다

『경향신문』 유희곤 기자는 '단독'으로 매우 특이한 기사를 내보냈다. 윤석열 총장이 주변 사람들에게 "대통령에 대한 충심은 그대로이고 성공하는 대통령이 되도록 신념을 다 바쳐 일하고 있는데 상황이 이렇다"라고 말했다는 보도였다.* 이 기사가 진실이라면, 검찰 친화적 기사를 계속 써온 유 기자에게 윤 총장 또는 그 측근이 이 발언을 전해주었을 것이다. 왜 전해주었을까? 윤 총장에게 '역심'(逆心)이 없다는 것을 대통령에게 알리기 위함이었을 것이다.

* 유희곤, 「[단독] 윤석열 "충심 그대로⋯정부 성공 위해 악역"」, 『경향신문』 (2019. 12. 6).

2021년 4·7 재보궐선거 직후 방송작가 김연우 씨는 윤 총장의 대학 동기들이 전하는 이야기를 바탕으로 『구수한 윤석열』이라는 책을 출간했다. 『한국일보』는 "석열이가 '문 대통령 구하려고 조국 수사했다' 하더라"라는 제목으로 이 책을 소개했다.* 이 역시 윤 총장의 '충심'을 알리기 위한 의도가 엿보인다. 그런데 실제 검찰 수사는 어떻게 진행되었을까? 윤 총장의 속내가 드러나는 몇몇 수사를 보자.

먼저 2020년 1월 29일 검찰이 기소한 '울산 사건'을 보자. 검찰은 2018년 지방선거 당시 한병도 청와대 정무수석(현 더불어민주당 의원), 황운하 울산경찰청장(현 더불어민주당 의원), 백원우 청와대 민정비서관 등이 문재인 대통령의 오랜 동지인 송철호 울산시장 후보의 당선을 돕기 위해 불법적으로 수사 및 선거에 개입했다는 혐의로 수사하고 기소해 문재인 정부 도덕성의 근본을 흔들려고 했다. 2021년 4·7 재보궐선거 직후에는 당시 이진석 청와대 사회정책비서관(현 국정상황실장)을 추가로 기소했다. 이 사건에 대한 1심 재판은 진행 중이다. 검찰은 나와 임종석 전 대통령 비서실장의 관련도 의심하고 수사를 벌였으나, 2021년 4월 재보궐선거가 끝난 후 무혐의처분을 내렸다.

이 사건의 공소장에는 '대통령'이라는 단어가 총 35회 등장하며, 청와대가 송철호 시장 당선을 위해 조직적으로 개입했다는 혐

---

* 원다라, 「[단독] 석열이가 '문 대통령 구하려고 조국 수사했다' 하더라」, 『한국일보』(2021. 4. 12).

의가 기술되어 있다. 그러나 2018년 지방선거 당시 송 후보는 울산지역 여론조사에서 확실한 1위를 달리고 있었다. 송 시장의 경쟁자인 자유한국당 김기현 후보를 낙선시키기 위해 청와대가 나서서 수사와 선거에 개입할 필요가 어디 있었겠는가. 또한 송 후보 측을 돕기 위해 김기현 후보의 핵심공약인 울산 산업재해모(母)병원이 예비타당성 조사에서 탈락했다는 결과를 발표하도록 해 선거에 개입했다는 혐의 역시 억지스럽다. 울산 산업재해모병원은 박근혜 정권 내내 예비타당성조사 평가에서도 계속 탈락되었다. 송철호 시장은 재판이 열린 첫날인 2021년 5월 10일, "소수의 정치검찰이 억지로 끼워 맞춘 삼류 정치 기소"라고 맹비난했다.

기소 후 한병도 전 청와대 정무수석, 백원우 비서관, 장환석 전 청와대 선임행정관 등 세 사람은 변호인 공동입장문에서, "주관적 추측과 예단으로 범벅이 된 '검찰 측 의견서'라고 불러도 무방할 정도로 문제가 많다"라고 강하게 반박했다. 이들은 공소장이 '정치선언문' 같다고 비판했는데, 나에게는 대통령 탄핵을 준비하는 예비문서로 읽혔다. 청와대 출신으로 기소된 사람들은 통상적인 업무를 범죄라고 규정하고 기소된 것에 강력하게 반발했다. 황운하 의원은 울산 경찰청이 전개한 김기현 형제 토착비리 의혹 수사는 정상적인 토착비리 수사였을 뿐 청와대의 '하명'은 없었다고 강력 항의했다. 제3장에서 보았지만, 김기현 원내대표의 형과 동생의 계좌에 들어간 거액의 현금에 대한 수사가 중단된 것이 문제가 아니던가. 이 기소 후 진보진영 내에서 '검찰 쿠데타론' 또는

'검란론'을 훨씬 심각하게 받아들였다. 그리고 윤 총장의 '역심'에 우려를 표하는 사람들이 급증했다.

2020년 1월 11일 이태경 토지정의시민연대 대표는 페이스북에 이렇게 썼다.

"윤석열 검찰이 수사권과 기소권을 무기로 조국 일가에 대한 사실상의 인간사냥(?)과 조국의 장관직 낙마에 만족하지 않고 유재수 사건과 김기현 사건 등을 끄집어내 청와대를 정조준하는 모양새를 보였다는 사실이다. 윤석열 검찰의 무한 폭주는 어떤 시민들에겐 검찰발 쿠데타로, 어떤 시민들에겐 총선에 영향을 미쳐 자유한국당을 이롭게 하려는 행위로 해석됐다."

검찰은 4·15 총선을 얼마 앞두지 않은 2020년 1월 30일 임종석 전 대통령 비서실장을 피의자로 소환조사했다. 임 실장은 소환 하루 전날 페이스북에 글을 올렸다.

"윤석열 총장은 울산지검에서 검찰 스스로 1년 8개월이 지나도록 덮어두었던 사건을 갑자기 서울중앙지검으로 이첩했으며 그러고는 청와대를 겨냥한 전혀 엉뚱한 그림을 그리기 시작했다. 다른 사건들은 덮어두고 거의 전적으로 이 일에만 몰두하며 별건의 별건수사로 확대했다. 나는 이번 사건을 정치적 목적을 이루기 위해 검찰총장이 독단적으로 행사한 검찰권 남용이라고 규정한다. 이번 사건에 매달리는 검찰총장의 태도에서는 최소한의 객관성도 공정성도 찾아볼 수 없으며 무리한 수사를 넘어 정치 개입, 선거 개입의 잘못된 길을 가고 있지 않은지 깊은 성찰을 촉구한다."

검찰은 임 전 실장에 대해 2021년 4월 재보궐선거가 끝난 후 무혐의처분을 내렸지만, 2020년 1월 대통령 비서실장을 피의자로 소환했던 의도는 분명했다. 이 사건을 문재인 대통령과 연결하려 한 것이다. 임 전 실장은 2021년 4월 10일 페이스북에 "이진석 기소는 부당하고 비겁하다"라는 글을 올리며 개탄했다.

"이른바 '울산 사건'은 명백히 의도적으로 기획된 사건이며, 그 책임 당사자는 윤석열 전 총장입니다. 언제쯤이나 되어야 검찰의 무고에 의한 인권 침해를 국가기관의 폭력이나 권력남용으로 규정할 수 있을까요."

『한겨레』 김종구 전 편집인은 다음과 같이 평가했다.

"윤 총장의 태도는 조국 전 법무부장관 수사 때만 해도 '조국 낙마를 통한 검찰의 기득권 지키기' 정도에 방점이 찍혀 있었다. 하지만 그 뒤의 행보는 정권 자체를 겨냥한 쪽으로 점차 선회했다. 이른바 '울산시장 선거 청와대 개입 사건'에 이어 최근에 착수한 '월성 원전 폐쇄' 수사로 그런 태도는 더욱 노골적으로 드러나고 있다."*

문재인 대통령 탄핵을 예비한 공소장

2021년 5월 18일 열린민주당 김의겸 의원은 윤석열을 12·12와 5·17 쿠데타를 일으킨 전두환에 비교하면서, '2단계 쿠데타'를 벌였다고 분석했다.

"윤석열 총장의 시작도 조직을 방어하기 위해서다. 검찰의 권력에 조국 장관이 겁도 없이 개혁의 칼날을 들이대니 조국을 칠 수밖에 없었다. 특히 '사람에 충성하지는 않으나 조직은 대단히 사랑하는' 윤 총장이다. 먼저 칼을 뽑는 건 자연스러운 귀결로까지 보인다. 문재인 대통령에게 '조국만 도려내겠습니다'라고 보고했다고 하니, 당시만 해도 '역심'까지 품지는 않았던 것으로 보인다. 그러나 이명박·박근혜 세력이 윤 총장을 '떠오르는 별'로 보기 시작한다. 윤 총장도 서초동 '조국 대첩'을 거치며 '어차피 호랑이 등에 탔구나' 싶었을 것이다. 이왕 내친김에 문재인 대통령을 향해 돌진한다. 울산시장 선거 사건, 월성 원전 사건 등이다. 명분을 축적한 뒤 '전역'을 하고는 본격적으로 대선 판에 뛰어들었다."

* 김종구, 「윤석열, '반정치의 정치'」, 『한겨레』(2020. 12. 1).

『한국경제』취재에 따르면, 울산 사건에서 검찰은 2016년 4·13 총선에서 친박계 인사 국회 입성을 위한 선거 개입 혐의로 기소하고 유죄 확정 판결을 받은 박근혜 전 대통령의 공천개입 사건을 참고해 공소장을 작성했다.* 공소장에 드러난 수사와 기소의 의도와 목적은 분명했다. 공소장은 문재인 대통령이 직접 선거 개입에 가담하지 않았다 하더라도 묵시적 승인 또는 지시가 있었음을 암시해놓고 있었다.

이와 별도로 나는 검찰이 청와대 관계자를 기소한 것은 4·15 총선에서 보수야당이 승리하면 국회가 문 대통령을 탄핵할 수 있도록 밑자락을 깔아준 것이라 판단한다. 혼자만의 상상이나 추측이 아니다. 『조선일보』는 기소 이전부터 사설을 통해 주장했다.

"울산시장 선거 공작 사건이 사실로 밝혀진다면 대통령 탄핵 사유가 되는 중대 사안이다. 박근혜 전 대통령은 이보다 훨씬 가벼운 선거 개입 문제로 징역 2년형을 선고받았다. 현직 대통령이 실정법을 위반하면 탄핵 소추 대상이 된다."**

기소 후 보수세력은 일제히 '문재인 대통령 탄핵'을 거론하기

* 안대규, 「박근혜 판결 참고해 공소장 만든 검…청 선거개입 수사 '윗선' 노리나」, 『한국경제』(2020. 2. 7).
** 「[사설] 탄핵에 이를 수도 있는 대형 사건을 외면하는 방송들」, 『조선일보』(2019. 12. 20).

시작했다. "대통령의 탄핵 사유는 차고 넘친다"(홍준표 전 한국당 대표), "선거 공작은 대통령 탄핵까지 갈 수 있는 중대한 문제"(심재철 한국당 원내대표), "진행 상황 알았으면 당연히 탄핵 사유"(허영 경희대 명예교수), "묵인·방조만으로 공직선거법 위반"(하창우 전 변협 회장), "명백한 탄핵 사유이자 형사처벌 사안"(권경애 변호사), "민주당 총선 참패하면 탄핵 소용돌이"(신평 변호사) 등의 주장이 쏟아져 나왔다.

2020년 9월 8일 MBC「PD수첩」은 '검찰 특별수사'를 2부에 걸쳐 방송했는데, 현직 검사와 익명으로 인터뷰했다.

"대윤(윤석열)이랑 주위 사람들이 이번 총선에서 미래통합당이 과반이 될 걸로 확신하고 있었던 모양이에요. 그렇게 되면 공수처법안이나 이런 것들에 대해서 다시 뒤집을 수 있고, 그렇게 되면 작년이나 올해 1월까지는 탄핵까지도 염두에 뒀으니까요."

실명을 밝힐 수는 없지만, 나 역시 2019년 말 현직 검찰 간부에게서 유사한 내용의 말을 들었다. 당시 검찰은 문재인 정부를 '곧 죽을 권력'으로 판단하고 있었음이 분명하다. 2019년 12월 9일 검사 출신 이연주 변호사도 페이스북에 쓴 '택군(擇君)의 시간'이라는 글에서 예리하게 지적했다.

"검사들이 요즘 왜 난리 버거지를 떠냐고? 대통령의 임기도 중반을 넘어서고 총선이 다가오면서 '택군의 시기'로 접어들었기 때문이지. 조선시대에 당쟁이 격화되면서 신하들이 반정을 일으켜 임금을 막 바꾸잖아. 검찰이 잘하는 선별적 수사, 선별적 기소로 이게 되는 거지. 검찰은 자신이 펀라이트를 비춘 곳에 세상의 모든 악이 있는 양 몰아가고, 그 조력자 언론과 함께 난리 버거지를 떨겠지. 우리가 정신을 놓고 어버버하면, 그들은 택군에 성공하게 되는 거야. 암만."

백재영 수사관의 죽음

울산 사건 수사와 관련해 검찰수사관으로 민정비서관실에서 근무하다가 자살이라는 비극적 선택을 한 백재영 수사관을 생각하면, 지금도 가슴이 아프다. '고래고기 사건'을 둘러싼 울산지역 검경 간의 충돌을 조사하러 울산으로 갔던 백 수사관은 느닷없이 검찰·언론·야당에 의해 '하명수사' 첩보보고서 작성자로 지목되었고, 울산지검에서 수사를 받은 후 목숨을 끊었다. 이후 백 수사관은 첩보보고서와 무관함이 밝혀졌다. 당시 내가 수사대상이라 장례식장에는 갈 수가 없었고, 49재 때 추모공원을 찾아 유가족을 만났다. 기가 막혀 무슨 말을 해야 할지 막막했다. 열린민주당 대표가 된 최강욱 의원은 2020년 6월 17일 페이스북에 글을 올렸다.

"고 백재영 수사관을 기억하시는지요.
민정수석실에 근무했다는 이유로 말도 안 되는 의혹에 시달리다 안타깝게 생을 마감한 분입니다. 유족분들이 백원우 비서관과 김조원 민정수석을 끌어안고 하염없이 울던 모습을 잊을 수가 없습니다. 누명을 쓰고 안타깝게 세상을 등졌는데도 사람들은 그를 잊으려 하고, 사건은 특정 집단의 나쁜 의도에 따라 계속 엉뚱한 방향으로 흘러가고 있습니다.

기억을 되짚어봅니다.

정치검찰은 앞뒤 사정을 살피지 않고 예단에 빠져, 민정수석실 재직 시 '울산 고래고기 사건'을 둘러싼 검경 간의 분쟁을 조사하러 간 백 수사관을 울산 김기현 시장 비리 혐의 정보 보고자로 찍은 후 압박수사를 전개했던 것으로 보입니다. 그들의 억측이 얼마나 터무니없는 것이었는지는 제가 청와대 재직 시절 사실관계를 확인한 후 춘추관에 가서 유일하게 브리핑한 사건이기도 합니다. 고인이 정보보고와 무관하다는 것을 알게 된 대검이 매우 당황했다는 사실을 전해 들었던 기억도 생생합니다.

이렇듯 무고한 고인을 사망으로 이끈 검찰수사 라인에 대한 감찰이 반드시 필요하다고 생각합니다. 총장의 지시에 따라 당시 대검 공안부장을 필두로 서울중앙지검과 울산지검의 공안수사 라인이 무리하게 움직인 결과가 비극을 낳았고, 외눈박이 행동을 반성하기는커녕 결국 '울산시장 선거개입 사건'이라는 희대의 프레임을 만들어내며 대통령님을 직접 겨냥한 기소로까지 이어진 것으로 볼 수밖에 없습니다.

이처럼 백 수사관은 작년 하반기 민정수석실을 포함한 청와대를 겨냥했던 정치검찰의 무리한 수사가 만든 희생양이었습니다. 검찰은 고인의 휴대전화가 풀리면 엄청난 권력형 비리가 나올 것처럼 흘려대, 거액을 들여가며 막상 그 내용을 확인하자 다시 봉인해 경찰에 넘기는 기가 막힌 행태를 보이기도 했습니다. 국민 부담을 아랑곳하지 않는 오만하고 무자비한 행태는 조금도 변하지 않았습니다.

법무부와 검찰은 이제라도 진상을 밝히고 책임자를 징계해야 하며, 고인과 가족에게 사과해야 합니다. 그리고 검찰이 흘린 잘못된 정보를 무분별하게 보도한 언론 역시 사과해야 합니다.

제가 어디에 있든, 이 문제는 그냥 넘길 수 없습니다.

다시 한번 고인의 명복을 빌며 고인에 대한 마지막 예의를 갖춰줄 것을 대한민국 정부에 요청합니다."

이광철 민정비서관도 2020년 12월 13일 페이스북에 애통한 심정을 밝혔다.

"무엇보다 고통스러웠던 것은 고 백재영 수사관의 비극적 죽음이었습니다. 지난 12월 1일 고인의 1주기에 고인이 모셔져 있는 곳을 다녀왔습니다. 2019년 11월 22일 조사를 받기 위해 울산지검으로 내려간 이후 12월 1일 극단적 선택에 이르기까지 열흘 동안 그가 어떤 상황에 내몰렸고, 어떤 심리적 상태에 있었을지 천천히 가늠해보았습니다. 창자가 끊어지는 아픔과 분노를 느꼈습니다.

그의 죽음과 제 피의자 신분 등 여러 일들이 이 정부가 검찰 등 권력기관 개혁을 추진하지 않았다면 일어나지 않았을 일들이었다는 점만큼은 분명한 진실이라고 생각합니다.”

계속된 문재인 정부 타격 수사

울산 사건 외에 몇 가지 사건을 더 보자.

첫째, '라임·옵티머스 사건'이 있다. 검찰은 김봉현 전 스타모빌리티 회장을 회유해, 이강세 전 스타모빌리티 회장을 통해 강기정 청와대 정무수석에게 5,000만 원을 전달했다는 진술을 얻어냈다는 정황이 드러났다. 김 전 회장은 변호인을 통해 “A 변호사가 여당 정치인들과 강기정 수석을 잡아주면 윤석열 검찰총장에게 보고한 후 보석으로 재판받게 해주겠다고 말했다”라는 내용의 입장문을 공개했다.

강 수석은 격분해 이러한 검찰 행태를 강력히 비판했다. 결국 검찰은 강 수석을 기소하지 못했다. 전형적인 표적수사였다. 강 수석은 MBC라디오 '김종배의 시선집중' 인터뷰에서, “이 건을 중심으로 해서 문재인 대통령의 권력, 민주당 정부와 한번 싸움을 걸어봐서 잘되면 공수처 문제 이런 것도 무력화가 될 거고 안 돼도 최소한의 손해볼 일은 없지 않느냐 (라고 검찰이 생각한 것 같다)”라고 분석했다. 강 수석 외에도 김영춘 국회 사무총장, 기동민 더불어민주당 의원 등 여권 인사 연루 의혹이 검찰발로 계속 보도되었다. 이 세 사람에 대해서는 기소가 이루어지지 않았다.

둘째, 김은경 환경부장관 사건을 '환경부 블랙리스트 사건'으로 규정했다. 청와대가 밝혔듯이, 문재인 정부 출범 당시 이전 정부에서 임명한 공공기관 임원(공공기관장 330여 명+상임감사 90여 명) 대부분이 임기를 마치거나 적법한 사유와 절차로 퇴직했다. 김은경 장관 사건에서 사표를 제출했다는 환경부 산하 공공기관 임원 13명역시 상당수가 임기를 끝까지 마쳤다. 문재인 정부가 이전 정부처럼 '블랙리스트'를 만들어 운영했다면, 이런 일이 발생할 수 없다.

이명박 정부가 들어선 후 2008년 3월, 유인촌 문화부장관은 실명을 거론하면서 노무현 정부에 의해 임명된 산하기관장과 단체장들의 사퇴를 노골적으로 종용했다. "이전 정권의 정치색을 가진 문화예술계단체장들은 스스로 물러나는 것이 자연스럽다. 산하기관장들 가운데 이명박 정부와 이념이나 철학이 맞지 않는 사람들은 스스로 물러나야 한다." 이윤호 지식경제부장관도 "코드가 맞지 않는 사람들이 임기가 남았다고 해서 끝까지 있는 것은 곤란하다"라고 강조했다. 보수언론 역시 사퇴 촉구 사설을 썼다. 유 장관은 한 번도 검찰 조사를 받지 않았다. 그러나 김은경 장관은 환경부 산하 임원교체 과정에 부당하게 개입했다는 이유로 기소되었고 1심에서 유죄가 선고되어 법정구속되었으며 현재 항소심이 진행 중이다.

셋째, '월성 1호 폐쇄 사건'에서 검찰은 백운규 산업통상자원부장관에게 구속영장을 청구했다. 월성 1호 원전의 경제성을 일부러 낮게 평가하도록 만들고 한국수력원자력에 부당한 지시를 내렸다는 혐의였다. 영장은 기각되었으나, 조만간 불구속기소할 것이라는 보도가 흘러나온다. 영장 청구 전후 백 장관 외에 당시 김수현 청와대 사회수석(이후 청와대 정책실장) 연루 의혹이 계속 흘러나와 보도되었다. 검찰수사의 최종 목표는 언제나 청와대였다.

탈원전정책 또는 에너지전환정책이 세계적 추세이자 문재인 정부의 대선 공약으로 산업통상자원부장관은 이를 추진할 의무를 진다는 점, 원전 폐쇄를 결정하는 데는 경제성 외에 안정성 등이 고려되어야 한다는 점 등을 검찰은 전혀 고려하지 않았다. 문재인 정부의 탈원전 정책에 타격을 주기 위한 수사라고 의심하지 않을 수 없다.

넷째, 김학의 전 법무차관의 출국금지 사건이다. 제3장에서 보았지만, 은폐되었던 김학의 전 법무차관의 별장 성 접대 의혹이 다시 불거지고 김 전 차관의 출국 시도가 무산되어 결국 유죄판결이 내려진 후, 검찰은 출국금지 절차에서 '불법'이 있었다는 이유로 차규근 법무부 출입국본부장에게 구속영장을 청구했고, 영장이 기각되자 불구속기소했다. 긴박한 상황에서 김학의를 알아보고 제때 출국을 막아낸 담당자를 칭찬해도 모자랄 상황에 처벌이라니, 주객전도도 이만저만이 아니다. 당일 김 전 차관이 출국에 성공했더라면, 언론은 법무부를 맹공했을 것이고 박상기 장관은 옷을 벗어야 했을지도 모른다.

검찰은 2021년 4·7 재보궐선거 직전에는 김 전 차관에 대한 수사가 청와대의 기획인 양 언론 플레이를 했다. 2019년 3월 18일 문재인 대통령이 버닝썬 사건과 김 전 차관의 별장 성 접대 의혹 및 고 장자연 씨 사건 등 세 사건에 대한 철저한 수사를 지시한 것을 두고, 당시 이광철 민정수석실 선임행정관이 김 전 차관 사건을 부각해 버닝썬 사건을 덮으려 했다는 것이다. 청와대는 이 행정관의 관여가 전혀 없었음을 밝혔다. 언론을 통해 나의 이름도 거론되었다. 문재인 정부 청와대가 불법적 음모를 꾸몄다는 낙인을 찍으려는 것이 검찰의 의도임이 분명했다.

다섯째, 4·7 재보궐선거가 끝나자 대전고검은 김상조 전 청와대 정책실장에 대한 재수사명령을 내렸다. 김 전 실장이 공정위원장이던 2018년 3월 유선주 전 공정위 국장이 공정위 전원회의 합의 과정이 담긴 녹음기록(파일)이 파기된 것을 이유로 김 전 실장을 고발했다. 대전지방법원은 "회의 종료 후에 이뤄지는 '합의'는 회의에 포함되지 않는다. 합의 과정의 녹음은 실무자의 업무 편의를 위한 것이라 녹음기록의 필요성이 소멸한 뒤 폐기하라고 지시한 것이 부당하다고 보기 어렵다"라며 각하했다. 그러나 검찰은 다시 뚜껑을 연 것이다.

2020년 12월에는 비검찰 출신이기는 하지만, 현직 검사장급 간부가 '검찰 쿠데타론'에 힘을 실었다. 한동수 대검 감찰부장은 윤석열 총장 징계 사유 가운데 하나인 '채널A 사건' 감찰 및 수사 방해 의혹과 관련해 법무부 조사를 받으며 다음과 같이 진술한 것으로 보도되었다.

"군대에 의한 무력 쿠데타가 아니라 검찰수사를 통한 쿠데타를 의식하고 있는 것 아닌가 하는 생각이 든다. 윤 총장은 총선에서 야당이 이길 것으로 생각한 듯하고 이 사건은 한동훈 검사장 혼자 한 것이 아니라 **총장이 같이한 것이다.**"*

대검 감찰부장으로서 검찰 내부 상황에 대한 정보를 취합하고 있는 한 부장이 이 정도의 진술을 했다는 것은 무슨 의미인지 심각하게 생각하지 않을 수 없다.

'피해자' 윤석열?

보수언론과 야당은 추미애 법무부장관을 비롯한 여권이 윤석열 총장을 감찰하고 징계를 청구하는 등 괴롭혀서 윤 총장이 어쩔 수 없이 정치를 하게 되었다는 논리를 만들어 전파하고 있다. 윤석열은 '피해자'라는 것이다. 그러나 이들은 윤 총장이 울산 사건을 위시한 일련의 문재인 정부 공격 수사를 지휘했고, 제3장에서 본 한명숙 총리 관련 모해위증 교사 의혹 사건과 채널A 사건 등에서 드

---

* 배석준, 「한동수 "수사 통한 쿠데타" 진술서 제출…檢 내부 반발 확산」, 『동아일보』(2020. 12. 8).

러난 검사 비리에 대한 감찰을 철저하게 막았다는 점은 조명하지 않는다.

윤 총장은 '조국 수사' 착수 시점에는 '권력형 비리'라고 생각하고 수사를 진행했을 것이라 믿는다. 압수수색 후에는 '조국펀드설(說)'이 근거 없음을 알았지만, '일수불퇴'(一手不退, 바둑이나 장기에서 한 번 둔 수는 물리지 않는다)를 선택한 것으로 보인다. 검찰 조직의 자존심은 물론 윤 총장의 자존심이 걸린 문제였기 때문이다. 검찰과 검찰총장은 '무오류'여야 하기 때문이다. 그들은 확전(擴戰)에 확전을 거듭했고, 조국 수사를 넘어 문재인 정부를 총공격하는 수사를 벌였다. 수사를 통한 "택군(擇君)의 시간"을 연 것이다. 여당인 더불어민주당과 진보진영이 강하게 비판하는 것은 너무도 당연하다.

윤석열은 '공격자'였다. 윤 총장은 수구보수진영의 환호와 구애를 받고, 차츰차츰 검찰총장을 넘어 '미래 권력'으로 자신의 위치를 설정했다고 추론한다. '택군'을 넘어 '군주'가 되기로 한 것이다. 박용현 『한겨레』 전 편집국장의 비유를 빌리면, 윤 총장은 스포츠 시즌 중 경쟁 팀 사이에 판정 시비로 다툼이 생기자 한 팀을 위한 편파 판정을 하고는 그 팀의 감독으로 변신했다.*

일본 '록히드 뇌물 사건' 주임검사로 일본 전후(戰後) 28대 검사총장을 역임한 요시나가 유스케(吉永祐介)는 경고한 바 있다.

---

* 박용현, 「전임자의 정치행보와 새 검찰총장의 과제」, 『한겨레』(2021. 4. 29).

"수사로 세상이나 제도를 바꾸려 한다면 검찰 파쇼가 된다. 그건 있을 수 없는 일이다."*

그러나 2019년 하반기 이후 한국 검찰은 윤석열 총장의 지휘 아래 이러한 경고를 완전히 무시하는 행태를 보였다. 검·언·정 카르텔을 활용하고 선택적 정의를 집행하면서 검찰은 세상을 들었다 놓았다, 쥐락펴락을 반복했다.

한국 검찰은 선출된 권력이 아니지만, 수사권과 기소권으로 선출된 권력을 좌지우지할 수 있고 심지어 교체할 수 있다고 생각해왔고, 실천해왔다. 검찰은 '곧 죽을 권력'에 대해서 결정적 일격을 가하고 '새로운 권력'을 세우는 데 일조해 조직의 이익을 보전하는 수사와 기소를 벌여왔다. '곧 죽을 권력'이라고 판단하면, '죽여야 할 권력'이 되는 법이다. 이 과정에서 검·언·정 카르텔이 긴밀하게 소통하면서 공통의 목적을 달성하기 위해 각자의 역할을 했다.

대의민주주의를 위협하는 수사 권력

다른 나라의 예를 보더라도 '검찰·법조 쿠데타'는 새로운 현상이 아니다. 넷플릭스 다큐멘터리 「위기의 민주주의」는 브라질에서 룰라 대통령이 어떻게 구속되는지, 후임자 지우마 대통령이 어떻게 탄핵되는지를 생생히 보여준다. 결정적 역할을 한 세르지

---

* 이시즈카 겐지(박현석 옮김), 『도쿄지검 특수부의 붕괴: 추락하는 최강 수사기관』(사과나무, 2010), 206면.

우 모루 연방 판사(한국의 검사와 유사한 역할)는 '세차(洗車) 작전'으로 불린 수사를 했다. 이 수사와 기소로 룰라·지우마 두 대통령이 이끌던 '노동당'(PT) 정부가 무너지고, 극우파 정치인 자이르 보우소나루 대통령이 집권했으며 모루는 법무부장관으로 발탁된다. 이후 모루는 보우소나루 대통령과 불화로 사임했고, 현재는 2022년 대선 출마를 고려하고 있다. 고려대 임혁백 명예교수는 다음과 같이 평가했다.

"브라질 민주주의 위기의 특징은 검찰과 사법부의 법 기술자들이 법적 수단과 장치를 동원해, 보이지도 않고 의식할 수도 없는 가운데 점진적으로 야금야금 민주적 제도와 규범을 침식해 민주주의를 전복시키는 사법 쿠데타라는 것이다. 브라질의 신흥 민주주의는 과거처럼 군부 쿠데타에 의해 전복되는 것이 아니라, 사법권력과 법률지식을 동원한 검찰과 언론에 의해 소리 없이 스텔스적인 방식으로 전복되고 있다."*

룰라는 실형 선고를 받고 복역하다가 대법원 심리에 들어가면서 불구속 상태로 재판을 받게 되었다. 그런데 이후 '세차 작전'에서 모루와 연방검사들이 룰라 기소에 앞서 텔레그램을 이용한 비밀대화를 통해 의견을 조율했다는 내용이 보도되었다. 2021년

* 임혁백, 「사법 쿠데타에 의한 브라질 민주주의의 전복」, 『한겨레』(2020. 12. 24).

3월 브라질 연방대법원은 모루의 재판 진행과 판결이 부당하고 수사과정에서 수집한 룰라 관련 증거를 재판에서 사용해서는 안 된다는 판결을 내렸고, 4월 15일 연방대법원 전원회의는 룰라에 대한 실형 선고 무효 결정을 다수 의견으로 재확인했다.

한편, 『한겨레』 정의길 선임기자는 이집트에서 최초로 민주적으로 선출된 무함마드 무르시 대통령이 무바라크 체제에서 자리 잡은 검사와 판사들의 집요한 공격에 의해 무너지고 결국 옥사하게 된 상황을 개탄하면서, "조국 사태와 무르시의 죽음에서 기시감"을 느낀다고 했다.* 정 기자는 경고했다.

"장관 청문회 직전에 그 후보자와 가족에 대한 대대적인 수사를 펼치고, 거의 사돈의 팔촌까지 털어서 별건 혐의를 찾았다. 검찰개혁을 초래하게 된 검찰의 행태에 대해서는 한마디 반성의 목소리가 없고, 검찰개혁은 검찰 독립성을 해친다는 집단적 목소리만 들린다. 급기야, 검찰 수장이 자신의 직위를 놓고 행정소송을 내면서 대통령과 맞서는 모습을 서슴없이 연출한다. 이 모두가 검찰의 합법적 권한이기는 하다. 또한, 트럼프 세력과 이집트 '법치 세력'들이 보여준 자의적이고 과도한 법적 권한과 수단의 행사이기도 하다. 국가 형벌권에 대한 권한을 자의적이고 과도하게 행사하는 집단의 행태를 제어하지 못한다면, 이 역

* 정의길, 「한국 검찰은 2012년 이집트 검찰의 데자뷔?」, 『한겨레』(2020. 2. 3).

시 장기간에 걸쳐 진행되는 연성 쿠데타로 귀결될 것이다."*

2019년 하반기 이후 윤석열 검찰이 진행한 수사를 검찰 쿠데타 또는 검란이라고 부르지 않더라도, 검찰이 문재인 정부를 타격하는 수사를 집요하게 벌였음은 아무도 부인하지 못할 것이다.

나는 브라질이나 이집트의 사례 이외에, 윤석열 총장의 모습에서 미국 FBI(연방수사국) 초대국장 존 에드가 후버의 모습을 보았다. 후버는 48년 동안 FBI 국장 자리에 있으면서 트루먼, 닉슨, 케네디 등 대통령을 협박하며 권력을 유지했다. 대통령도 후버의 눈치를 봐야 했다. 트루먼 대통령이 국외 첩보를 전담하는 CIA를 창설한 것도 후버의 막강한 권력을 막기 위함이었다.

후버는 선출되지 않은 무소불위의 권력자였다. 그는 수사권 남용을 넘어 허위정보를 언론에 흘려 무고한 사람들을 탄압했다. 사회주의 성향의 유명 여배우 진 세버그가 사산한 아이의 생부가 흑인 좌파단체 '블랙 팬더당' 당원이라는 허위정보를 유포해 그녀를 자살하게 만든 사건은 대표적인 악례다(그녀는 아이의 장례식장에 몰려든 기자들에게 관 뚜껑을 열어 죽은 아이의 피부색이 흰색임을 공개해야 했다). 한국은 이제 선진국인데 검찰이 그럴 리가 있겠는가 하는 사람들에게 후버의 예를 보라고 말하고 싶다. 대의민주주의 바깥에 있는 수사 권력은 언제든지 대의민주주의를 위협할 수 있다.

* 정의길,「트럼프와 한국 검찰의 '연성 쿠데타'」,『한겨레』(2020. 12. 21).

'구밀복검'의 검찰 정치

종합하면, 2019년 하반기 이후 검찰이 여당의 4·15 총선 패배와 문재인 대통령의 레임덕을 예상하거나 희망하면서 수사와 기소를 실행해왔다는 의혹을 버릴 수 없다. 이미 통과된 검찰개혁법안이지만 4·15 총선 이후 뒤집을 수 있다고 판단했을 것이다.

윤석열 검찰은 2019년 하반기 어느 순간 문재인 정부를 '살아 있는 권력'이 아니라 '곧 죽을 권력'으로 판단했고, 방향전환을 결정했다. 윤석열에게는 촛불혁명보다 검찰 조직 보호가 더 중요했다. '민주'보다 '검치'(檢治)가 우위였다. 그는 영웅에서 반(反)영웅으로, 공무원에서 정치인으로 변신했다. 검찰 쿠데타 또는 검란이라는 규정의 타당성은 역사가 평가할 것이다. 그렇지만 '검찰 정치'라는 규정은 이미 현실에서 입증되었다.

참여연대는 2020년 5월 문재인 정부 검찰수사에 대한 종합 평가인 『문재인 정부 3년 검찰보고서』를 발간했다. 홍익대 오병두 교수(사법감시센터 실행위원)의 분석은 이렇다.

"이미 '조국 수사'에서 검찰은 '검찰사법'을 넘어선 행보를 보였다. 검찰력을 특정한 정치적 판단 아래 일정 사건에 집중하는 양상. 이러한 검찰의 행태는 특정 정치적 입장을 위해서 검찰권을 휘두른다는 의미에서 '검찰에 의한 정치'나 '검찰정치'라고 부를 만한 것이었다. 검찰이 적극적으로 정치적 영향력을 행사하는 것은 의회가 법률을 통해 검찰에게 부여한 권한을 넘는, 검찰권의 오남용이다."*

"(윤석열의) 대통령에 대한 충심은 그대로다"라는 2019년 12월 6일 『경향신문』 단독 보도가 나오도록 한 것은 윤 총장(측)에게 다른 의도가 있었다고 추측하게 된다. 입으로는 꿀같이 달콤한 말을 하면서 배에는 칼을 품고 있다는 '구밀복검'(口蜜腹劍), 겉으로는 웃으면서 속으로는 해칠 마음을 품고 있다는 '소리장도'(笑裏藏刀), 겉으로는 명령을 받는 척하면서 뒤로는 배신한다는 '양봉음위'(陽奉陰違) 등의 옛말이 떠오른다. 그가 총장직을 던진 후 대학 동기들의 말을 통해 "석열이가 '문 대통령 구하려고 조국 수사했다' 하더라"라는 말을 퍼뜨리는 것은 문 대통령을 지지하는 사람들을 분열시켜 견인하려는 의도의 표출이다.

그러나 2021년 4·7 서울과 부산시장 재보궐 선거 이후 수구보수진영은 기세가 올랐다. 윤석열은 수구보수진영의 가장 강력한 대권후보로 떠올랐다. '칼잡이' '살수'(殺手) 출신 대권후보의 등장이다. 언론은 '검(檢)비어천가'를 넘어 '윤(尹)비어천가'를 앞다투어 부르고 있다. 윤 총장의 돌 사진이 보도되고, 애완견 산책 사진이 부각되고, 체중이 4-5킬로그램 줄었다는 것이 기사화되고, 위인전 같은 책이 출간된다. 만난 사람과의 대화를 기초로 '대권 수업' 운운하는 칭찬 일색 기사를 내보낸다. 이런 기사를 쓴 기자들의

* 참여연대, 『문재인 정부 3년 검찰보고서: 한발 나간 검찰개혁, 반발하는 검찰권력』(2020), http://www.peoplepower21.org/Judiciary/1706138 참조.

정치적 편향은 말할 것도 없고, 그 이전에 직업윤리가 의심스러운 지경이다. 윤석열은 총장직 사퇴 이전부터 대선 출마를 위해 한 걸음 한 걸음 움직였으며, 결정적인 순간 대선 출마를 선언할 것이다. 이러한 정치적 행보는 2019년 하반기부터 준비되었던 것이다. 검·언·정 카르텔은 2022년 정권교체를 위해 끈끈하게 뭉치고 있다. 정권교체가 된다면 이들이 제도화된 검찰개혁의 뒤집기를 시도할 것이 명약관화하다. 이렇게 되면 '검란'은 성공하는 것이다. 촛불 시민의 경각이 필요한 시간이다.

하이에나 검찰

2019년 하반기 이후 여러 언론에서 "조국이 윤석열을 총장으로 밀어놓고 자신에 대한 수사를 진행하니 이제 와서 비판한다"라는 기사와 논평을 내놓았다. 청와대 근무 시절 있었던 일, 특히 인사와 관련된 것은 보안을 지켜야 하는 사안이다. 그렇지만 이러한 보도에 대해 최소한의 자기방어는 해야 하기에, 밝힐 수 있는 범위 내에서 최소한의 설명을 하고자 한다.

첫째, 민정수석은 비서관 중의 수석일 뿐 인사권을 갖고 있지 않다. 인사권자의 권한 행사를 위한 자료를 준비해 보고할 뿐이다. 따라서 '조국이 민다' 등의 표현 자체가 잘못되었다. 특히 검찰총장의 경우 검찰총장추천위원회의 복수 추천에 기초해 법무부장관이 대통령께 제청하게 되는데, 이때 민정수석실은 후보자를 검증해 보고서를 올린다.

둘째, 윤석열 검사를 서울중앙지검장으로 승진·발탁하는 것에 대해서는 당시 청와대 안팎에서 이견이 없었던 것으로 기억한다. 당시 그는 '촛불혁명'의 대의에 부응하는 '영웅'으로 인식되고 있었다. 국정농단 특검팀에서 수사팀장으로 일하고 있던 그가 이 사건의 공소유지를 맡는 것이 옳다는 판단 역시 공유되어 있었다. 2017년 5월 19일 윤석열 서울중앙지검장 발표 당시 청와대 출입 기자단에서 터져나온 탄성을 기억한다.

셋째, 윤석열 서울중앙지검장을 검찰총장으로 임명하는 것에 대해서는 청와대 안팎에서 의견이 확연하게 나뉘었다. 나는 민정수석으로서 찬반 의견을 모두 수집해 보고해야 했기에 그 내용을 잘 알고 있지만, 의견을 표명한 사람의 실명을 밝힐 수는 없다. 다만, 당시 더불어민주당 법사위원과 법률가 출신 국회의원 대다수와 문재인 대선 캠프 법률지원단 소속 법률가들 다수는 강한 우려 의견을 제기했다는 점은 밝힌다. 이들이 사용했던 표현 가운데 기억나는 것만 옮긴다. "무차별적이고 무자비한 수사의 대가다" "뼛속까지 검찰주의자다" "특수부 지상주의자다" "정치적 야심이 있다" 등이다.* 윤석열 검찰총장 카드를 찬성하는 쪽은 윤석열 개인

---

* 『한국일보』 강철원 기자는 '윤석열 스타일'을 다음과 같이 열거했다. "'그럴듯한 대의명분을 설정한 뒤 결론을 정해놓고 수사한다' '원하는 결과가 나올 때까지 무지막지하게 수사한다' '목표에만 집착해 절차를 무시하고 인권을 등한시한다' '수사의 고수들이 깨닫는 절제의 미덕을 찾아볼 수 없다' '보스 기질이 넘쳐 자기 식구만 챙긴다' '언론 플레이의 대가이자 무죄 제조기다' 등이다.[강철원,「윤석열 스타일은 바뀌지 않는다」,『한국일보』(2020. 2. 24)].

을 신뢰했고, 공수처와 검경수사권조정 등 검찰개혁이 이루어질 것이므로 윤석열의 문제점이 상쇄될 수 있다고 믿었다. 이와 별도로 민정수석실은 각 후보의 동의를 받아 인사검증 작업을 해 경력과 재산 등에서 확인되는 문제점을 보고했다.

현재 윤 총장의 행보에 대해 여러 측면에서 비판이 제기되는데, 당시 민정수석으로서 '포괄적 책임'을 느낀다. 『한겨레』 이재성 기자의 지적이 뼈아프다.

"윤석열이 이럴 줄 몰랐다고 말하는 사람들은 윤석열을 잘못 본 것이다. 윤석열은 개의 시간에도 늑대 유전자를 숨기지 않던 인물이다. 당시 수뇌부가 개처럼 정권에 충성할 때 윤석열은 주인 없는 늑대처럼 행동했다. 그걸 현 정부 지지자들이 자기 편이라고 착각했을 뿐이다. 윤석열은 누구의 편도 아니다. 윤석열은 검찰편이다."*

"이제 와 돌이켜보면 윤석열 검찰은 하이에나였다. 뼈까지 으스러뜨리는 강력한 이빨(수사권)과 턱(기소권), 유죄 심증을 끝까지 밀어붙여 탈탈 터는 끈기, 일사불란한 조직력과 협동심을 자랑하는 하이에나였다. 특히 윤석열 개인의 행태는 하이에나와 더욱 흡사하다. 자기 새끼(한동훈)와 식구들에 대한 끔찍한

* 이재성, 「개와 늑대와 검찰의 시간」, 인권연대, 『발자국통신』(2019. 12. 26).

사랑(조직 이기주의), 스스로 자기 먹거리를 구하는 생태계의 규칙 따위는 아랑곳하지 않는 무법자 행태(감찰 및 수사 방해), 대통령 후보 여론조사를 즐기며 검찰총장 자리를 지키고 있는 뻔뻔함, 나에 대해서는 관대하고 남에게는 가혹한 이중인격(내로남불) 등 생존을 위해 최적화한 하이에나를 보는 듯하다."*

넷째, 2020년 11월 15일 최강욱 열린민주당 대표는 더불어민주당 우상호 의원 등이 진행하는 팟캐스트 '아개정'에 출연해 밝혔다. "윤석열 총장이 임명된 후 한동훈 검사(당시 서울중앙지검 3차장)의 서울중앙지검장 임명을 요청했다"라고. 이는 사실이다. 나는 이 요청을 단호히 거절했다. 솔직히 어이가 없었다. 한 검사의 경력이나 나이가 서울중앙지검장으로는 부족하다고 생각했다. 더 중요하게는 서울중앙지검장을 검찰총장의 최측근으로 임명하는 것은 옳지 않다고 판단했다. 이는 당시 민정수석실 비서관들이 공유하고 있는 사실이다. 최 대표가 공개해버렸으므로, 내가 언급하는 것은 문제가 없을 것 같다. 만에 하나라도 윤석열 총장이 대통령이 된다면, 한동훈은 당시 가지 못했던 자리 또는 그 이상의 자리로 가게 되리라.

* 이재성, 「사자와 하이에나와 검찰의 시간」, 인권연대, 『발자국통신』(2021. 3. 3).

묵묵히 걸어가겠습니다

• 책을 마치며

대한민국은 검찰공화국이 아니다

내가 민정수석과 법무부장관직을 맡기로 한 결정적인 이유는 권력기관 개혁, 그중에서도 검찰개혁이었다. 나는 검사 개인을 악인(惡人)이나 악마라고 생각하지 않는다. 법과 인권을 존중하면서 묵묵히 일하는 검사들이 많다는 것도 알고 있다. 속을 터놓고 소통하는 검사 출신 친구들도 여럿 있다. 그러나 개인으로서 검사와 조직으로서 검찰은 다르다.

검찰개혁의 이유와 필요성은 이미 설명했지만, 마무리 차원에서 2020년 11월 5일 페이스북에 올린 글을 남기고 싶다.

"일부 정당·언론·논객들이 소리 높여 '검(檢)비어천가'를 음송하고 있다.

'해동 검룡(檢龍)이 나르샤

일마다 천복(天福)이시니

고검(古檢)이 동부(同符)하시니,

뿌리 깊은 조직은 바람에 아니 흔들리니

꽃 좋고 열매 많다네.'

독재정권의 수족에 불과했던 검찰은 정치적 민주화 이후 점차 확보한 수사의 독립성을 선택적으로 사용함으로써 막강한 '살아 있는 권력'이 되어 움직이고 있다. 수사권과 기소권의 쌍검을 들고 대통령과 법무부장관의 인사권과 감찰권에 맞서기도 한다. 특히 검찰과의 거래를 끊고 검찰개혁을 추구하는 진보정부에 대한 반발이 거세다. '검사동일체의 원칙'이 폐지된 2013년 12월 이후에도 검찰 구성원 상당수는 체화된 이 원칙을 고수하며 조직을 옹위한다.

그러나 대한민국은 민주공화국이다. '해동검국'(海東檢國)도 '동방검찰지국'(東方檢察之國)도 아니다. '주권재민'이지 '주권재검(檢)'이 아니다. '천상천하 유검독존(唯檢獨尊)'은 더 이상 통하지 않는다. 검찰은 정의(正義)를 정의(定義)하는 기관도, 전유(專有)하는 기관도 아니다. 그렇게 될 경우 1954년 형사소송법 제정 시 입법자들이 우려했던 '검찰 파쇼'가 도래한다.

'검권'(檢權)도, 전·현직 조직원이 누리는 '꽃'과 '열매'도 엄격히 통제되어야 한다. '검찰공화국' 현상을 근절하고 '공화국의 검찰'을 만들기 위해서는 공수처의 항상적 감시, 법원의 사후적 통제 그리고 주권자의 항상적 질책이 필요하다. 이는 '대검귀족'(帶劍貴族, noblesse d'épée)뿐 아니라 '법복귀족'(法服貴族, noblesse de robe)도 타도한 프랑스대혁명의 근본정신이기도

하다.”

　권위주의 체제 종식 이후 군부·국정원·기무사·경찰 등 권력 기관은 자신들의 과오로 인해 ‘외과수술’을 받았다. 그러나 검찰은 개혁의 무풍지대가 되었다. 오히려 검찰은 독점하고 있는 수사권과 기소권을 선택적으로 사용함으로써 막강한 ‘살아 있는 권력’이 되었다. 검찰의 권한을 건드리지 않는 집권 세력에게는 적극 협조하고, 검찰 출신 법무부장관이나 민정수석의 수사지휘는 군소리 없이 받아들였다. 그러나 검찰개혁을 추진하는 집권세력에 대해서는 ‘범정’(대검 ‘수사정보기획관실’의 약칭) 캐비닛을 열어 집요한 수사로 흠집을 내고, 집단으로 저항했다. 영화 「더킹」에서 ‘전략수사1부’ 검사들이 사건 파일로 가득 찬 방에서 수사할 사건을 고르는 장면을 떠올려보라. 검찰권력 관련 사안에서는 선택적 수사와 선택적 기소가 암묵적 행동준칙이었다.

　윤석열 총장은 검찰에 대한 통제가 필요하다는 비판이 일어나자, 2020년 11월 이후 ‘국민의 검찰론’을 꺼냈다. ‘국민의 검찰론’의 요체는 검찰은 국민으로부터 ‘직접’ 권한을 수권(授權)했기에 국민에게만 ‘직접’ 책임지겠다는 것이다. 여기에는 검찰이 형식적으로는 대통령 산하 행정부의 일부지만, 검찰은 대통령이나 법무부장관의 통제를 받아서는 안 된다 또는 받을 필요가 없다는 함의가 숨어 있다. ‘왕권신수설’(王權神授說) 느낌을 주는 ‘검권민수설’(檢權民授說)이다.

이는 극히 위험한 반(反)헌법적 논리다. 대한민국 헌법체제에서 국민으로부터 권한을 '직접' 받은 사람은 대통령과 국회의원 등 선출직 공무원밖에 없다. 그 외의 사람은 아무리 잘나고 똑똑해도 '민주적 정당성'이 없다. 검찰권은 애초에 국민으로부터 직접 부여된 적이 없다. 국민은 검찰총장을 선거로 뽑은 적이 없다. 그는 법무부장관의 제청으로 대통령이 임명한 사람이다. 검찰총장의 정당성은 대통령의 '민주적 정당성'에서 파생했을 뿐이다. 따라서 검찰총장은 국민에게 책임지기 이전에, 대통령과 법무부장관에게 먼저 책임을 져야 한다.

비교해보자. 국가의 무력 가운데 가장 강력한 것은 군대다. 그런데 어느 날 육군참모총장이 국방부장관에게 맞서면서 "나는 장관의 부하가 아니다" "군대는 국민의 것이다"라고 말하면 어떻게 될까? 국방부가 보낸 참모총장 감찰서류 수령을 거부하면 어떻게 될까? 그리고 검찰 내부에서 계속 주장하고 있는 것처럼, 군인 인사권을 참모총장에게 넘기라고 요구하면 어떻게 될까?

대한민국 헌법 체제에서 검찰권은 행정부의 수장인 대통령과 법무부장관의 인사권 및 감찰권, 국회의 입법권과 감시권의 범위 안에서 위치한다. 검사의 영장청구권 외에는 검사나 검찰에 대한 헌법 조항이 없다. 판사 또는 법원과의 결정적 차이다.

검찰의 수사권과 기소권 오남용은 대통령·법무부장관·국회의 통제를 받아야 한다. 대통령과 법무부장관은 검찰 인사에 대한 광범한 재량을 가지며, 수사권조정과 공수처 신설 등에서 알 수 있듯이 검찰은 국정감사를 받아야 하며 검찰권은 언제든지 국회의 선택으로 변경될 수 있다. 검경수사권조정과 공수처 신설이 이루어졌지만, 한국 검찰은 여전히 강력한 권한을 보유하고 있다. 따라서 민주적 정당성을 갖는 헌법기관에 의한 검찰 통제는 필수적이다. 우리에게 필요한 것은 '검찰공화국'이 아니라 '공화국의 검찰'이다.

2019년 하반기 이후 검·언·정 카르텔과 검찰개혁을 추구하는 촛불시민 간의 '대전'(大戰)이 계속되어왔다. 검찰개혁 법안의 국회 통과로 촛불시민이 1차 승리를 거두었다. 그러나 검찰은 문재인 정부를 흠집내는 정치적 수사를 멈추지 않았다. 나와 내 가족에 대한 검찰의 수사, 전국에서 열린 검찰개혁 촛불집회 그리고 국회의 결단이 이어지며 검찰개혁은 한 매듭을 지었다. 검찰이 아무리 힘이 세도 국민을 이기진 못한다. 궁극에는 촛불이 이긴다. 개인적으로 혹독한 수모와 고통을 겪었고 앞으로도 계속되겠지만, 이 성과 덕분에 행복하기도 하다. 비통한 기쁨이다.

추미애 법무부장관은 인사와 감찰을 통해 검찰 조직을 개혁하려 고군분투했으나, 집중 공격을 받고 중도에 내려왔다. 윤석열 전 총장은 문재인 정부에 대한 수사로 몸값을 올리더니 마침내 총장직을 던지고 수구보수진영의 정치인으로서 행보를 시작했다. "대통령에 대한 충심은 그대로이고 성공하는 대통령이 되도록 신념을 다 바쳐 일하고 있는데 상황이 이렇다"(『경향신문』, 2019. 12. 6), "석열이가 '문 대통령 구하려고 조국 수사했다' 하더라"(『한국일보』, 2021. 4. 12) 등의 단독 보도를 접하면서는 쓴웃음이 나왔다.

제8장에서 소개했던 일련의 문재인 정부에 타격을 주는 수사를 지휘한 사람이 어떻게 이런 말을 할 수 있을까 싶다. 이 두 발언은 자신이 수사를 통해 '조국 손절'을 압박했다는 자백이자, 문재인 대통령과 지지자가 자신에게 적대감을 갖지 못하게 하려고 흘린 전략적 립서비스일 뿐이다.

겉은 빨갛고 속은 하얀 '사과'의 반성

나는 흠결과 한계를 안고 살아왔다. 오랫동안 강남 좌파와 진보의 상징 인물처럼 인식되기도 했다. 수구보수진영은 나의 '좌파·진보성'을 공격했고, 좌파 진보진영은 나의 '강남성'을 비판했다. 법무부장관 후보가 된 후에는 이것이 합쳐져 '위선'에 대한 비판이 거세게 제기되었다. 오래전인 2010년 11월, 나는 겉과 속이 모두 빨간 '토마토'가 되지 못하고 겉은 빨갛지만 속은 하얀 '사과'라고 고백한 적이 있다.

"법정 스님의 '무소유' 사상과 실천 그리고 대규모 기부를 하는 사람들의 선행에 감명받으면서도 집 장만하고 자식 교육과 노후를 위해 저금을 하고 펀드에 돈을 넣는다. 자식 문제로 가면 더 어려워진다. 제도 개선은 멀고 자식의 패배는 가까우니 흔들린다. 치열한 입시 경쟁 속에 던져진 자식에게 더 공부하라고 다그치지 못하지만 공부하지 말라고 하지도 못한다. 학원을 보냈다가 끊었다가를 반복한다. 특목고 가라, 명문대 가라고 윽박지르지는 못하지만, 자식이 공부를 잘해 진보적 의식이 있는 명문 대생이 되기를 바란다."*

2019년 9월 2일 기자간담회에서도 토로했다.

"저는 통상적 기준으로 금수저가 맞습니다. 세상에서 강남 좌 파라고 부르는 것도 맞습니다. 그런데 금수저면 항상 보수로 살 아야 합니까. 강남에 살면 보수여야 합니까. 그렇지 않다고 생각 합니다. 금수저이고 강남에 살아도 우리 사회 제도가 좀더 좋게 바뀌면 좋겠다, 공평하면 좋겠다고 생각할 수 있습니다. 아무리 그런 고민을 했고 공부했다 해도 실제 흙수저 청년, 흙수저 사람 들의 마음을, 그 고통을 제가 얼마나 알겠습니까. 10분의 1도 모 를 것입니다. 그것이 제 한계입니다. 그런데도 제가 할 수 있는 것을 해보려고 합니다. 금수저라 해도, 강남 좌파라 야유받아도 국가권력이 어떻게 바뀌는 게 좋겠다, 정치적 민주화가 어떻게 되면 좋겠다고 고민해왔습니다. 그 점에 대해 나쁜 평가를 받지 않았습니다. 그것을 해보려고, 그 기회를 달라고 여기에 비난받 으며 와 있습니다."

2021년 5월 『프로보커터』 저자 김내훈 씨의 『시사인』 인터뷰를

* 조국, 「'토마토'가 되지 못한 '사과'에게」, 『시사IN』 제166호(2010. 11. 20).

접했다.

"지금 젊은 사람들의 언어가 변화되었다. 내로남불, 공정성, 위선 같은 말들이 '밈'(meme)*처럼 되었다. 이것이 모든 평가와 판단의 기준이 되어버렸다. 복잡한 맥락은 가지치기 되고 위선을 저질렀느냐 아니냐만 남았다. 젊은 세대는 위선에 대해 증오에 가까운 감정을 갖고 있다. 이것이 말하자면 '생각의 그물망'이 되었다. 위선이 아니라 대놓고 나쁜 짓하는 사람들은 이 그물망에 안 걸린다."**

나에 대해 청년세대가 비난하는 배경을 조금이나마 알게 되었다. '대놓고 나쁜 짓하는 사람들'에 대해서는 왜 분노하지 않느냐고 항변하지 않겠다. 우루과이 군사독재 정권과 싸운 좌파 도시게릴라 출신으로 대통령이 된 후에도 월급의 90%를 기부했고 1987년 출시된 폭스바겐 비틀을 타고 다닌 호세 무히카의 발끝에도 따라가지 못했다. 기성세대로서 청년세대가 정당하게 노력을

---

* 비유전적 문화요소 또는 문화의 전달단위로, 유전적 방법이 아닌 모방을 통해 습득되는 문화요소를 뜻한다.
** 4·7 서울시장 재보궐선거 당시 더불어민주당 박주민 의원은 새로운 임차인과 신규 계약을 맺으면서 보증금 3억을 1억으로 인하하고 월세를 9% 올렸는데, 왜 5% 이상 올렸느냐는 이유로 맹공을 받자 사과하고 월세를 9% 인하하는 재계약을 체결했다. 그러나 '위선' 비판은 계속되었다. 반면 국민의힘 주호영 의원은 전세보증금을 23% 올린 것에 대한 비판이 있자, "시세에 맞춘 것이다. 낮게 받으면 이웃에게 피해가 간다"라고 답하고 뭉갰다. 그런데 이에 대한 비판은 미미했다.

보상받는 제도를 만들지 못한 점을 반성한다. 치열한 경쟁 속에서 살아가는 청년세대에게 '립서비스'만 한 것이 아닌지 성찰한다.

나를 밟고 전진하시길 바란다

이명박·박근혜 정부에서 강남 좌파로 정부 비판에 나섰지만, 자신의 강남성에 대한 성찰과 개선 노력은 취약했다. 나와 내 가족이 사회로부터 받은 혜택이 컸고 나에 대한 공적 주목 역시 컸던 만큼 가족 모두가 더 신중하게 처신했어야 했다. 과거 진보적 학자로서 했던 말과 나의 실제 삶이 일치하지 않았다는 점, 나의 안이함과 불철저함으로 국민들 마음에 상처를 준 점, 다시 한번 사과한다. 다만, 정규 교수직을 내던지고 학문에 전념하고 있는 조형근 선생의 글은 공유하고 싶다.

"현 정권의 '내로남불', 위선에 대한 비판이 상당하다. 권력의 위선에 대한 비판은 늘 옳다. 그러나 위선으로 입은 상처를 솔직한 악덕으로 치유할 수는 없다. 역설적이지만 위선이야말로 선을 닮고 싶은 우리의 또 다른 본성을 증거한다. 위선이 '악이 선에 바치는 경배'인 이유다. 위선은 역겹지만 위선마저 사라진 세상은 야만이다. 냉소하기보다는 위선의 모순 속으로 걸어가야 할 까닭이다. 이 길을 걸어야 한다."*

* 조형근, 「위선, 악이 선에 바치는 경배」, 『한겨레』(2021. 5. 2).

이어 문학평론가 신형철 씨의 글을 옮긴다.

"공포의 인간은 연민의 인간에게 진짜 얼굴이 따로 있다고 믿는다. 가면인 줄 알고 벗기려 했는데 가면이 아니라 피부라면, 그 피부라도 벗겨내서 피 흐르는 피부를 가면이라고 우겼다. 역사는 그것을 공작(工作)이라 부른다. 유구한 역사를 갖는 '간첩 만들기'보다 근래 더 중요해진 공작은 비위를 털어 도덕성 훼손을 시도하는 '위선자 만들기'다. 가끔 일부 검사와 일부 기자가 그 일을 하청받는다."*

내 안의 위선, 내 안의 모순을 직시하고 성찰하며 걸어갈 것이다. 그러나 '솔직한 악덕'과는 싸울 것이다. '위선자 만들기'의 의도와 속셈도 드러낼 것이다.

더불어민주당이 2021년 4·7 재보궐선거에서 참패한 직후, 더불어민주당 김해영 전 의원과 5명의 초선 의원(오영환·이소영·장경태·장철민·전용기) 등은 선거 패배 원인의 하나로 "조국 한 사람 지키려 국민 갈등을 만들었다" "조국을 검찰개혁의 대명사라고 생각했지만 그 과정에서 국민들이 분노하고 분열한 것은 아닌가 반성한다" 등의 평가를 했다. 이러한 비판을 모두 겸허히 받아들인다. 담담히 수용하고 있다. 자연인이 된 지도 한참이 흘렀지만

* 신형철, 「연민의 인간, 공포의 인간」, 『경향신문』(2020. 4. 29).

나에 대해 실망·거부·증오 등의 감정을 가지게 된 시민들이 많고, 이 점이 여러 연결고리를 거쳐 더불어민주당 참패에 영향을 주었기에 '조국 탓'이라고 분석한다면, 이 역시 받아들일 것이다. 검찰개혁만큼 중요한 국정과제인 민생과 복지 강화, 부동산투기 해결 등이 충분히 이루어지지 못했다는 점에는 나 역시 동의한다.

『한겨레』 백기철 편집인은 '결자해지'를 요청했다.

"결자해지라고 했다. 당사자인 조국 전 장관부터 무엇을 할 수 있는지 따져봐야 한다. 법정에서 무죄 입증을 하지 말란 말이 아니다. 형사 법정에서의 분투와 별개로 자신으로 인해 실망하고 분노했을 많은 촛불 세력, 젊은이들에게 진심 어린 사과의 말을 건넬 수는 없을까. 역사는 용기 있는 사람의 편이다."*

이에 전직 고위공직자로서 정무적·도의적 책임을 무제한으로 질 것임을 다시 한번 밝혔다. 주변에서는 이미 여러 번 사과했는데 왜 또 사과를 하느냐는 의견이 많았지만, 몇 번이라도 더 하겠다는 마음이다. 전후좌우에서 날아오는 돌멩이를 모두 맞을 것이다. 던질 돌멩이가 없어질 때까지. 회초리도 맞을 것이다. 회초리가 부러질 때까지. 가톨릭 고백기도 문구를 빌려 말하고 싶다.

---

* 백기철, 「그 반성문이 어색했던 이유」, 『한겨레』(2021. 5. 5).

"나의 가장 중대한 잘못 탓입니다"(Mea Maxima Culpa).

나를 밟고 전진하시길 바란다. 다만, 나에 대한 비판이 검찰에 대한 맹목적 옹호나 윤석열 총장에 대한 숭상(崇尙)으로 이어지는 것을 경계하고 경고한다. 정치적 편향이 드러나는 수사, 안면몰수하고 제 식구를 감싸는 조직 이기주의, 인권 침해를 야기하는 과잉·별건수사 등 검찰권 남용이 있어서는 안 된다.

일부 진보진영 사람들이 나에 대한 비판을 넘어 검찰 또는 윤석열 개인을 '정의와 공정의 화신'으로 파악하고 동조하는 것에 큰 우려를 표하지 않을 수 없다. 문재인 정부를 '기득권 세력'이라고 단순화시키다 보니, 문재인 정부를 공격하는 검찰에 부화뇌동한 것이 아닌가. 제3장에서 소개했던 정의당 윤소하 의원의 검찰 기득권 비판이 공유되지 못하고 있는 느낌이다. 한국판 모루이자 한국판 후버인 윤석열을 무조건 신뢰하는 느낌마저 든다. 과거 노무현 대통령에 대한 검찰수사에 박수를 보내고 노 대통령을 조롱·힐난했던 일부 진보진영의 행태가 떠올랐다. 2019년 하반기 검찰수사의 의도와 목적, 절차적 타당성 그리고 이를 직시하고 촛불을 들었던 시민들의 마음과 뜻에 주목해주길 바라는 마음이다.

'법치'는 절대 검치(檢治)가 아니다. '법치'도 '민주'와의 조화 속에서 작동해야 한다. 검찰은 정치권력을 넘어서는 강고한 '기득권'임을 잊어서는 안 된다. 경제권력과 언론권력도 마찬가지다.

나직이 부르는 「홀로아리랑」

장관 사직 후 수사와 재판을 받으면서 사실상 유폐(幽閉) 상태에 들어갔다. 친구나 지인을 만나는 것도 조심스럽다. 내가 누구를 만났다는 것이 알려지면, 그 자체로 상대를 곤란하게 만들 수 있기 때문이다. 외출을 하다보면 위로와 응원을 해주시는 분들을 많이 만나지만, 느닷없이 나에게 다가와 손가락질하며 쌍욕을 퍼붓고 가는 어르신을 만나기도 한다. 그래서 반드시 필요한 일이 아니면 외출을 삼가게 된다. 과장되게 말하면, '위리안치'(圍籬安置, 유배된 죄인이 거처하는 집 둘레에 가시로 울타리를 치고 그 안에 가두어 두던 일)된 '극수'(棘囚, 위리안치된 죄인)의 심정이다. 사방에서 날아와 온몸에 깊숙이 박힌 무수한 화살을 하나씩 뽑고 상처를 꿰매며 살고 있다. 가슴이 답답할 때는 나직이 「홀로아리랑」을 불러본다.

"아리랑 아리랑 홀로아리랑
아리랑 고개를 넘어 가보자
가다가 힘들면 쉬어 가더라도
손잡고 가보자 같이 가보자."

기소된 이상 대법원 판결이 나올 때까지 '낙인'은 사라지지 않고 '족쇄'는 풀리지 않는다. 정치적·사회적 발언도 조심스럽다. 그 발언을 한다는 자체로 비난받고 조롱받으며, 발언의 진의는 왜곡된다. 대법원 판결에서 조금이라도 유죄가 인정된다면, 융단폭격과 십자포화를 다시 퍼부을 것이다. 2022년 대선을 향한 정치투쟁이 진행되는 과정에서 나는 또다시 정치적으로 강제소환당할 것이다.

2016년경 나는 『한겨레』 김의겸 기자(현 열린민주당 의원)와 세상 돌아가는 이야기를 나누었다. 김 기자가 나에게 "정권교체가 안 되면 어쩌지요?"라고 물었고, 나는 "그렇다면 15년 연속 보수집권이 되는 건데, 세상과 등지고 책 읽고 논문 쓰면서 살아야지요"라고 답했다. 그러자 김 기자도 "나도 정치부 기자는 그만두고 문화부로 가야겠네요"라고 말했다. 이에 나는 "정약전이 흑산도로 귀양갔을 때 왜 물고기만 연구하며 『자산어보』를 썼는지 이해가 간다"라고 덧붙였다.

이 역시 자기 예언이었을까. 정권교체를 이루고 민정수석과 법무부장관직을 수행했지만, 2019년 하반기 이후 나는 정약전의 처지가 되었고 그 마음을 생각하며 살아가고 있다. 김의겸 기자는 청와대 대변인으로 근무하던 중 전세금, 부인 퇴직금, 은행대출 등을 모아 흑석동 건물을 샀다가 '부동산투기' 공격을 받고 사퇴했다. 그는 이 건물을 팔고 세금을 낸 후 남은 3억 7,000만 원을 기부했지만, 부동산투기 낙인은 사라지지 않았다. 이 흑석동 건물 앞에서 김 대변인을 규탄하던 국민의힘 의원 가운데 박덕흠 의원이 있었다. 박 의원은 서울 강남 지역 아파트와 상가·창고·임야 등을 포함해 총 289억 원(신고가액)의 부동산 자산을 보유하고 있다. 또한 그는 국회 국토교통위원회에서 활동하며 피감기관으로부터 수천억 원대 공사를 수주하고 엄청난 이익을 얻은 정황이 드러나자 국민의힘을 탈당했다. 그렇지만 박 의원에 대한 언론의 조명과 비판은 미미했고, 김 대변인을 향한 '선택적 분노'는 여전했다. 김진애 의원이 서울시장 후보로 나가기 위해 의원직을 사퇴하면서 김 대변인은 의원직을 승계하게 되어 '유배'가 풀렸다. 시련을 이겨낸 김의겸 의원의 활약을 조용히 기원한다. '박근혜·최순실 국정농단 사건' 특종을 냈던 그가 의정활동에서도 특종을 내리라 믿는다.

2021년 영화 「자산어보」가 개봉되어 아들과 보러 갔다. 영화가 끝나자 아들이 말했다. "우리 집 이야기 같네요." '멸문지화' 그리고 이를 극복해가는 일이 남의 일 같지 않았던 것이다. 아들의 등을 두드리며 영화관을 나왔다.

견디며 기다려라, 희망을 가져라!

법무부장관 지명 후 나와 내 가족은 '무간지옥'(無間地獄)에 떨어졌다. 지옥에 떨어졌음을 직시해야 했다. 견뎌야 했다. 버텨야 했다. 박근혜 탄핵 촛불집회로 민주공화국을 복구시켰고, 서초동 촛불집회로 검찰개혁을 이루어낸 촛불시민 덕분에 살아남았다. 나는 나 자신과 가족 구성원에게 윈스턴 처칠의 연설 구절을 보냈다.

"당신이 지옥을 통과할 것이라면, 계속 걸어라."

묵묵히 걷고 또 걸어나가야 한다. 알렉상드르 뒤마의 소설 『몬

테크리스토 백작』끝부분에 나오는 주인공 에드몽 당테스가 쓴 편지의 마지막 문구, "견디며 기다려라, 그리고 희망을 가져라!"도 보냈다.* 이는 나 자신에게 주는 메시지이기도 했다.

2019년 하반기 검·언·정 카르텔의 무차별적 융단폭격을 받고 있을 때, 지인이 이상교 시인의 시「한쪽 어깨」를 보내주었다.**

친구와

우산 한 개를

나눠 쓰고 걸었다.

어깨를 가까이하고

걸었는데도

내 한쪽 어깨가

다 젖었다.

젖은 어깨가

축축했다.

친구 어깨는

젖지 않았다.

---

* 이 유명한 소설에서 주인공 에드몽 당테스는 여러 사람에 의해 나폴레옹을 지지하며 반역을 꾀한다는 모함을 받고 14년 동안 감옥에 갇힌다. 모함자 중에는 제라르 드 빌포르 검사대리가 있다. 그는 자신의 아버지가 반역 세력의 우두머리임을 숨기기 위해 에드몽의 편지를 불태워버리고 에드몽을 재판도 없이 투옥한 후 무기징역수로 만들었으며, 이후 승승장구해 검찰총장이 된다. 이후 빌포르는 비참한 최후를 맞는다.

** 이상교, 「한쪽 어깨」, 『살아난다, 살아난다』, 문학과지성사, 2004.

"내 어깨는

조금 젖었어."

나는 말하고 웃었다.

한쪽 어깨를 다 젖으면서도 '우산'을 나눠 써주신 모든 분들께 깊은 감사 인사를 올린다. 덕분에 '무간지옥'을 버틸 수 있었다.

폭풍우가 몰아칠 때는 해진 그물을 묵묵히 꿰매며 출항(出港)을 준비하는 어부의 마음으로 하루하루를 살고자 한다. 헤밍웨이의 『노인과 바다』의 주인공 산티아고가 한 말을 되뇌면서.

"사람은 패배를 위해 만들어지지 않았다.

사람은 파괴될 수는 있지만 패배할 수는 없다."

주요 사건 일지

9. 16 조국 장관 딸 검찰소환조사, 제1차 서초동 검찰개혁 촛불문화제

9. 17 법무부 검찰개혁추진지원단 발족

9. 23 검찰, 조국 집 압수수색

9. 24 조국 장관 아들 검찰소환조사

9. 28 제7차 서초동 검찰개혁 촛불문화제

9. 30 제2기 법무검찰개혁위원회 발족

10. 3 정경심 교수 검찰소환조사

10. 5 제8차 서초동 검찰개혁 촛불문화제

10. 9 조국 장관 동생 구속영장 기각

10. 12 제9차 서초동 검찰개혁 촛불문화제

10. 14 조국, 법무부장관 사퇴

10. 21 검찰, 정경심 교수 구속영장 청구

10. 24 법원, 정경심 교수 구속영장 발부

10. 29 검찰, 조국 전 장관 동생 구속영장 재청구

10. 30 검찰, 유재수 사건 관련 압수수색

10. 31 조국 동생 구속

11. 11 정경심 교수 추가 기소

11. 14 조국 검찰소환조사 시작(11/21, 12/11, 12/16, 12/18)

11. 18 검찰, 조국 전 장관 동생 기소

11. 22 검찰, 울산 사건 하명수사 첩보보고서 작성 혐의로 백재영 수사관 조사

12. 1 백재영 수사관 사망

12. 3 공수처법안 국회 본회의 자동 부의

12. 23 동부지검, 유재수 전 금융위원회 금융정책국장 관련 직권남용죄 적용으로 조국에게 사전구속영장 청구

12. 24 검찰, 울산지방경찰청 압수수색

370

12. 26 조국, 동부구치소 입감

12. 27 법원, 조국 영장 기각

12. 30 공수처법안, 국회 본회의 통과

12. 31 서울중앙지검, 딸의 장학금 수수·입시비리 등의 혐의로 조국 불구속기소

2020. 1. 3 추미애 법무부장관 취임

1. 7 문재인 대통령, 국무회의에서 공수처법 심의·의결

1. 13 검경수사권조정 법안, 국회 본회의 통과

1. 17 동부지검, 직권남용 혐의로 조국 불구속기소

1. 29 서울대, 조국 교수 직위해제. 검찰, '울산사건' 관계자 기소

5. 10 정경심 교수 1심 구속기한 만료로 석방

6. 30 조국 5촌 조카 제1심 재판 결과 사모펀드 사건은 권력형 비리가 아님으로 밝혀짐. 횡령 혐의 일부 유죄 인정, 정경심 교수와의 공범은 인정하지 않음. 징역 4년, 벌금 5,000만 원

9. 18 조국 동생, 채용 비리 혐의로 실형 1년 구속, 허위소송에 대해서는 무죄 선고

10. 9 조국 전 장관 동생 구속영장 기각

10. 29 검찰, 조국 전 장관 동생 구속영장 재청구

12. 9 경찰국가수사본부 설치와 자치경찰제 전국화 법안, 국회 본회의 통과

12. 16 추미애 법무부장관 사퇴

12. 23 정경심 교수 입시비리 유죄 4년형 선고 법정구속, 사모펀드 횡령에 대해서는 무죄 선고

2021. 1. 21 문재인 대통령, 김진욱 공수처장 임명 재가

2. 26 문재인 대통령, 남구준 국가수사본부장 임명 재가

3. 2 조국 동생, 보석 석방

3. 4 윤석열 검찰총장 사퇴

제1판 제 1 쇄 2021년 5월 31일
제1판 제 2 쇄 2021년 6월 2일
제1판 제 3 쇄 2021년 6월 4일
제1판 제 4 쇄 2021년 6월 7일
제1판 제 5 쇄 2021년 6월 8일
제1판 제 6 쇄 2021년 6월 9일
제1판 제 7 쇄 2021년 6월 10일
제1판 제 8 쇄 2021년 6월 11일
제1판 제 9 쇄 2021년 6월 12일
제1판 제10쇄 2021년 6월 13일
제1판 제11쇄 2021년 6월 14일
제1판 제12쇄 2021년 6월 15일
제1판 제13쇄 2021년 6월 16일
제1판 제14쇄 2021년 6월 17일
제1판 제15쇄 2021년 6월 18일
제1판 제16쇄 2021년 6월 19일
제1판 제17쇄 2021년 6월 20일
제1판 제18쇄 2021년 6월 21일
제1판 제19쇄 2021년 6월 22일
제1판 제20쇄 2021년 6월 23일
제1판 제21쇄 2021년 6월 24일
제1판 제22쇄 2021년 6월 25일
제1판 제23쇄 2021년 6월 26일
제1판 제24쇄 2021년 6월 27일
제1판 제25쇄 2021년 6월 28일
제1판 제26쇄 2021년 6월 29일
제1판 제27쇄 2021년 6월 30일
제1판 제28쇄 2021년 7월 1일
제1판 제29쇄 2021년 7월 2일
제1판 제30쇄 2021년 7월 3일
제1판 제31쇄 2021년 7월 3일
제1판 제32쇄 2021년 7월 3일
제1판 제33쇄 2021년 7월 3일
제1판 제34쇄 2022년 1월 7일
제1판 제35쇄 2022년 3월 22일
제1판 제36쇄 2022년 5월 20일
제1판 제37쇄 2022년 11월 25일
제1판 제38쇄 2023년 4월 14일
제1판 제39쇄 2024년 4월 9일

Untold Truth: A Memoir of Cho Kuk
By Cho Kuk
Published by Hangilsa Publishing Co. Ltd., Korea, 2021.

조국의 시간

지은이 조국
펴낸이 김언호

펴낸곳 (주)도서출판 한길사
등록 1976년 12월 24일 제74호
주소 10881 경기도 파주시 광인사길 37
홈페이지 www.hangilsa.co.kr
전자우편 hangilsa@hangilsa.co.kr
전화 031-955-2000 팩스 031-955-2005

부사장 박관순 총괄이사 김서영 관리이사 곽명호
영업이사 이경호 경영이사 김관영 편집주간 백은숙
편집 박희진 노유연 이한민 박홍민 배소현 임진영
관리 이주환 문주상 이희문 원선아 이진아 마케팅 정아린
디자인 창포 031-955-2097
인쇄 예림 제책 예림

제1판 제 1 쇄 2021년 5월 31일
제1판 제39쇄 2024년 4월 9일

값 17,000원
ISBN 978-89-356-6866-3 03340